中国社会科学院创新工程学术出版项目
中国行政体制改革研究会行政改革研究基金资助

社会体制蓝皮书
BLUE BOOK OF
SOCIAL INSTITUTION

中国社会体制改革报告
No.7（2019）

REPORT ON SOCIAL INSTITUTIONAL REFORM IN CHINA
No.7(2019)

主　编／龚维斌
副主编／赵秋雁

社会科学文献出版社
SOCIAL SCIENCES ACADEMIC PRESS (CHINA)

图书在版编目（CIP）数据

中国社会体制改革报告. No. 7，2019 / 龚维斌主编
. -- 北京：社会科学文献出版社，2019. 6
（社会体制蓝皮书）
ISBN 978 - 7 - 5201 - 4805 - 4

Ⅰ. ①中… Ⅱ. ①龚… Ⅲ. ①体制改革 - 研究报告 - 中国 - 2019 Ⅳ. ①D62

中国版本图书馆 CIP 数据核字（2019）第 088945 号

社会体制蓝皮书
中国社会体制改革报告 No. 7（2019）

主　　编 / 龚维斌
副 主 编 / 赵秋雁

出 版 人 / 谢寿光
责任编辑 / 陈　颖

出　　版 / 社会科学文献出版社 · 皮书出版分社（010）59367127
地址：北京市北三环中路甲 29 号院华龙大厦　邮编：100029
网址：www. ssap. com. cn
发　　行 / 市场营销中心（010）59367081　59367083
印　　装 / 三河市东方印刷有限公司

规　　格 / 开 本：787mm × 1092mm　1/16
印 张：21. 75　字 数：324 千字
版　　次 / 2019 年 6 月第 1 版　2019 年 6 月第 1 次印刷
书　　号 / ISBN 978 - 7 - 5201 - 4805 - 4
定　　价 / 128. 00 元

本书如有印装质量问题，请与读者服务中心（010 - 59367028）联系

社会体制蓝皮书编委会

主要编撰者简介

龚维斌 教授、博士生导师，现任中央党校（国家行政学院）社会和生态文明教研部主任。担任中国社会变迁研究会副会长、中国应急管理学会副会长、中国行政体制改革研究会常务理事、国家社科基金项目评审组成员。主要研究领域是社会阶层、社会政策、社会治理。个人专著有《劳动力外出就业与农村社会变迁》《社会发展与制度选择》《公共危机管理》《社会结构变迁与社会治理创新》《中国社会治理创新之路》等，主译和参译著作多部，在报纸杂志上发表论文100余篇。

赵秋雁 教授，博士生导师，北京师范大学中国社会管理研究院/社会学院党总支书记兼副院长，美国哥伦比亚大学法学院访问学者，中国行政体制改革研究会常务理事、北京市经济法学会常务理事，北京京师律师事务所兼职律师，《北京师范大学学报》（社会科学版）“社会治理”专栏主持，*Chinese Management Study*（SSCI）审稿，《社会治理》杂志编委。主要研究领域包括社会法、经济法和能源法。主持国家社科基金重大专项课题“社会治理现代化指标构建研究”等10余项；发表中英文学术论文30余篇；出版专著《电子商务中消费者权益的法律保护：国际比较研究》、合著《国际能源法学》《中国能源法学》等多部著作；获北京市“四个一批”人才等称号。

摘 要

本书由总报告、社会治理体制篇、基本公共服务篇、现代社会组织体制篇、公共安全与应急管理篇 5 个部分组成。本书主要对 2018 年社会体制改革情况进行回顾和总结，对 2019 年改革走向进行分析，提出相关政策建议。

2018 年是全面贯彻党的十九大精神的开局之年，是改革开放四十周年。2018 年，我国战胜各种风险挑战，继续推动经济高质量发展，社会领域改革继续深化，各项民生事业加快发展，人民生活持续改善。党和国家机构进行系统性、整体性、重构性改革，推出 100 多项重大改革举措，社会大局保持稳定，人民群众的获得感、幸福感、安全感持续上升。一是机构改革推动改善政社关系。深化党和国家机构改革、组建新的党和政府管理机构，为理顺政府与市场、社会的关系，改善社会运行的体制机制提供了必要的组织和制度保障。二是民生保障工作全面加强。就业形势保持稳定，全年城镇新增就业 1361 万人，全年累计开展政府补贴培训约 1600 万人次，年末全国城镇登记失业率为 3.8%。持续深化教育改革，着力促进教育公平，不断推进教育开放，加强教师队伍建设，确保教育投入，优化资源配置。积极发挥社会保障托底作用，织牢社会保障网，持续扩大社会保障覆盖面，提高社会保障待遇水平。脱贫攻坚取得新进展，减少农村贫困人口 1386 万人，农村贫困发生率下降到 1.7%。三是社会治理取得新成效。社会治理更多地向基层街乡、社区倾斜，以政社协同提升基层治理精细化水平。探索农村基层治理新模式，重视发挥新乡贤的作用。公共安全工作成效显著，人民群众安全感、满意度明显增强。

全面深化改革，破除体制机制长期积累的突出矛盾和问题，是以习近平同志为核心的党中央带领全国人民在新时代启动的伟大事业。如果说党的十八届三中全会为社会体制改革提供了基本框架和时间表、路线图的话，那么党和国家机构改革则通过组织变革的方式，为社会体制改革提供了新时代的领导力量和组织保障，配齐配强配优了组织建设的团队和精兵强将。近年来，我国社会体制改革步伐不断加快，政府与社会、市场与社会的关系不断调整优化，多个社会领域的改革取得积极进展，社会活力不断迸发，社会秩序稳定，人民群众的获得感、满意度持续提升。当前，社会体制改革前景越来越清晰，工作内容正由搭建四梁八柱的主体框架，向全面施工逐项完工转变；工作进度正从不同领域、不同方面、不同子系统的单向推动开始向拼接合成转化。从这个角度来看，2018 年的社会体制改革并不轰轰烈烈，而是体现出全方位、多维度扎扎实实推进的特征。但是，也应该看到，处于变革、转型过程中的社会体制还存在不少问题：一是政府 – 市场 – 社会三维模型中社会一维仍然大而不强，二是社会领域存在不少方法错用和资源错配现象，三是社会成员对社会建设政策效果的认同度还有待提高，四是外部环境的复杂性与不确定性增加了社会体制改革的难度。

习近平总书记在省部级主要领导干部坚持底线思维着力防范化解重大风险专题研讨班上强调，面对波诡云谲的国际形势、复杂敏感的周边环境、艰巨繁重的改革发展稳定任务，我们必须始终保持高度警惕，既要高度警惕“黑天鹅”事件，也要防范“灰犀牛”事件；既要有防范风险的先手，也要有应对和化解风险挑战的高招；既要打好防范和抵御风险的有准备之战，也要打好化险为夷、转危为机的战略主动战。面对新的社会主要矛盾变化，以及社会变迁面临的新挑战，必须进一步通过体制改革破解发展中出现的问题，稳定人们的社会预期，带领广大人民群众共建美好社会。一方面，必须按照总体规划和确定的时间表、路线图，坚定不移地推进各项改革任务；另一方面，又要强化风险意识、底线思维，及时对社会政策进行必要的预调、微调、精调，确保社会大局的稳定、活力与秩序并具。一是进一步调整和优化社会结构，重点要解决好如下三个突出的结构性问题：积极应对人口结构变化，妥善处理好人口老龄化、少子化问题；继续调整城乡结构、地区结构，通过新型城镇化、乡村振兴解决好人口分布、产业布局等问题；下大力气调整收入分配及财富结构，促进社会流动性增加和橄榄形社会的形成。二是进一步提高民生水平和质量。继续保持社会领域公共财政投入的力度不减；稳步提升民生保障和社会治理投入的精准性。三是进一步完善社会治理体系。加强社区治理体系建设；积极培育并着力发挥好社会组织作用；推动安全体系建设；加强社会心理服务体系建设。四是进一步提高领导干部推动社会建设的本领。

Abstract

This book is composed of five parts: the summary report and four sections covering social governance, basic public service, modern social organization, and the public security and emergency management respectively. This book mainly reviews and summarizes the social system reform in 2018, and predicts the prospects in 2019 with policy recommendations.

The year of 2018, the 40th anniversary of "reform and opening-up", is also the beginning year to fully put the guiding principle of the 19th Party Congress into practice. In 2018, after having overcome various risks and challenges, China continues to promote high-quality economic development, deepen social sector reform, and improve people's livelihood. The party and state bureaucracy has gone through a systematic and holistic restructuring, together with more than 100 major reform measures being launched. Nevertheless, the society remains stable, with the people enjoying increased sense of gain, happiness and security.

First of all, the organizational reform of the party/state bureaucracy has improved the state-society relations. The party and state bureaucracy has been restructured, streamlined, with new agencies established. This reform has provided necessary organizational and institutional guarantees for rationalizing state and market (society) relations and improving their operation.

Second, the security of people's livelihood has been strengthened in a comprehensive way. The employment remains stable, with 13.61 million urban jobs newly added. The total government-subsidized training amounts to about 16 million people-times. The national registered unemployment rate was 3.8% at the end of the year. Education reform continues to deepen, mainly focusing on continuously promoting education equity and opening, strengthening the team of teachers, and guaranteeing education investment and optimizing its allocation. Actively serving as the safety net of the society, the social security system consolidates its function and continues to expand its coverage and increases its benefit level. New progress has been made in poverty alleviation also, with 13. 86 million rural people being newly out of poverty, and the incidence rate of rural poverty dropped to 1. 7%.

Third, social governance reform has made its new achievements. Social governance is more tuned towards the grassroots like towns and communities, with state-society collaborations that improve the grassroots' leverage. A new model of rural grassroots governance is explored, with importance attached to the new rural gentry. In the field of public security, the people's sense of security have been significantly enhanced with greater satisfaction.

The Central Committee of CPC, with the General Secretary Xi Jinping at its core, has led the people of the whole country to launch the great cause of new era, i. e. , to comprehensively deepen reforms and resolve major contradictions and problems accumulated in the system for long. If the Third Plenary Session of the 18th Central Committee of CPC provides the basic framework, road map and timetable for the social system reform, the current party and state bureaucracy restructuring supplies it with leadership and organizational guarantee of strong and capable teams. The pace of social system reform in China has been accelerating in recent years, with the state and society (market) relations being continuously optimizing. Reforms in various social fields are progressing with vitality. The social order remains stable and the people's sense of gain and satisfaction keeps rising. By now, the prospects for social system reform are clear. The major task is changing from building the main frame of four-beam and eight-column to finishing the construction projects one by one. It's under the process of synthesizing different fields, aspects and subsystems into one. From this point of view, the social system reform in 2018 is all-aspects and multi-dimensional with solid improvement.

However, it should also be noted that in the process, there are still many problems to be resolved. First, in the three-dimensional model of government-market-society, the social dimension is still not strong. Second, misapplication of methods and misallocation of resources are still widespread in the social field. Third, the effect of social development policy is yet to be widely recognized by the members of the society. Fourth, the complexity and uncertainty of the external environment increases the difficulty of social system reform.

As the General Secretary Xi Jinping emphasized at the Workshop on *Preparing for Worst-Case Scenarios*, *striving to prevent and resolve major risks* for provincial and ministerial level leading cadres, we must always stay vigilant when the international relations are turbulent, surrounded geopolitical environment is complex and sensitive, and the tasks of reform, development and stability is arduous and heavy. We should not only be alert against incidents of "black swan", but also alert against incidents of "grey rhinoceros"; not only be able to prevent risks beforehand, but also capable of coping with and resolve the risks that has happened; not only be well prepared to prevent risks from happening, but also able to strategically turn danger into safety and crisis into opportunity. Faced with major contradictions and challenges rising from ongoing social changes, we must further our institutional & system reform, so as to solve these problems, stabilize people's social expectations, and lead them to build a better society. On the one hand, we must unswervingly advance various reforms in accordance with the overall plan and its established timetable and road map. On the other hand, we must strengthen out risk awareness and Worst-Case Scenarios thinking, timely pre-adjust and fine-tune social policies so as to ensure a society of stability, vitality and order simultaneously.

The first is to further adjust the social structure to its optimization, focusing on solving the following three prominent problems. 1. Actively respond to the structural change in population, properly handling the problem of aging and less children. 2. Continue to adjust urban-rural and regional structure, solving problems like population distribution and industrial layout through new-type of urbanization and rural revitalization. 3. Strive to adjust income & wealth distribution to facilitate social mobility and the formation of an olive-shaped society. The second is to further improve people's livelihood, including the level and quality. 1. Maintain the level of public finance in the social field. 2. Making investment in people's livelihood and social governance more accurately targeted. The third is to further improve the social governance system. 1. To strengthen the community governance systems. 2. To actively foster the role of social organization. 3. To develop the public safety system. 4. To strengthen the system of social psychological service. The fourth is to further improve the ability of leading cadres to promote social development.

目 录

Ⅰ 总报告

B.1 以组织变革推动社会体制改革
——2018年社会体制改革进展及未来展望
…………………………………… 龚维斌 张林江 马福云 / 001
一 2018 年社会体制改革的进展 …………………………… / 002
二 社会体制改革面临的主要问题 ………………………… / 006
三 2019 年推进社会体制改革的政策建议 ………………… / 009

Ⅱ 社会治理体制篇

B.2 2018年社会治理法治化进程及2019年展望 ……………… 赵秋雁 / 018
B.3 中国社会治理方式创新的进展及趋势 …………………… 刘 冰 / 027
B.4 中国近10年社会流动状况调查分析及政策建议
…………………………………… 胡建国 裴 豫 李 伟 / 041
B.5 中国社区治理改革：进展、问题及趋势 ………………… 陈 鹏 / 054

B.6 社区公共性问题研究：以北京为例 …………………… 李伟东 / 068

B.7 国家级新区社会治理创新实践
——青岛西海岸新区的经验和启示
…………………… 陆继锋　赵　辉　陈庆道 / 082

B.8 乡村振兴战略视域下的乡村治理体系重构 …………………… 袁金辉 / 092

Ⅲ 基本公共服务篇

B.9 公民权利视角下的户籍制度改革 …………………… 马福云 / 103

B.10 进城农民工落户意愿与农村土地制度改革 …………………… 刘金伟 / 114

B.11 2018年中国教育体制改革进展与展望 …………………… 朱国仁 / 130

B.12 2018年中国社会保障改革进展与展望 …………………… 李志明 / 146

B.13 2018年社会养老服务发展回顾与展望 …………………… 叶响裙 / 159

B.14 2018年我国就业扶贫的进展、问题与展望 …………………… 刘　芳 / 171

B.15 2018年医药卫生体制改革总体趋势与展望 …………………… 胡　薇 / 180

Ⅳ 现代社会组织体制篇

B.16 政府购买社会服务政策下沉的现状、问题与建议
——基于参与北京市政购的148家社会组织的调查
…………………… 赵小平 / 197

B.17 社区基金会在社区治理机制中的角色与功能 …………………… 李春燕 / 217

B.18 中国社会组织参与国际发展合作：趋势与挑战 …………………… 卢玮静 / 231

B.19 我国社会组织党建的现状、问题与对策 …………………… 全　昱 / 242

Ⅴ 公共安全与应急管理篇

B.20 中国应急管理体制改革：整合的挑战与“全政府”模式的应对 …… 王宏伟 / 253
B.21 大部制与防灾减灾救灾体制改革 …… 徐 璨 / 269
B.22 新时代中国信访制度改革：历史背景、突出问题与演进道路 …… 王 慧 郑广森 / 279
B.23 2018年公共舆情发展报告 …… 张 磊 / 288
B.24 中国智慧城市发展与展望 …… 姬凌岩 李 宇 / 300
B.25 2018年应急管理法治创新观察 …… 孙杨杰 张小明 / 312

B.26 后记 …… / 321

CONTENTS

I General Report

B.1 Social System Reform via Organizational Restructuring: Progress of 2018 and Future Prospects

Gong Weibin, Zhang Linjiang and Ma Fuyun / 001

1. Progress of the Social Institutional Reform in 2018 / 002
2. Main Problems Among the Social Institutional Reform / 006
3. Suggestions for Deepening the Social Institutional Reform of 2019 / 009

II Section on Social Governance

B.2 Social Governance under the Rule of Law: Progress in 2018 and Prospects in 2019 *Zhao Qiuyan* / 018

B.3 Innovating Social Governance: Progress and Prospects

Liu Bing / 027

B.4 Social Mobility in the Recent Decade in China: An Analysis with Policy Recommendations *Hu Jianguo, Pei Yu and Li Wei* / 041

B.5 Community Governance Reform in China: Progress, Problems and Trends

Chen Peng / 054

B.6 Research on Community Publicness: The Case of Beijing
Li Weidong / 068

B.7 Innovation of Social Governance in National level New District
Lu Jifeng, Zhao Hui and Chen Qingdao / 082

B.8 Rural Governance Restructuring: From the Perspective of Rural Revitalization Strategy
Yuan Jinhui/ 092

Ⅲ Section on Basic Public Service

B.9 Household Registration System Reform: A Civil Rights Perspective
Ma Fuyun / 103

B.10 Migrant Workers' Willingness to Settle Down in Cities: Implications for Rural Land Reform
Liu Jinwei / 114

B.11 China's Education System Reform in 2018: Progress and Prospects
Zhu Guoren / 130

B.12 China's Social Security Reform in 2018: Progress and Prospects
Li Zhiming / 146

B.13 The Development of Society based Elderly Care in China: Review and Prospect
Ye Xiangqun / 159

B.14 China's Employment-based Poverty Alleviation in 2018: Progress, Problems and Prospects
Liu Fang / 171

B.15 Medical and Health System Reform: General Trends in 2018 and Future Prospects
Hu Wei / 180

Ⅳ Section on Modern Social Organization

B.16 Status, Problems and Policy Recommendations on Practicing Government Purchase of Social Service: Based on 148 Social Organizations' Involvement in Beijing
Zhao Xiaoping / 197

B.17 The Role and Function of Community Foundations in Community Governance *Li Chunyan* / 217

B.18 Chinese Social Organizations' Participation in International Development Cooperation: Trends and Challenges *Lu Weijing* / 231

B.19 Party Building in China's Social Organizations: Current Status, Problems and Countermeasures *Quan Yu* / 242

V Section on Public Safety and Emergency Management

B.20 China's Emergency Management System Reform: Challenges and Innovations *Wang Hongwei* / 253

B.21 Super Ministry and the Disaster Prevention and Mitigation System Reform *Xu Can* / 269

B.22 China's Petitioning System Reform in the New Era *Wang Hui, Zheng Guangmiao* / 279

B.23 China's Public Opinion Development in 2018 *Zhang Lei* / 288

B.24 China's Smart Cities: Development and Prospects *Ji Lingyan, Li Yu* / 300

B.25 Observing the Rule of Law Innovation in Emergency Management in 2018 *Sun Yangjie, Zhang Xiaoming* / 312

B.26 Postscript / 321

总 报 告

General Report

B.1 以组织变革推动社会体制改革

——2018年社会体制改革进展及未来展望

龚维斌　张林江　马福云*

2018 年是全面贯彻党的十九大精神的开局之年，是改革开放四十周年。2018 年，我国战胜各种风险挑战，继续推动经济高质量发展，社会领域改革继续深化，各项民生事业加快发展，人民生活持续改善。党和国家机构进行系统性、整体性、重构性改革，推出 100 多项重大改革举措，社会大局保持稳定，人民群众的获得感、幸福感、安全感持续上升。

* 龚维斌，中央党校（国家行政学院）社会和生态文明教研部主任、教授；张林江，中央党校（国家行政学院）社会和生态文明教研部副教授；马福云，中央党校（国家行政学院）社会和生态文明教研部社会建设教研室主任、教授。

一　2018年社会体制改革的进展

（一）机构改革推动改善政社关系

2018 年 3 月，《深化党和国家机构改革方案》发布，对党中央、全国人大、国务院、全国政协、行政执法、跨军地等的机构改革进行了具体制度设计，对群团组织、地方政府提出了改革的要求。这些改革建立健全了党对重大工作的领导体制机制，推进职责相近的党政机关合并设立或合署办公，同时着眼于转变政府职能，推进重点领域、关键环节的机构职能优化和调整，完善政府的经济调节、市场监管、社会管理、公共服务、生态环境保护等职能，构建起职责明确、依法行政的政府治理体系。尤其是组建全国人大社会建设委员会，为加强社会建设、创新社会治理、更好保障和改善民生、推进社会领域法律制度建设提供了组织保障。

深化党和国家机构改革，组建新的党和政府管理机构为理顺政府与市场、社会的关系，改善社会运行的体制机制提供了必要的组织和制度保障。根据“一类事项由一个部门统筹、一件事情由一个部门负责”的改革原则，整合多部委职责组建了自然资源部、应急管理部和市场监督管理总局等新机构，而机构重组也使得部门职责更为聚焦，例如为统一行使生态和城乡各类污染物排放的监管和执法职责，为建设美丽中国和坚决打赢污染防治攻坚战而组建生态环境部；为更好满足全体国民“病有所医”需求，不断提高人民群众医疗保障水平而新组建医疗保障局等。党和政府等机构改革使得机构设置更加科学、职能更加优化、权责更加明晰，必将更好地推动党委领导、政府负责、社会协同、公众参与、法治保障的社会治理体制创新。

（二）民生保障工作全面加强

2018 年，全国一般公共预算支出 220906 亿元，其中教育、科学技术、文化体育与传媒、社会保障和就业、医疗卫生与计划生育、节能环保、城乡社区支出115903亿元，占总体预算支出的52.5%，比2017年增长了约7.5%。

就业形势保持稳定。2018年，各级各地人力资源和社会保障部门按照就业优先原则，不断完善就业促进政策，强化对高校毕业生、去产能企业职工、复转军人、农民工等重点群体的就业支持，实施创业带动就业政策，推动终身职业技能培训制度，开展系列职业培训行动，建设人力资源市场，推进全方位公共就业服务，在经济下行压力加大的背景下确保了总体就业局势稳中有进。全年城镇新增就业1361万人，全年累计开展政府补贴培训约1600万人次，年末全国城镇登记失业率为3.8%。

持续深化教育改革，着力促进教育公平，不断推进教育开放，加强教师队伍建设，确保教育投入，优化资源配置。2018，党中央召开改革开放以来第五次、新时代第一次全国教育大会，习近平总书记发表重要讲话。92.7%的县级单位实现义务教育基本均衡，16个省份整体通过国家认定。支持改善贫困地区义务教育薄弱学校基本办学条件，启动教育信息化2.0行动，让更多孩子共享优质教育资源。推进义务教育免试就近入学全覆盖，化解义务教育"大班额"。加快实施高等教育"双一流"建设，印发《职业教育校企合作促进办法》，推进高等教育均衡化发展。强力推动校外培训机构专项治理，全国整改完成率98.9%。出台中小学生减负三十条，减轻中小学生过重学业负担。

积极发挥社会保障托底作用，织牢社会保障网，持续扩大社会保障覆盖面，提高社会保障待遇水平。建立企业职工基本养老保险基金中央调剂制度，深入推进机关事业单位养老保险制度改革，建立城乡居民基本养老保险待遇确定和基础养老金正常调整机制，实施养老保险、失业保险、工伤保险降费率。2018年，基本养老、失业、工伤保险参保人数分别达到9.42亿人、1.96亿人、2.39亿人；全年三项基金总收入为5.6万亿元，同比增长15.28%，总支出为4.87万亿元，同比增长16.08%。社保卡持卡人数达到12.27亿人。全国有低保对象4620万人，供养城乡特困人员483万人，城乡低保标准同比增长7.6%和12.9%。

2018年，组建国家卫生健康委员会，推动实施健康中国战略，树立大卫生、大健康理念，把以治病为中心转变到以人民健康为中心，预防控制重大疾病，积极应对人口老龄化，加快老龄事业和产业发展，为人民群众提供全方位全周期健康服务。继续深化医改，就医疗卫生领域中央与地方财政事权和支出责任划分、分级诊疗、全科医生培养使用、家庭医生签约服务、互联网医疗服务、健康医疗大数据管理等推出系列重大改革举措。稳步推进分级诊疗制度建设，拓展深化公立医院综合改革，巩固完善国家基本药物制度，协调完善全民医保制度。2018年，《医疗纠纷预防和处理条例》正式施行，实行医疗纠纷化解机制多元化，建立了严重危害正常医疗秩序的失信行为责任人联合惩戒机制。全国医疗卫生机构数超过100万家，其中民营医院超过2万家。中央投资242亿元支持664个医疗卫生机构建设，县级医院门诊与住院人次明显增长。近半数省份启动了现代医院管理制度试点，公立医院薪酬制度改革试点医院已经超过了2800家。发布《国家基本药物目录（2018年版）》，品种总数从520种增加到685种，将17种抗癌药品纳入了基本医保目录，确保患者用得上、用得合理。

2018年，组建国家医疗保障局，以统筹推进医疗、医药、医保联动改革，切实提高医疗保障水平，解决好看病难、看病贵的问题。各地按照机构改革的总要求，边组建、边运行、边完善，世界上最大的覆盖人口最多的全民医疗保障制度有了更加可靠的制度保障和组织保障。推进抗癌药降税降价，特别是为切实降低群众用药负担，规范药品流通秩序，推动医药行业转型升级，启动实施国家组织药品集中采购试点工作。试点按照“国家组织、联盟采购、平台操作”思路，集中4个直辖市和7个较大城市公立医疗机构部分药品用量，采取“集中带量采购”实现“以量换价”。继续推进跨省异地就医直接结算。2018年城乡居民基本医保制度基本整合，参保人数超过13亿人，参保率稳固在95%以上。城乡居民基本医保人均财政补助标准由2012年的240元提高到2018年的490元。启动打击欺诈骗保专项行动，确保医保基金安全运行。

在老年人福利方面，全国各省均已建立高龄津贴制度，30个省建立服务补贴制度，29个省建立护理补贴制度，20个省建立留守老年人关爱服务制度。持续推动老年人照顾，制定安宁疗护标准规范，在90个城市开展医养结合试点，设立医养结合机构近4000家。在残疾人福利方面，落实困难残疾人生活补贴和重度残疾人护理补贴制度，分别惠及1100万名残疾人。在孤儿救助方面，将41万名孤儿、弃婴纳入国家养育，集中和分散供养水准分别达到人均每月1335元、913元，将残疾孤儿纳入康复救助体系。

脱贫攻坚取得新进展。2018年，脱贫攻坚工作更加聚焦“三区三州”等深度贫困地区和特殊贫困群体，出台《关于打赢脱贫攻坚战三年行动的指导意见》。全年减少农村贫困人口1386万人，280个左右贫困县脱贫摘帽，完成280万人易地扶贫搬迁建设任务，农村贫困发生率下降到1.7%。

（三）社会治理取得新成效

社会治理重心在基层，基层治理是政府社会管理和人民群众参与社会治理的结合点。2018年，社会治理更多地向基层街乡、社区倾斜，以政社协同提升基层治理精细化水平。例如，北京市印发了《关于党建引领街乡管理体制机制创新实现“街乡吹哨、部门报到”的实施方案》，确立以党建引领“街乡吹哨、部门报到”，进而推动街乡管理体制改革，提升城市治理水平。北京市健全党组织领导的居民自治机制，通过议事厅、恳谈会、理事会等听民声汇民意集民智，拓宽群众参与渠道。同时通过推动街巷长、小巷管家等的政社力量的连接，调动多元社会主体参与社会治理的积极性，形成基层治理合力，有效地解决社区、楼院存在的违建、停车等难题。

探索农村基层治理新模式，重视发挥新乡贤的作用。例如，江苏、浙江等地一批依靠勤劳智慧致富的农村成功人士、德高望重的返乡人士等，出钱出力支持家乡建设发展，并通过建立村民理事会等形式，创新乡村社会治理，成为村民眼中的新乡贤。一些地方通过支持返乡创业创新，盘活、留住农村能人贤人，建立人才使用激励机制等，促进人才向乡村集聚，推动乡村产业振兴，强化党组织领导的充满活力的村民自治机制，提升乡村治理能力。

公共安全工作成效显著。自2018年开始，全国开展为期三年的扫黑除恶专项斗争。一年来，全国公安机关坚持重拳出击、以打开路，向黑恶势力发起强大攻势。截至2018年底，打掉涉黑组织1292个、恶势力犯罪集团5593个，破获各类刑事案件79270起，缴获各种枪支851支，查封、扣押、冻结涉案资产621亿元，全国刑事案件同比下降7.7%，八类严重暴力案件（故意杀人、故意伤害致人重伤或死亡、强奸、抢劫、贩卖毒品、放火、爆炸、投放危险物质）同比下降13.8%，人民群众安全感、满意度明显增强。2018年，在党中央、国务院坚强领导和各方共同努力下，自然灾害因灾死亡失踪人口、倒塌房屋数量、直接经济损失比近5年平均值下降60%、78%和34%；生产安全事故总量、较大事故、重特大事故与上年相比实现“三个下降”，其中重特大事故起数和死亡人数分别下降24%和33.6%，自新中国成立以来首次全年未发生死亡30人以上的特大事故，有效维护了人民群众生命财产安全和社会稳定。

二　社会体制改革面临的主要问题

全面深化改革，破除体制机制长期积累的突出矛盾和问题，是以习近平总书记为核心的党中央带领全国人民在新时代启动的伟大事业。如果说党的十八届三中全会为社会体制改革提供了基本框架和时间表、路线图的话，那么党和国家机构改革则通过组织变革的方式，完善机构建设和选优配强班子、队伍，为社会体制改革提供了新时代的领导力量和组织保障。近年来，我国社会体制改革步伐不断加快，政府与社会、市场与社会的关系不断调整优化，多个社会领域的改革取得积极进展，社会活力不断迸发，社会秩序稳定，人民群众的获得感、满意度持续提升。当前，社会体制改革前景越来越清晰，工作内容正由搭建四梁八柱的主体框架，向全面施工逐项完工转变，工作进度正从不同领域、不同方面、不同子系统的单向推动开始向有机合成转化。从这个角度来看，2018年的社会体制改革虽不轰轰烈烈，但是体现出全方位、多维度扎扎实实的推进特征。但是，也应该看到，处于变革、转型过程中的社会体制还存在不少问题。

（一）政府－市场－社会三维模型中社会一维仍然大而不强

习近平总书记曾经指出，“转变政府职能是深化行政体制改革的核心，实质上要解决的是政府应该做什么、不应该做什么，重点是政府、市场、社会的关系，即哪些事应该由市场、社会、政府各自分担，哪些事应该由三者共同承担”，并提出要“处理好政府和市场、政府和社会、中央和地方的关系”。现代国家治理的一个重要内容就是政府、市场、社会三者关系的科学处理问题。从历史和现实情况看，我国有着长期的强政府传统，政府对于资源的掌握、社会权力的安排、经济社会生活的介入，都有着巨大控制力和影响力。由于种种原因，全社会参与自治管理的积极性不高，参与公共讨论、公共决策、公共监督的意愿和能力有限，社会组织和社区“自下而上”的组织发展程度有待提高。

（二）社会领域存在不少方法错用和资源错配现象

市场遵从的是效率逻辑，社会遵从的首先应是公正逻辑。市场强调通过资源配置、交换原则，实现市场参与者福利的整体提升（即所谓的帕累托最优）；社会强调通过平等参与、公平协商，达成各方都能接受的公正结果（即所谓的最大公约数）。处理好社会与市场的关系并非一件容易的事，特别是在社会主义市场经济、和谐社会都尚未定型、成熟的条件下。例如政府购买社会组织的服务，本来是借助市场竞争方式，解决政府公共服务不足的创新之举。令人遗憾的是，为数不少的购买服务项目变成了利益输送、虚假招标、走过场验收，更有部分蝇营之徒打着公益、慈善的旗号，行谋利、骗财之实。又如政府提供的教育、医疗、养老、就业等方面的公共服务设计片面强调资金归集、使用，运营的安全性、可持续性，甚至某些项目长期出现大量资金结余现象，造成另一种浪费，也变相降低了项目对象的福利水准。更值得警惕的是市场逻辑在社会领域的渗透，例如，在优质公共服务不均衡条件下，对于稀缺的高质量教育、医疗等公共资源配置，部分社会主流人士竟然公开宣扬、鼓吹和推动按照“价高者得”的市场伦理来解决问题。又如，部分中小学的学校领导和教师竟然要求学生填报家长职位、财富等信息，明示或暗示学生家长给学校做贡献、帮老师办事甚至公然送礼。应当承认，当前中国的市场逻辑渗透到了社会的许多方面，其中相当部分是以破坏社会公正、制造社会矛盾的方式展开的。如果不能有效阻断这种蔓延趋势，以社会公正为导向的和谐社会秩序以及公序良俗就难以建立起来，社会生活中合理地分配各种利益的制度法律就难以得到落实执行。

（三）社会成员对社会建设政策效果的认同度还有待提高

带领人民群众创造更加美好的新生活，是中国共产党始终不渝的奋斗目标。近年来，大批爱民、为民、惠民举措出台。脱贫攻坚战取得决定性进展，中等收入群体持续扩大。就业状况基本稳定并持续向好，劳动者收入逐步增长。全社会受教育状况取得巨大改善，人民群众健康和医疗卫生水平大幅提升，保障性住房稳步推进，覆盖城乡居民的社会保障体系基本建立，基本公共服务均等化程度提升。群众参与治理积极性上升，社会治理体系日趋完善。但随着改革的深入，政策效果的边际效应开始变得不太明显，出现“无感发展”的状况。一是由于各类社会福利制度建立后，由于年度增幅相对有限，受益面扩展面临瓶颈，受益群众感受不再像福利制度初建时那么明显。二是由于信息沟通即时多元，社会流动性加大，人们的参照群体发生变化，由过去的与自己比、与身边人比，转变为与更广泛的参照人群比较，相对剥夺感产生，部分抵消了实际福利增加的心理感受。三是伴随社会转型的加快，社会政策处于持续调整完善中。政策的结构性演进和制度性变革，导致社会成员难以形成稳定的对未来的预期，加之每次政策调整人们更加关注自身失去了什么，这都影响到良好社会心态的形成。个别人的不适、不满情绪在上升发泄中可能向社会弥散，形成所谓的“愤青”现象，甚至出现政府给予福利越多、做的好事越多，群众越不满意、意见越多的负面反馈现象。

（四）外部环境的复杂性与不确定性增加了社会体制改革的难度

当前，我国社会体制改革已经进入深水区、攻坚期，需要提供良好的外部环境予以支持。这是因为，社会体制改革与经济发展、政治进步等领域改革的关联度极强，而且受外部环境影响的强度更高。当前，中美贸易摩擦、英国脱欧、部分国家政局不稳、国际难民等国际事件都在广泛传播并影响着中国民众的认知和心理。部分国家民粹主义思潮的上升，暗合国内部分群众的不满情绪，容易形成心理共振。国内经济发展遭遇困难，部分地方财政面临困境，民营企业和小微企业遇到挑战等都不可避免地传导到社会领域，对群众就业、生活等形成直接或间接的冲击。这些都给我国的社会体制改革增加了难度，并有可能影响社会体制改革进度。例如基础设施建设和教育、健康、就业等领域的公共服务都离不开持续稳定的公共财政投入，在减税降费和房地产降速背景下，公共财政尤其是中西部地区、地市县级政府公共投入的可持续性遇到前所未有的挑战。又如在减轻企业负担的总体政策设计中，社保负担重被反复提及，社保费用降低已经成为趋势性选择。但我国社保制度建立晚、历史欠账多、制度不健全，部分地区或项目已面临风险。所以在维持社保制度与减轻企业负担两者间的权衡变得非常困难。

三　2019年推进社会体制改革的政策建议

习近平总书记在省部级主要领导干部坚持底线思维着力防范化解重大风险专题研讨班上强调，面对波诡云谲的国际形势、复杂敏感的周边环境、艰巨繁重的改革发展稳定任务，我们必须始终保持高度警惕，既要高度警惕“黑天鹅”事件，也要防范“灰犀牛”事件；既要有防范风险的先手，也要有应对和化解风险挑战的高招；既要打好防范和抵御风险的有准备之战，也要打好化险为夷、转危为机的战略主动战。面对新的社会主要矛盾变化，以及社会变迁面临的新挑战，必须进一步通过体制改革破解发展中出现的问题，稳定人们的社会预期，带领广大人民群众共建美好社会。一方面，必须按照总体规划和确定的时间表、路线图，坚定不移地推进各项改革任务；另一方面，又要强化风险意识、底线思维，及时对社会政策进行必要的预调、微调、精调，确保社会大局的稳定、活力与秩序并具。

（一）进一步调整和优化社会结构

社会结构是全体社会成员的社会组织方式，以及社会成员之间的关系格局。结构性问题具有根本性。社会结构是社会运行的基础性约束条件。没有好的社会结构，经济社会生态的协调性就难以实现；没有好的社会结构，社会纠纷、社会矛盾就可能高发、易发。从我国现实情况看，现阶段要解决好如下三个突出的结构性问题。

1. 积极应对人口结构变化，妥善处理好人口老龄化、少子化问题

目前，我国劳动年龄人口总量将近9亿人，就业人口总量为7.8亿人，劳动力资源仍然丰富。但是，与2017年相比，2018年我国16~59岁劳动年龄段人口减少470万人，劳动年龄人口数量和比重连续7年双下降，7年间共减少了2600多万人。而老年人口比重持续上升，人口老龄化程度持续加深，2018年，我国60岁及以上人口增加859万人，比重上升0.6个百分点；65岁及以上人口增加827万人，比重上升0.5个百分点。同时，我国出生人口比上年减少200万人，晚婚、晚育、“丁克”等情况不断增加。未来一段时期，这些趋势仍将维持，新生儿童数量减少，劳动力供给总量下降，老年人口比重上升，从而增加社会负担。这方面挑战的严重性和复杂程度将取决于经济发展阶段、结构性变化以及未雨绸缪、预做准备的情况。由于人口结构调整有很长的滞后期，当前应当认真研究和完善人口政策，有意识地对人口结构进行必要的政策干预和引导。

科学应对人口老龄化，按照世界卫生组织“积极老龄化”的理念，从健康、参与、保障三个维度出发，做好老年人的养老服务。一要加快制定完善老龄人口分级分类评估标准，全面反映老龄人口的身体健康状况、心理情绪状况、日常活动能力、环境安全和社会支持等情况，摸清底数。二要制定全国性、地方性的养老发展专项规划，尽快研究确定养老责任分摊机制和养

老模式。养老专项规划应当包括养老责任分担、养老机构发展、养老护理人员发展、养老产业、财政支持、筹融资机制等多方面，未雨绸缪。三要不断完善养老筹融资长效机制，大力发展老龄服务事业和老龄服务产业，继续完善养老的硬件投入，通过市场、非市场机制的投入，扩展养老资源。四要建设老年友好型的社会环境。对公共基础设施、老年人生活设施进行必要的改造和改进，适应老年人身体状况，方便老年人日常出行活动等。

2. 继续调整城乡结构、地区结构，通过新型城镇化、乡村振兴解决好人口分布、产业布局等问题

2018 年，我国人口城镇化率（城镇人口比重）达到 59.58%。以城市群为主体的大中小城市和小城镇协调发展的城镇化格局正在形成，农业转移人口市民化的步伐仍在加快。要按照国家新型城镇化部署，逐步让新市民平等享受城市基本公共服务，从居住证制度全覆盖、降低城市入户门槛、财政转移支付和新增建设用地与吸纳农业转移人口数量挂钩等方面入手，积极稳妥地推进新型城镇化的建设步伐，保证进城落户农村转移人口享受到城镇基本公共服务，彻底实现由“乡”到“城”的转变。要落实区域协调发展战略，率先实现东部地区创新优化发展，加快东北等老工业基地振兴，推动中部地区崛起，推进西部大开发，加快形成京津冀和长江经济带协同发展新格局。要按照产业兴旺、生态宜居、乡风文明、治理有效、生活富裕的总要求，加快推进乡村振兴，实现农业农村现代化。紧紧扭住农村土地制度改革、农村集体产权制度改革、乡村治理体系完善等事关农业、农村、农民长远发展的重大改革不放松，激发农村活力，夯实农业农村基础，健全自治、法治、德治相结合的治理格局，补齐我国现代化最大的短板，调整理顺城乡关系。

3. 下大力气调整收入分配及财富结构，促进社会流动性增加和橄榄形社会的形成

近年来，我国城乡居民收入水平基本保持了与 GDP 增速、劳动生产率提高同向、同步的态势，但是中等收入群体比重仍然不大、基尼系数较高、社会成员收入和财富差距大、部分影响向上社会性流动的体制机制弊端难以

革除等问题，已经开始给经济社会发展带来负面影响。例如国内消费市场启动困难，部分社会成员优势社会地位代际传递破坏社会公正，普通劳动者尤其是社会中下层增收困难发展受限。加快形成合理有序的收入分配格局，适度调节社会成员财富占有差距，已经成为较普遍的社会共识。为此，一要稳步扩大中等收入群体。坚持按劳分配为主体、多种分配方式并存，处理好政府、企业、职工三者分配关系。不断加强教育、健康等方面对人力资本的投入，增加全体社会成员创新、创造和高效率生产能力，并从工资性收入、财产性收入、转移支付性收入等多个维度拓展收入来源，让社会的中坚人群、主流人群能够勤劳守法致富，积极体面生活。二要建立健全税收、财政和社会保障相配套的再分配机制。加快公共财政制度建设，推进基本公共服务均等化，完善全覆盖的社会保障制度。提升税收调节贫富差距的功能，逐步建立全民收入和财产登记制度，为财产税出台创造条件，逐步建立收入、财产两个层面的调节机制。三要规范收入分配秩序。健全相关法律法规，强化政府监管和执法力度，整顿收入分配秩序，打击非法牟利行为，取缔各种非法收入，完善机关事业单位工资制度，加强国有企业高管薪酬管理，治理拖欠农民工工资现象。

（二）进一步提高民生水平和质量

增进民生福祉是发展的根本目的。让改革发展成果更多惠及全体人民，在发展中改善民生、提高保障水平，一直是社会建设、社会体制改革的核心命题。总体看来，我国教育、就业、卫生健康、社会保障事业都取得了长足的发展。但从社会反馈看，上学、看病、收入、养老等领域的发展状况，与人民群众的要求还有相当距离，与全面建成小康社会还有一定的距离。今后一段时期，要按照各项规划，稳步推进各项改革，坚持尽力而为与量力而行相结合、顶层设计和加强基层基础相结合、完善体制和机制相结合，不断健全公共服务体系，在发展中改善民生，提高保障水平，增加社会福祉。

1. 继续保持社会领域公共财政投入的力度不减

面对国外发展不确定性增加、国内经济下行压力加大的背景，要避免经济领域风险传导到社会领域，就要统筹处理好经济建设与社会建设的关系。在稳增长、保发展的同时，绝对不能以牺牲民生保障为代价，绝对不能在社会领域出现系统性、大面积、多群体的风险。要按照既定步骤，把幼有所育、学有所教、劳有所得、病有所医、老有所养、住有所居、弱有所扶的民生短板补齐，把部分社会事业发展不充分、供给不足的难题解决，把城乡、区域、阶层、行业的收入差距扩大的趋势进行扭转。宁可少上几个工程项目，也要保证民生必要投入不滑坡、群众福利待遇水平不下降。不断调整优化政府财政支出结构，优先落实教育、就业、健康、社保等方面投入，确保一般公共预算中民生支出的占比逐年只增不减。同时，通过加快改革开放，在继续保持公共财政投入强度的同时，积极引导扩大社会投入，增加民生保障的资源供给，适应民众多样化、个性化的需求。

2. 稳步提升民生保障和社会治理投入的精准性

民生保障项目多种多样，社会治理量大面广，政策、资金、人力、物力投入巨大，许多项目动辄几十亿元、上百亿元。如何提高资金使用效益，如何实现精准施策，如何不“花钱买埋怨”，对我们的治理能力和水平提出严峻挑战。一是在社会政策的制定和宣传环节要精准。要加强调查研究，多方面听取特别是听取利益相关人意见。通过广播、电视、报刊、网站、微信、微博、移动智能终端等多种方式，做到让政策家喻户晓，有效地防止信息不对称，并主动接受群众的监督。二是在社会政策的落实环节要精准，要统筹短中长期目标和当前工作任务，统筹公共、一般、专项项目，统筹保基本和质量提升，不断优化资源配置。进一步聚焦主要群体和主要项目，强化受益实效，适度向困难地区、薄弱环节、重点人群倾斜，避免“撒胡椒面”和“大水漫灌”现象，把有限资金用在刀刃上。不提脱离实际的目标，不做脱离财力的承诺，不搞“寅吃卯粮”的项目，合理引导社会预期。特别要防止因部门、因单位、因人设项目、划范围，提高政策和相关资金使用的协同度。要进一步简化政务操作流程，提高办事效率。三是在社会政策的监督环节要精准。在公共财政投入领域，全面实施预算绩效管理，健全激励和约束机制，加强经费使用监管。要通过有效的督查、问责手段，确保政策能够落实到位，确保资金使用不浪费、不出现人为的“跑冒滴漏”等现象。

（三）进一步完善社会治理体系

每个人都生活在现实的社会关系中。好的社会关系能够成为社会个体的社会支持网络，而且让社会成员能够机制化地参与到社会治理活动中来，成为社会的主人。同时，社会关系的广度、深度和温度，还直接影响着社会成员的日常生活感受。从传统社会管理向现代社会治理转变，努力形成政府治理和社会自我调节、居民自治良性互动的局面，说到底是通过调节社会关系，促进社会成员之间和谐融洽，确保社会既充满活力又和谐有序。

1. 加强社区治理体系建设

社区连着千家万户，是城乡居民的生活共同体，是服务群众的“最后一公里”，也是社会治理的基本单元。实现社区有效治理首先要建立坚强的基层党组织，要发挥好基层党组织的领导核心作用，把基层党组织的工作重心转移到公共服务、公共管理、公共安全上来。要不断加强基层群众性自治组织的规范化建设，完善社区民主协商制度，推进居务（村务）公开和民主管理。充分调动社区内的社会组织、辖区单位、物业、业委会、楼栋长、院落负责人、社区能人、志愿者、社区居民等多方力量，让社区动起来、活起来。要引导居民认真讨论、制定、落实社区居民公约，发挥社会道德力量，增强居民群众的自我约束。要因地制宜引导居民参与，调动社区能人、身边模范的积极性；要引入现代大数据技术，敢于善于运用互联网等科技手段开展社区治理工作，提高社区治理的参与度和治理绩效。

2. 积极培育并着力发挥好社会组织作用

社会自治、社会自我调节功能的实现，很大程度上要依靠居民自下而上的组织化来实现。要按照中央部署，积极推进群团组织和事业单位改革，大力发展各类人民群众需要的社会组织，以主动开放、购买服务、减免税收等机制化手段推进社会组织参与社会治理。发展壮大志愿服务、专业社会工作者、公益慈善等队伍，发挥他们在社会服务、矛盾纠纷化解、心理干预调节等方面的积极作用，引导居民组织起来，服务自身和他人，培育良好的社会氛围。

3. 推动安全体系建设

做好矛盾纠纷排查预警，努力做到早发现、早预防、早处置。运用大数据、信息化、智能化手段，提高新形势下的矛盾隐患发现和化解机制。要确保社会稳定风险评估制度不走过场，实事求是、落到实处，畅通民意表达和收集回馈机制。要不断完善安全生产责任制，不断提升政府应急管理和全社会防灾减灾救灾能力。要加强社会治安防控体系建设，推进建立立体化、信息化、智能化公共安全防控网络，不断提高国家公共安全保障能力。不断提高全面依法治国水平，依法打击和惩治各类违法犯罪活动，特别是做好扫黑除恶，打击非法传销、金融诈骗、电信诈骗等专项工作，保护人民群众的人身权、财产权及人格权。

4. 加强社会心理服务体系建设

社会转型时期，是各种社会思潮交流交融交汇交锋的时期，也是社会成员思想波动大、心理扰动强的时期。仅有好生活，没有好心态，就有可能采取袖手旁观的态度，光想搭便车，不想付出和奉献，甚至采取非理性行动。因此，如何提高公民道德修养，塑造健康向上的社会氛围，形成普遍接纳的主流价值观，是当前一个重要课题。这就需要通过社会主义核心价值观的培育养成，提高对社会舆论的引导能力，推进全社会知荣辱、讲诚信、做奉献、促和谐。要通过建立健全社会心理服务体系，强化心理疏导，加快形成自尊自信、理性平和、积极向上的社会心态；加快形成遵纪守法、风清气正、互帮互谅的社会环境，构建团结、和谐、友善、协作的社会关系网络。要特别做好青年一代的思想政治工作，促进他们奉献时代、健康成长，成为面向未来的有志有为青年。

（四）进一步提高领导干部推动社会建设的本领

习近平总书记要求“全党来一个大学习”，强调“领导干部不仅要有担当的宽肩膀，还得有成事的真本领”。经过40多年的改革开放，我们的领导干部在调控经济、招商引资等方面，不同程度地受到了锻炼、增长了本领。但对于社会建设这个较新命题，并不是每个干部都了解其中的规律，熟悉应当采用的办法，多多少少存在着一些“本领恐慌”。例如有的干部知识老化，习惯于按旧的思路、经验做法来开展工作，对于教育创新的国际动态、创业创新需要的环境支持、卫生健康体制改革面临的多利益平衡、社会治理相关的心理学和社会学知识等，知之甚少或者只知道皮毛。有的干部对互联网、大数据、云计算、物流网不了解、不熟悉，所以在监管、应对时经常手足无措，有时还会因胡乱引用闹出笑话。特别是社会治理的新情况、新问题、新矛盾层出不穷，近年一些新理念、新思想、新战略、新方法纷纷出现，我们的干部经常疲于应付，缺乏主动应对的能力。为此，需要加强各级干部对于社会建设、社会体制改革相关知识的学习培训力度，提高他们抓好本职工作、动员人民群众、驾驭社会风险的本领。我们的干部要敬畏权力、慎重用权、警惕资本的无序扩张，帮助全社会形成稳定的预期。稳定的预期是安全感、获得感、幸福感的基础。没有良好的社会秩序，人们就无法形成稳定的预期。没有稳定的预期，人们就会选择用脚投票，或者采取投机主义策略，而这些都会形成对社会生态的破坏。要牢牢树立底线意识，强化社会政策托底思维，采取切实的措施，确保不发生冲击社会道德底线的事情。

参考文献

公安部：《公安部新闻发布会通报全国公安机关扫黑打恶专项斗争有关情况》，http：//www. mps. gov. cn/n2254536/n2254544/n2254552/n6371377/index. html，2019 年 1 月 28 日。

国家统计局国库司：《2018 年财政收支情况》，http：//gks. mof. gov. cn/zhengfuxinxi/tongjishuju/201901/t20190123_ 3131221. html，2019 年 1 月 23 日。

国家卫生健康委员会：《2019 年 1 月 10 日例行新闻发布会》，http：//www. nhc. gov. cn/xwzb/webcontroller. do？titleSeq = 11145&gecstype = 1，2019 年 1 月 10 日。

国家卫生健康委员会：《2018 年 12 月 26 日例行新闻发布会》，http：//www. nhc. gov. cn/xwzb/webcontroller. do？titleSeq = 11144&gecstype = 1，2019 年 12 月 26 日。

人力资源与社会保障部：《2018 年第四季度新闻发布会》，http：//www. china. com. cn/zhibo/content_ 74402631. htm，2019 年 1 月 24 日。

国务院新闻办公室：《2018 年国民经济运行情况发布会》，http：//www. scio. gov. cn/xwfbh/xwbfbh/wqfbh/39595/39709/wz39711/Document/1645862/1645862. htm，2019 年 1 月 21 日。

习近平：《习近平谈治国理政》（第二卷），外文出版社有限责任公司，2017。

社会治理体制篇

Section on Social Governance

B.2
2018年社会治理法治化进程及2019年展望

赵秋雁*

摘　要： 2018年，是我国改革开放40周年，也是全面落实党的十九大精神的开局之年。我国加强了党对全面依法治国的集中统一领导，一批保障和改善民生的重要立法出台，强化平安中国的法治保障，法治社会建设全面推进。但是，社会治理法治化水平与全面建成小康社会的要求，与新时代人民日益增长的美好生活的实际需要还有一定距离。2019年，是新中国成立70周年，也是全面建成小康社会的关键之年，推进社会治理法治建设工程仍很艰巨。

* 赵秋雁，北京师范大学中国社会管理研究院/社会学院教授、党总支书记兼副院长、法学博士。

关键词： 法治社会　三治融合　社会心理服务体系

一　2018年社会治理法治化的主要进展

（一）多元主体依法共治

1. 加强党对全面依法治国的集中统一领导

2018年，党中央决定组建中央全面依法治国委员会，加强党对全面依法治国的集中统一领导，统筹推进全面依法治国工作，这在我们党的历史上是第一次，在社会主义法治建设史上具有里程碑意义。中央全面依法治国委员会首次会议将“推进法治社会建设，依法防范风险、化解矛盾、维护权益，加快形成共建共治共享的现代基层社会治理新格局，建设社会主义法治文化”作为当年七项基本工作要点之一。

2018年印发中央党内法规74部，有效推动了党建工作规范化、标准化、制度化。《中央党内法规制定工作第二个五年规划（2018－2022年）》（以下简称“二五规划”）对今后5年党内法规制度建设进行了顶层设计；修订的《中国共产党纪律处分条例》将党章和《关于新形势下党内政治生活的若干准则》等党内法规的要求细化，着力提高纪律建设的政治性、时代性、针对性；审议通过的《中国共产党政法工作条例》以党内基本法规的形式规范党领导政法工作；印发的《中国共产党支部工作条例（试行）》旨在加强党支部标准化、规范化建设，不断提高党支部建设质量；修订的《中国共产党农村基层组织工作条例》全面规范党的农村基层组织工作。还有《党组讨论和决定党员处分事项程序规定（试行）》《干部人事档案工作条例》《中央企业领导人员管理规定》等。

2. 法治政府建设扎实推进

2018年，完成了宪法修改的重大历史任务，提请全国人大常委会审议法律议案18件，制定修订行政法规37部。

宪法修改意义重大，21 条宪法修正案充分体现了党依宪执政、依宪治国的理念，进一步完善了党和国家的领导体制，建立健全了国家监察制度等。国务院办公厅印发了《关于加强行政规范性文件制定和监督管理工作的通知》《关于全面推行行政规范性文件合法性审核机制的指导意见》等，首次从国家层面规范行政规范性文件的审核工作。2018 年是全面推行行政执法公示、执法全过程记录、重大执法决定法制审核“三项制度”试点结束后的第一年，执法不作为等突出问题得到比较有效地遏制。国家发展改革委、商务部印发《市场准入负面清单》（2018 年版），这推动了政府职能转变和营商环境法治化。此外，国务院办公厅还印发了《关于做好证明事项清理工作的通知》等，这是减证便民、优化服务、依法行政的实际行动。

3. 推动社会治理重心向基层下移

2018 年，为推动社会治理重心向基层下移，在加强社会组织管理服务、社会工作专业人才的制度建设上取得新进展。

习近平总书记对社会组织发展高度重视并致信全国个体劳动者第五次代表大会强调，个体劳动者私营企业协会要发挥好桥梁纽带作用，当好政策法规的普及者……党的十九届三中全会通过的《中共中央关于深化党和国家机构改革的决定》强调，要依法加强对各类社会组织的监管，推动社会组织规范自律。民政部《社会组织信用信息管理办法》进一步完善了社会组织的信息管理。《辽宁省社会组织管理条例》实施，这是全国首部社会组织管理地方性法规，标志着地方社会组织管理工作走向法治化。人力资源和社会保障部、民政部《高级社会工作师评价办法》施行，标志着我国初、中、高级相衔接的社会工作者职业水平评价体系进一步完善。

（二）保障和改善民生领域法治建设

2018 年，我国出台了一批较高质量的保障和改善民生制度规范。

1. 依法治教

教师队伍建设方面，中共中央、国务院印发的《关于全面深化新时代教师队伍建设改革的意见》，是新中国成立以来党中央出台的首个专门面向教师队伍建设的里程碑式文件，对全面加强师德师风建设和深化教师管理综合改革等方面做出了重要部署。教育部印发了《新时代高校教师职业行为十项准则》《新时代中小学教师职业行为十项准则》《新时代幼儿园教师职业行为十项准则》等。高等教育方面，教育部等印发了《关于高等学校加快"双一流"建设的指导意见》《关于全面落实研究生导师立德树人职责的意见》《高等学校人工智能创新行动计划》等。基础教育方面，教育部门在校园建设、课程标准、减负等方面发布了《中小学校园建设规范（试行）》等规范性文件。职业教育与成人教育方面，教育部等6部门联合印发的《职业学校校企合作促进办法》旨在推进校企合作制度化。学前教育方面，中共中央、国务院发布的《关于学前教育深化改革规范发展的若干意见》从优化布局与办园结构、完善监管体系、规范发展民办园等9方面进一步规范了学前教育公共服务体系。

2. 劳动就业

修订的《劳动法》进一步增强了劳动者权益维护，包括可一次性领取企业年金、明确带薪年假等。人力资源社会保障部、国家发展改革委、财政部联合发布的《关于推进全方位公共就业服务的指导意见》目的是以公共就业服务促进就业增长，以就业增长支撑经济发展和民生改善。

3. 社会保障

社会保险方面，2014年，全国建立的统一的城乡居民基本养老保险制度在保障城乡老年居民基本生活等方面发挥了积极作用，2018年，人力资源社会保障部、财政部联合印发《关于建立城乡居民基本养老保险待遇确定和基础养老金正常调整机制的指导意见》，旨在建立激励约束有效、筹资权责清晰、保障水平适度的城乡居民基本养老保险待遇确定和基础养老金正常调整机制。

社会救助方面，民政部、财政部、国务院扶贫办联合发布的《关于在脱贫攻坚三年行动中切实做好社会救助兜底保障工作的实施意见》要求，进一步农村低保制度和扶贫开发政策有效衔接，加大临时救助力度。

社会福利方面。一是儿童。国务院印发的《关于建立残疾儿童康复救助制度的意见》，目的是落实好残疾儿童“人人享有康复服务”的要求。民政部内设机构中新增儿童福利司。《儿童福利机构管理办法》明确了儿童福利机构服务对象，扩大了收留抚养儿童的范围。二是老年人。修订《老年人权益保障法》，取消养老机构设立许可，报请国务院审议通过加快养老服务的意见，不断丰富养老方式选择。三是残疾人。民政部、人力资源社会保障部等4部门联合印发的《残疾人服务机构管理办法》明确了残疾人服务机构行业管理部门和对象范围。

慈善事业方面。民政部发布的《慈善组织保值增值投资活动管理暂行办法》旨在规范慈善组织的投资活动，防范慈善财产运用风险，促进慈善组织持续健康发展。《慈善组织信息公开办法》有利于规范慈善组织的信息公开行为，保护捐赠人、志愿者、受益人等慈善活动参与者的合法权益，维护社会公众的知情权，促进慈善事业发展。《公开募捐违法案件管辖规定（试行）》主要调整具有公开募捐资格的慈善组织在公开募捐活动中发生的违法案件、其他社会组织违法开展公开募捐活动的案件、个人违法开展公开募捐活动的案件，以维护慈善募捐管理秩序。

4. 医疗保障

2018年，国家将人力资源和社会保障部、国家卫生和计划生育委员会、国家发展和改革委员会、民政部有关职能整合，组建国家医疗保障局，作为国务院直属机构，开启了医疗保障新篇章。

（三）平安中国建设

2018年，落实总体国家安全观，不断强化社会治安综合治理，基本解决执行难，检察公益诉讼取得新进展，积极推进平安中国建设。

2018年，各级人民法院依法审结一审刑事案件119.8万件，包括危害国家安全、暴力恐怖、贪污受贿、黑恶势力犯罪等。审结一审民事案件901.7万件，包括教育、就业、医疗、养老等案件111.1万件。

2016年以来，各级法院共受理执行案件2043.5万件，执结1936.1万件，执行到位金额4.4万亿元，与前三年相比分别增长98.5%、105.1%和

71.2%，解决了一批群众反映强烈的突出问题，“基本解决执行难”这一阶段性目标如期实现。为维护国家安全和社会稳定、加强和改善民生提供了法治保障，促进了法治建设和社会诚信建设。

2018 年，检察机关全年共立案办理民事公益诉讼 4393 件、行政公益诉讼 108767 件。其中，涉及生态环境和资源保护 59312 件、食品药品安全 41118 件、国有财产保护 10025 件、国有土地使用权出让 2648 件、英烈权益保护 57 件。初步形成了保护国家利益和社会公共利益的合力，助力平安中国、法治中国建设。

二 2018年社会治理法治建设的特征

（一）更加注重统筹推进“五位一体”总体布局

“五位一体”总体布局是一个有机整体，社会治理法治化建设中更加重视统筹推进、协调发力。例如，民政部、中央文明办、发展改革委等 16 个部门联合印发《关于进一步推动殡葬改革促进殡葬事业发展的指导意见》，这是以殡葬改革和殡葬事业发展为抓手，服务于保障和改善民生，有利于促进社会建设；也是保护国土资源和生态环境的重要措施，有利于促进经济和生态可持续发展；还是思想意识领域的变革和社会文明进步的重要标志，有利于促进精神文明建设。

（二）更加深入推进“三治融合”的社会治理体系

党的十九大报告提出，健全自治、法治、德治相结合的乡村治理体系，这是首次在党的重要报告中强调“三治融合”。2018 年，深化“三治融合”提升治理水平，在国家和地方层面都有新进展。例如，民政部、中央组织部等 7 个部委联合发布《关于做好村规民约和居民公约工作的指导意见》提出，到 2020 年全国所有村、社区普遍制定或修订形成务实管用的村规民约、居民公约，推动健全党组织领导下自治、法治、德治相结合现代基层社会治理机制。例如，中共杭州市富阳区委、杭州市富阳区人民政府发布《关于深入推进自治、法治、德治“三治融合”基层社会治理体系建设的实施意见》。

（三）创新社会治理助力扶贫攻坚

中共中央、国务院发布的《关于打赢脱贫攻坚战三年行动的指导意见》提出了三年脱贫攻坚战的总体要求，动员全社会力量参与脱贫攻坚。教育部、国务院扶贫办印发的《深度贫困地区教育脱贫攻坚实施方案（2018～2020年）》指出，力争到2020年，“三区三州”等深度贫困地区教育总体发展水平显著提升，实现建档立卡贫困人口教育基本公共服务全覆盖。国务院办公厅印发《关于深入开展消费扶贫助力打赢脱贫攻坚战的指导意见》旨在动员社会各界扩大贫困地区产品和服务消费，国家发改委等6部门发布《生态扶贫工作方案》，工业和信息化部发布《关于推进网络扶贫的实施方案（2018～2020年）》，等等。

（四）进一步贯彻软法与硬法相结合

软法的重要载体之一标准建设在社会治理领域又取得较大进展。2018年，新修订的标准化基本法《中华人民共和国标准化法》实施，其立法目的是加强标准化工作，提升产品和服务质量，保障人身健康和生命财产安全，维护国家安全，提高经济社会发展水平。中央全面深化改革委员会第三次会议审议通过的《关于建立健全基本公共服务标准体系的指导意见》旨在以标准化促进基本公共服务均等化、普惠化、便捷化，部署了完善各级各类基本公共服务标准、创新基本公共服务标准实施机制等四方面重点任务。

三　2019年社会治理法治建设面临的挑战和展望

2019年，是新中国成立70周年，也是全面建成小康社会的关键之年，社会治理法治建设要全面贯彻党的十九大精神，以习近平新时代中国特色社会主义思想为指导，在“科学立法、严格执法、公正司法、全民守法”上谱写社会治理法治化新篇。

一是深入贯彻落实党对法治工作的全面领导。中共中央印发的“二五”规划着眼于建党100周年时形成比较完善的党内法规制度体系，2019年，将以政治建设为统领，坚持和加强党的全面领导，加大力度完善党内法规制度体系，深入贯彻《关于深化中央纪委国家监委派驻机构改革的意见》《中国共产党政法工作条例》等重要党内法规精神，继续开展党内法规清理工作。

二是继续巩固“基本解决执行难”成果。为贯彻落实党的十八届四中全会关于“切实解决执行难”的部署，最高人民法院2016年3月在十二届全国人大四次会议上提出“用两到三年时间基本解决执行难问题”。“基本解决执行难”虽然实现预期目标，但与党中央提出的“切实解决执行难”目标和人民群众期待相比还有差距。2019年，要着力解决好关系人民群众切身利益的执法问题，特别是做好就业、教育、社会保障、食药监管、社会治安等方面的执法工作，不断提高执行工作水平和提升人民群众对执法工作的满意度，健全解决执行难长效机制，进一步促进法治社会建设。

三是加强司法队伍建设，不断提高司法公信力。司法公信力是法治社会的重要标志之一，是司法权公正行使的检验尺。2018年，中央政法委牵头，中央纪委国家监委、最高人民检察院、公安部参加的联合调查组，公布了最高人民法院二审审理的陕西榆林凯奇莱能源投资有限公司诉西安地质矿产勘查开发院合作勘查合同纠纷案卷宗丢失等问题的调查结果。引发了公众的普遍关注，产生了较为广泛的社会影响，民众对“严肃查处违纪违法行为，确保公正廉洁司法”的呼声日益高涨。2019年，大力加强司法队伍廉洁自律建设，明确依法行使职权的边界和责任，确保司法责任制落实到位，回应人民关切，满足人民期待，维护司法权威和公信力，任重道远。

四是加强社会心理服务体系建设，增强守法自觉。党的十九大报告提出要“加强社会心理服务体系建设，培育自尊自信、理性平和、积极向上的社会心态”。2018年，国家卫生健康委、中央政法委等10部委联合发布

《全国社会心理服务体系建设试点工作方案》，这里的“社会心理服务”不应局限于卫生领域“心理健康服务”观念，而是从国家治理现代化的高度出发，着重解决宏观社会心态的社会治理问题，是法治文化建设的重要组成。2019 年，将积极开展试点工作，加强重点人群心理健康服务，探索社会心理服务模式和工作机制，着力发挥社会心理服务体系建设在源头预防矛盾风险、培育理性平和社会心态方面的重要作用。

参考文献

魏礼群：《坚定走中国特色社会主义社会治理之路——改革开放 40 年社会治理成就及其宝贵经验》，《求是》2018 年第 16 期。

李培林：《全面深化改革推动社会建设迈上新台阶》，《人民日报》2019 年 1 月 8 日。

龚维斌：《深化改革开放　创新社会治理》，《学习时报》2019 年 1 月 3 日。

中国政法大学法治政府研究院编《法治政府蓝皮书：法治政府评估报告（2018）》，社会科学文献出版社，2018。

2019 年 3 月 12 日在第十三届全国人民代表大会第二次会议上的《最高人民检察院工作报告》。

2019 年 3 月 12 日在第十三届全国人民代表大会第二次会议上的《最高人民法院工作报告》。

辛自强：《社会心理服务体系建设的定位与思路》，《心理技术与应用》2018 年第 6 期。

中国法学会：《2018 年共印发中央党内法规 74 部—党内法规制度建设成果丰硕》，《人民日报》2019 年 1 月 8 日。

B.3

中国社会治理方式创新的进展及趋势*

刘　冰**

摘　要： 社会治理现代化离不开社会治理方式的创新。本文通过翔实的数据和事实资料研究了我国社会治理方式创新的进展及趋势。研究表明，近年来，我国社会治理的社会化、法治化、智能化、专业化水平不断提升，为建立安定有序又充满活力的社会提供了重要保障。社会治理方式创新具体表现在党委领导下的多元参与更加广泛、社会治理法治体系逐步完善、基于互联网和大数据的智能化治理技术显著提升、社会工作领域的专业队伍日益壮大。从发展趋势来看，未来社会治理方式应更加注重多元主体参与的深度和效果、落实与社会治理相关的各项法律制度、提升大数据辅助决策的作用和对信息社会快速回应的能力以及提升社会治理专业人才的综合素质。

关键词： 社会治理　社会化　法治化　智能化　专业化

社会治理现代化离不开社会治理方式方法的创新。党的十九大报告指出“提高社会治理社会化、法治化、智能化、专业化水平”，这“四化”为推动社会治理现代化、实现治理方式的转型升级指明了方向。近年来，我国社

* 本文为国家社会科学基金重大研究专项“社会治理现代化指标构建研究”（资助号：17VZL004）和国家社会科学基金一般项目“复合型邻避补偿政策设计及运行机制研究”（资助号18BGL211）阶段性研究成果。

** 北京师范大学中国社会管理研究院/社会学院副教授。

会治理的社会化、法治化、智能化、专业化水平不断提升，为建立安定有序又充满活力的社会提供了重要保障。

一　社会治理的社会化水平

创新社会治理本质上是以不同治理主体组合模式、不同的公共服务提供方式契合不同的社会需求。社会治理的社会化是民主原则和效率原则在公共领域中的综合体现，明确党委、政府、社会组织在社会治理中的地位和职能，强调政社合作、多元主体协同共治。多元主体参与社会治理有利于不同利益诉求的表达、不同意见的沟通协商，寻求全社会意愿和要求的最大公约数。同时，社会事务的复杂性、社会需求的多样性使得仅仅依靠政府实现社会治理是不可能的。社会治理既要依靠党委和政府，又要坚持社会化的发展方向，有效整合社会各方面资源，动员社会各方面力量参与，提高社会治理的效率。

社会治理社会化，基层党组织是核心。社会治理涉及方方面面，基层党组织的坚强领导不可或缺。在过去 60 年间，全国基层党组织呈持续增长的态势。1956 年，每十万人口大约拥有 114 个基层党组织，2010 年增加至 2.5 倍，发展到 290 个。党的十八大以来，党在农村和城市“两面”、国企和高校“两线”、新经济组织和新社会组织“两新”等六大领域统筹推进基层党组织建设。党的十九大在新时代党的建设总要求中鲜明提出“坚持和加强党的全面领导”，基层党组织建设成果显著。中共中央组织部党内统计公报显示，2012～2017 年，党员人数和基层党组织数稳步增长，中国共产党党员数从 2012 年的 8512.7 万名增加到 2017 年的 8956.4 万名，基层党组织从 2012 年的 420.1 万个增加到 2017 年的 457.2 万个（见图 1）。全国机关、事业单位党组织覆盖率为 99.7% 和 95.2%，国有企业党组织覆盖率 92.8%[①]。近五年中，非公有制企业和社会组织中的党组织建设得到显著增强。截至

① （受权发布）《2017 年中国共产党党内统计公报》，新华网，http://www.xinhuanet.com/politics/2018-06/30/c_1123059570.htm，发布日期：2018 年 6 月 30 日。

2017 年底，187.7 万个非公有制企业已建立党组织，覆盖率为 73.1%；30.3 万个社会组织已建立党组织，覆盖率为 61.7%（见图 2）。2019 年 1 月，中共中央印发了《中国共产党农村基层组织工作条例》，适应新时代农村改革的要求，进一步加强和改进党在农村的基层组织建设，党在农村的执政基础将更加巩固。基层党组织是领导治理、团结群众、推动发展、凝聚人心的坚强战斗堡垒，带领党员群众贯彻党的路线方针政策、落实各项任务，充分发挥了推动发展、服务群众、凝聚人心、促进和谐的作用。

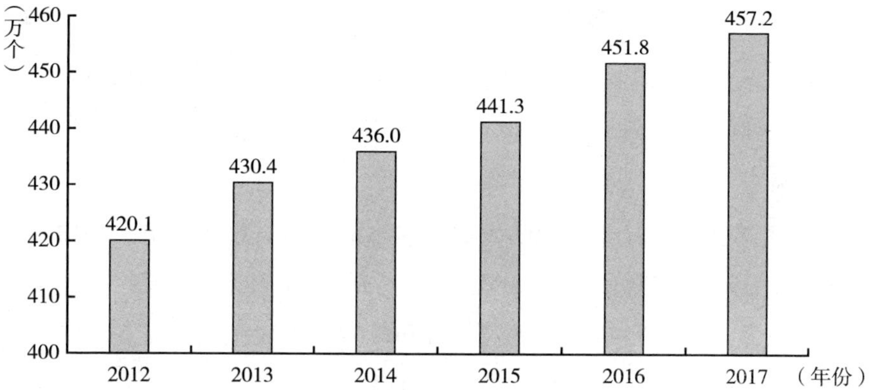

图 1　中国共产党基层党组织数（2012～2017）

资料来源：根据中共中央组织部发布 2012～2017 年《中国共产党党内统计公报》数据整理，http：//news.12371.cn/dzybmbdj/zzb/dntjgb/。

社会治理社会化，群众参与是基础。从基层实践看，充分发挥社区居民参与社区建设和基层民主决策，最大限度地集中民智、激活民力、凝聚民心，社会治理就会具有更广泛的社会基础。我国通过健全基层选举、议事、公开、述职、问责等机制，发展居民会议、议事协商、民主听证等主要参与形式，促进群众在城乡社区治理、基层公共事务和公益事业中依法自我管理、自我服务、自我教育、自我监督。

社会组织和志愿者成为社会治理社会化的重要力量。为激发社会组织活力、推动社会组织健康有序发展，我国出台了《关于改革社会组织管理制度促进社会组织健康有序发展的意见》《关于支持和发展志愿服务组织的意

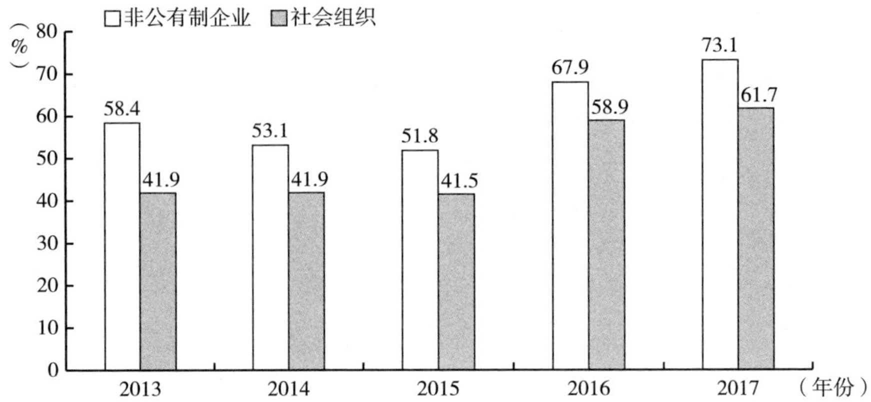

图 2　非公有制企业和社会组织中建立党组织的比例（2013～2017）

资料来源：根据中共中央组织部发布 2012～2017 年《中国共产党党内统计公报》数据整理。

见》等一系列文件，社会组织的发展逐步走向规范有序的轨道。2012～2017 年，我国的社会组织数量从 49.9 万个增长到 76.2 万个（见图 3）。社会组织作为群众共建、公民共享的重要平台和载体，为活跃地方经济、发展民主政治、保护生态环境、推进社会建设、创新社会治理等方面发挥了重要作用。志愿者是社会治理社会化的重要补充力量。近年来，在《中国社会服

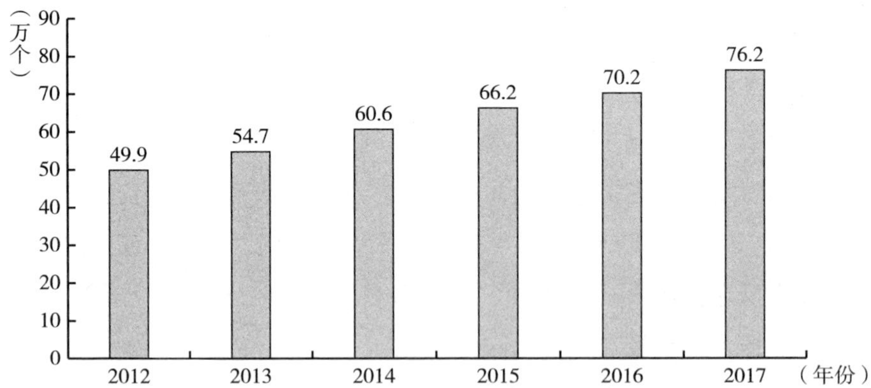

图 3　全国社会组织数量（2012～2017）

资料来源：根据民政部 2012～2017 年《社会服务发展统计公报》整理。

务志愿者队伍建设指导纲要（2013～2020年）》的指导下，我国社会服务志愿者队伍进一步发展壮大，活跃在社区建设、社会福利、公益慈善、社会救助、减灾救灾、健康卫生等社会服务领域，对满足群众需求、协调社会关系、化解社会矛盾、增进社会和谐发挥出积极作用。

二　社会治理的法治化水平

社会治理法治化要求社会治理活动中秉持法治精神，按照法治原则、规范和程序解决纷争、规范社会行为，引导群众在治理实践中尊法学法守法用法。党的十八大以来，我国以推进全面依法治国为契机，推动法治国家、法治政府、法治社会一体建设，逐步开创了社会治理法治化的新局面。随着生活水平日益提高、人们对美好生活的期待，“对民主、法治、公平、正义、安全、环境等方面的要求日益增长”①。社会治理法治化以人民为中心，不断适应人民对美好生活的需求。

我国通过不断完善社会主义市场经济立法，促进社会财富不断增加，为增加人民福祉提供物质条件；不断完善税收等方面的立法，筹集国家财政收入，平衡地区发展，保障公共事业支出，调节经济和分配关系；制定鼓励捐赠和慈善事业的立法，鼓励相关社会群体扶贫济困；制定社会保险法等法律，保障劳有所得、病有所医、老有所养。我国逐步形成了保障人民权力和利益、回应社会诉求，平衡和调整社会关系的法律体系②。

在依法行政方面，我国以建立“职能科学、权责法定、执法严明、公开公正、廉洁高效、守法诚信的法治政府”③为目标，深入推进行政执法体制改革。我国先后修订了《国家赔偿法》《行政诉讼法》《行政复议法》等

① 习近平：决胜全面建成小康社会 夺取新时代中国特色社会主义伟大胜利——在中国共产党第十九次全国代表大会上的报告，新华网，http：//www.xinhuanet.com/politics/19cpcnc/2017-10/27/c_1121867529.htm，发布日期：2017年10月27日。

② 信春鹰：《改革开放40年全国人大及其常委会的立法工作》，《求是》2019年第4期。

③ 《法治政府建设实施纲要（2015～2020年）》，中国人民政府网，http：//www.gov.cn/xinwen/2015-12/28/content_5028323.htm，发布日期：2015年12月28日。

法律，通过行政法律有效制约和监督权力，进一步规范了公权力在社会治理中的作用和边界。在行政程序方面，各级政府依法推行民主决策机制，推动决策程序公开透明，及时公开政府信息，加强社会监督，规范权力运行。在社会矛盾调处方面，法治手段成为平衡社会利益、维护社会公平、促进社会和谐最有效的方式，法治成为调解制度建设的核心。在法律服务方面，我国公共法律服务实体、热线和网络三大平台全面建成。截至 2018 年，全国已建成县（市、区）公共法律服务中心 2917 个、乡镇（街道）公共法律服务工作站 39380 个，覆盖率分别达到 99.97% 和 96.79%[①]。法律援助制度日趋完善，2018 年我国各地法律援助机构为 51.5 万人次农民工提供法律援助[②]。社会治理法治化还为社会化、智能化和专业化等治理方式的创新提供保障。比如，按照“政事分离、政社分离、责权利相配套”的要求，通过法律程序积极引入多元主体参与公共服务和社会治理，推动社会治理社会化。在基层事务管理方面，法治与德治、自治等传统治理方式构成了基层治理的重要基石。法律制度保障了群众对社会治理的知情权、参与权和监督权，群众参与基层治理趋向制度化和规范化。2018 年 8 月 24 日，习近平主持中央全面依法治国委员会第一次会议时再次强调“要推进法治社会建设，依法防范风险、化解矛盾、维护权益，加快形成共建共治共享的现代基层社会治理新格局，建设社会主义法治文化”。

提供基本公共服务和加强社会保障体系是社会事业进步的重要标志，也是社会治理工作的重心。我国加快了社会民生领域的立法步伐，通过法律体系建立了就业和再就业、社会保险、住房保障、社会救助、社会福利以及社会优抚在内的社会保障体系，构筑了较为严密的社会保障安全网，成为维护社会稳定、推动社会发展的重要基础。在医疗保障稳步发展的前提下，我国提出了“健康中国”战略，《基本医疗卫生与健康促进法》随之提上议程，

① 《我国公共法律服务三大平台全面建成》，中国人民政府网，http://www.gov.cn/xinwen/2019-01/16/content_5358228.htm，发布日期：2019 年 1 月 16 日。

② 《2018 年我国 51.5 万人次农民工获得法律援助》，新华网，http://www.xinhuanet.com/legal/2019-01/14/c_1123989400.htm，发布日期：2019 年 1 月 14 日。

突出了强化基层、筑牢网底，充分体现“三医联动”机制，充实医保、医药方面的内容，同时还增加和完善疫苗药品管理相关规定等。

在公共安全方面，我国在“总体国家安全观”的指导下逐步制定和完善了《国家安全法》《网络安全法》《生产安全法》《食品安全法》等相关法律。《国家安全法》奠定了国家安全法律制度体系的基础。《网络安全法》维护网络空间主权和国家安全、社会公共利益，保护公民、法人和其他组织的合法权益，促进经济社会信息化健康发展。正在修订的《药品管理法》进一步加强了药品监管，针对现实暴露的具体问题以及互联网迅速发展等新情况，重点解决互联网交易、药品物流、药品追溯和召回等环节的突出问题。

社会治理的地方性立法也取得重大进展。2015 年，通过修正的《立法法》进一步加大了地方立法权，规定“设区的市的人民代表大会及其常务委员会根据本市的具体情况和实际需要，在不同宪法、法律、行政法规和本省、自治区的地方性法规相抵触的前提下，可以对城乡建设与管理、环境保护、历史文化保护等方面的事项制定地方性法规”。在《立法法》的推动下，社会治理领域的地方立法取得很大进展，一些地方出台了有关社会组织、民非企业、慈善事业和志愿者管理的地方性法规，推动了社会治理主体多元化发展，明确了社会组织的权利和义务，促进了社会组织发展和运行的规划化和制度化。一些地方还将本地取得成效的社会治理经验通过法律法规的形式固定下来，如浙江省宁波市在总结处理“医闹事件”经验的基础上制定了《宁波市医疗纠纷预防和处置条例》，建立了以“医疗纠纷人民调解委员会”为主体的调解机制，并规定了人民调解委员会的组成、职责、调解程序和调解效力等。一些沿海地区面对高速增长的外来流动人口，根据本地的现实条件为外来务工人员提供社会保障，加强对流动人口的管理和服务，推动了外来人口和本地人口的融合。

三　社会治理的智能化水平

当前，大数据、移动互联、云计算和人工智能等现代科技与经济社会发展呈现深度融合趋势，深刻改变社会生产和生活方式，社会关联形态和运行模式呈现出网络化、信息化的新特征，对社会治理提出全新挑战。我国网络购物、移动支付、共享经济等新业态走在世界前列。网络基础设施建设进一步提升了我国网络覆盖率。2018 年我国《政府工作报告》明确提出“手机流量提速降费的要求，努力实现高速宽带城乡全覆盖，扩大公共场所免费上网范围，明显降低家庭宽带、企业宽带和专线使用费”。截至 2018 年 12 月，我国网民规模为 8.29 亿人，互联网普及率达 59.6%，其中，手机网民规模达 8.17 亿人，网民中使用手机上网人群的占比为 98.6%，在 2017 年的基础上提升 1.1 个百分点①。网民人数不断攀升使得公众对公共服务和社会治理的便捷性、及时性和回应性提出了更高要求。社会治理智能化是顺应现代科技发展趋势的必然选择。

随着大数据技术的快速发展，我国在 2015 年制定了《促进大数据发展行动纲要》，2017 年底进一步提出推动实施国家大数据战略，2018 年进入全面实施阶段，努力建设网络强国、数字中国和智慧社会。地方政府也积极推动大数据战略，截至 2018 年 2 月底，我国各地方政府对外公布了超过 110 份大数据相关政策文件，覆盖全国 31 个升级行政区划②。社会治理领域的大数据战略主要包括五个方面的内容：一是发挥大数据辅助科学决策的功能，推动政府决策科学化、社会治理精细化和公共服务精准化。二是推动数据集中和开放共享，推行电子政府、建设智慧城市，通过数据整合打破条块分割，构建全国信息资源共享体系。三是充分利用大数据平台，综合分析社会风险因素，全面提高对社会风险的评估和预防能力；四是加快公共服务领域数据集中和共享，破除“数据孤岛”，推进政府、企业和社会组织等多元主体积累的社会数据互通互联，形成社会治理强大合力；五是加强网络治理，引导网络舆论，维护网络安全。

网络社会中，公众对社会服务和治理的时效和质量提出了更高期待。为

① 资料来源：中国互联网络信息中心第 43 次《中国互联网络发展状况统计调查》，2019 年 2 月发布。

② 中国信息通信研究院编《大数据白皮书（2018 年）》，2018。

了适应这种需求，我国各地不断推进“互联网+政务”建设，党政机关和群团组织等公共部门积极运用微博、微信、客户端等“两微一端”新媒体，发布政府信息、回应社会关切、加强社会互动、推动协同治理。2017年12月底，中央网信办、国家发展改革委员会同有关部门联合印发《关于开展国家电子政务综合试点的通知》，针对地方电子政务存在的统筹规划不足、业务协同水平不高、政务服务不到位等问题开展综合试点，探索形成可借鉴推广的电子政务发展经验。目前，我国共有政府网站17962个，截至2018年12月，我国在线政务服务用户规模达3.94亿人，占整体网民的47.5%。经过新浪平台认证的政府机构微博达到13.8万个，覆盖全国全部省、自治区、直辖市（见图4）。中国政府微信总量近6000个，微信公众平台覆盖了从中央部委到省区市、从地县到乡镇的所有行政区域[①]，微信城市服务累计用户数达5.7亿人[②]。截至2018年12月，我国各省、自治区、直辖市开通了共约78214个政务头条号（见图5）。在垂直系统中，公安、信访、检查、司法、基层组织、法院、共青团等一百多家单位开通了政务头条号。其中，信访系统开通头条号数量占比为8.8%，其次为基层组织，占比7.9%[③]。2018年8月，习近平总书记在全国宣传思想工作会议上做出“要扎实抓好县级融媒体中心建设，更好引导群众、服务群众”的重要指示，2018年我国已先行启动600个县级融媒体中心建设，2019年初发布实施了《县级融媒体中心建设规范》。

2018年，深入“互联网+政务服务”“最多跑一次”被写入政府工作报告。6月22日，国务院办公厅印发《进一步深化“互联网+政务服务”推进政务服务“一网、一门、一次”改革实施方案》，推动政府服务的便捷化和高效化。2018年12月，国务院办公厅印发《关于推进政府新媒体健康有序发展的意见（国办发〔2018〕123号）》，加强政民互动，运用大数据、云计算、人工智能等技术，准确分析社情民意，不断提升社会治理的智能化水平。

---

① 中国传媒大学媒介与公共事务研究院《中国政务微信发展年度分析报告》。

② 中国互联网络信息中心第43次《中国互联网络发展状况统计调查》，2019年2月发布。

③ 中国互联网络信息中心第42次《中国互联网络发展状况统计调查》，2018年8月发布。

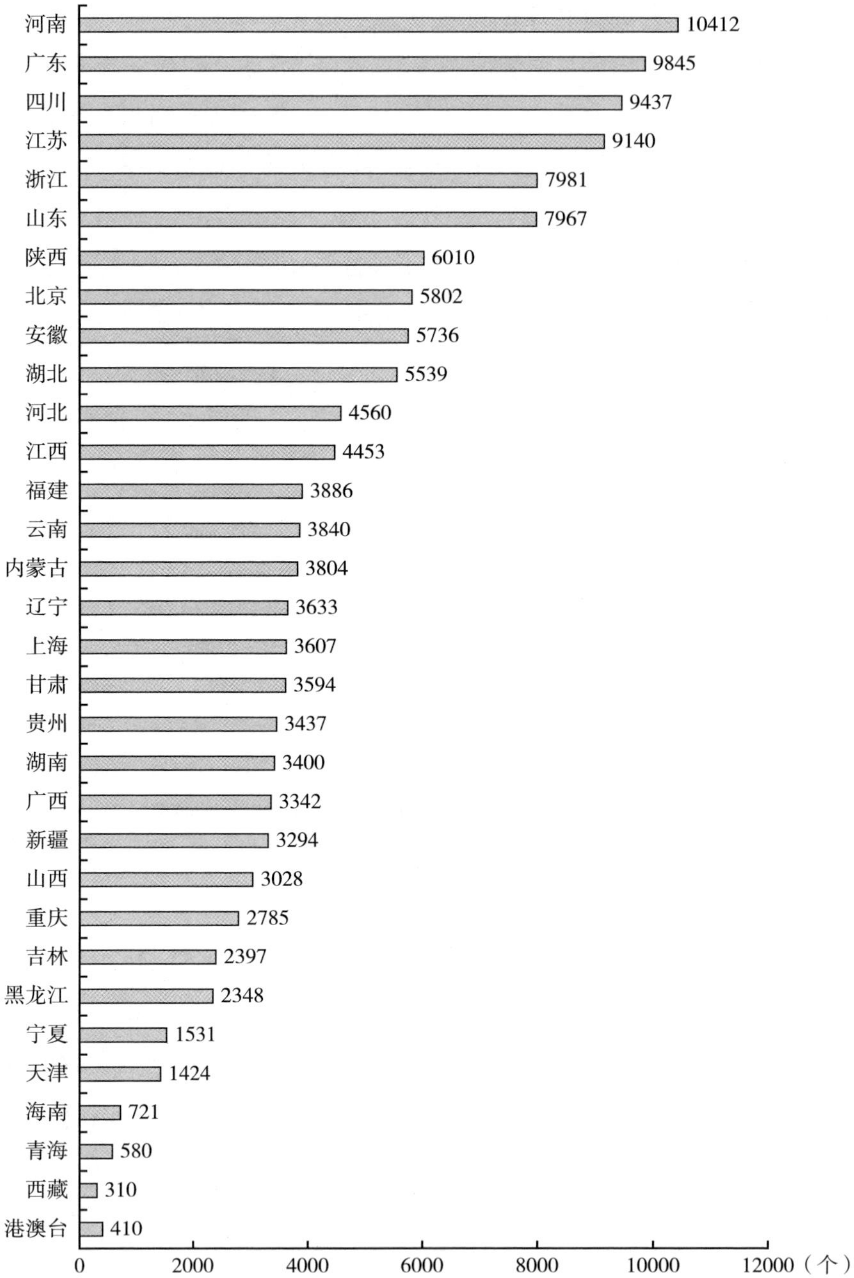

图 4　分省政府机构微博分布（截至 2018 年 12 月）

资料来源：中国互联网络信息中心第 43 次《中国互联网络发展状况统计调查》，2019 年 2 月发布。

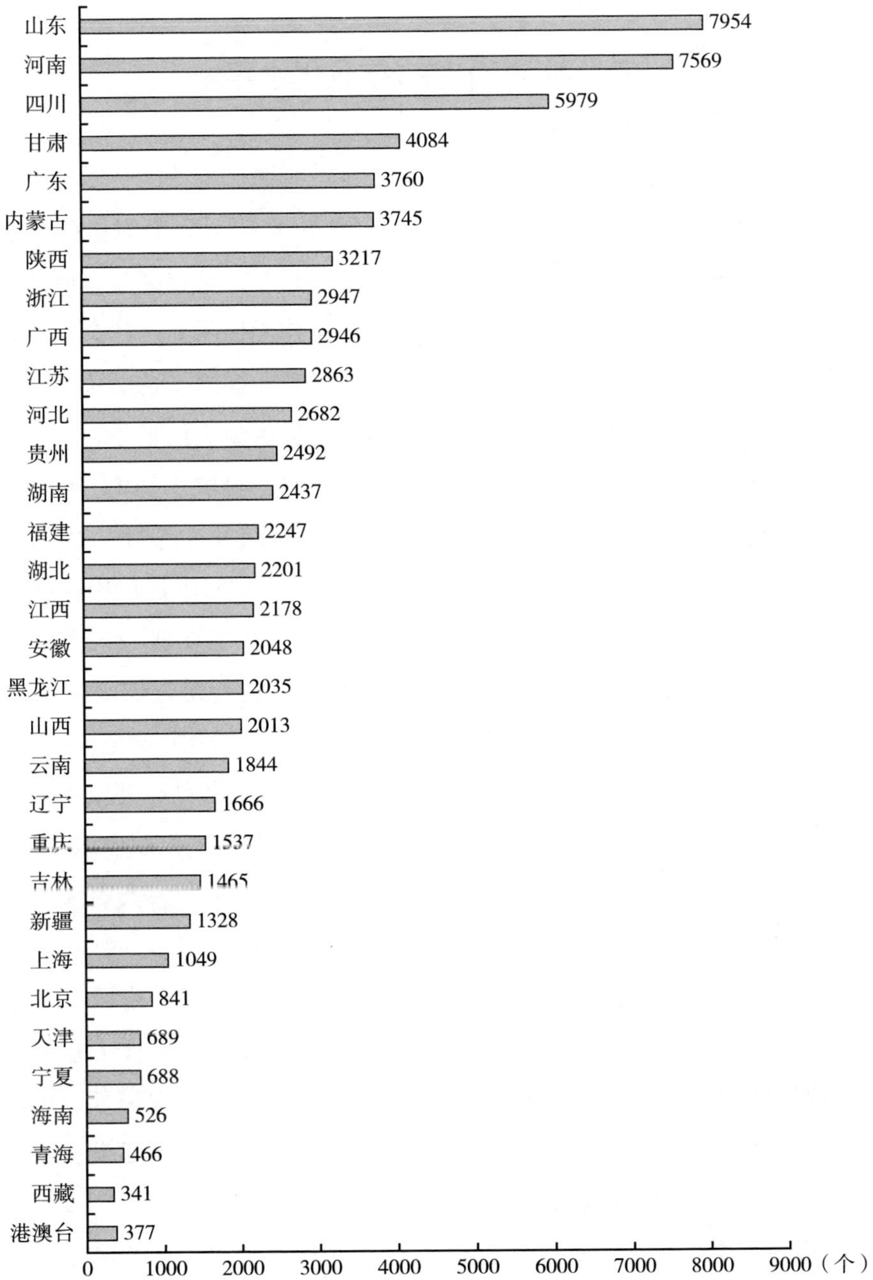

图 5　各省政务头条号数量分布（截至 2018 年 12 月）

资料来源：中国互联网络信息中心第 43 次《中国互联网络发展状况统计调查》，2019 年 2 月发布。

四　社会治理的专业化水平

社会治理专业化要求有专业的队伍、专业的理念、专业的技术和方法来进行社会治理和提供公共服务。社会治理专业化是社会分工细化的必然趋势，专业知识和技能的投入将推动社会治理更加科学、更加高效、更加人性化。社会治理专业化是以高素质的专业人才队伍作为保障的。社会工作人才在社会救助、扶贫济困、慈善事业、社区服务、就业援助、婚姻家庭、矫治帮扶、纠纷调解、应急处置、群众文化领域直接提供专业化服务。

针对我国社会工作专业人才严重紧缺的现实，我国于2011年印发了《关于加强社会工作专业人才队伍建设的意见》（中组发〔2011〕25号，简称《社工意见》）、2012年印发了《社会工作专业人才队伍建设中长期规划（2011～2020年）》（中组发〔2012〕7号，简称《社工规划》）。在国家政策的大力推动下，我国的社工助工人才队伍建设取得长足进展。截至2017年，全国每百万人口平均拥有35位社工助工师，2011年则不足10人。北京、深圳等地的社会工作人才队伍建设走在全国前列。目前，北京市社会工作专业人才总量达6.28万人，近2.8万人取得全国社会工作职业水平证书。其中，社区专职工作者3.69万人，平均年龄39.7岁，92.4%具有大专以上学历[①]。深圳拥有近万人社工从业队伍，为了稳定和吸引更多的社会工作人才，2018年2月深圳市发布《关于促进社会工作发展的若干建议（征求意见稿）》拟大幅提升社工待遇，解决社工人才流失问题。在《社工意见》和《社工规划》两份重要文件的基础上，2018年人力资源社会保障部、民政部制定了《高级社会工作师评价办法》，推动社会工作人才队伍建设从数量扩张逐步向数量质量并举的发展路径转变。

2018年2月，民政部办公厅发布《关于2017年度社会工作和志愿服务

① 资料来源：在改革创新道路上推动北京社会建设实践，《北京日报》，2018年10月18日第06版。

法规政策规划落实情况的通报》显示我国的社会工作正在作为一个行业逐步成长起来。截至 2017 年，各地已开发 31.2 万个社会工作专业岗位（见表 1），社会工作服务站、民办社会工作服务机构和社会工作行业协会也在各地蓬勃发展起来。全国取得助理社会工作师和社会工作师证书的人员共 327474 人（见表 2）。2017 年，各地社会工作投入资金量达 51.1 亿元[①]。

表 1　2017 年社会工作专业岗位开发情况

省(区、市)	总量(个)	省(区、市)	总量(个)	省(区、市)	总量(个)
北京	69333	安徽	15025	四川	3471
天津	20492	福建	3362	贵州	907
河北	1580	江西	2925	云南	6065
山西	1131	山东	14965	西藏	7
内蒙古	2952	河南	2134	陕西	532
辽宁	10093	湖北	4073	甘肃	146
吉林	3723	湖南	5809	青海	336
黑龙江	2583	广东	29440	宁夏	205
上海	48131	广西	4346	新疆维吾尔自治区	1195
江苏	32420	海南	294	新疆建设兵团	634
浙江	14456	重庆	9378	总计	312143

资料来源：民政部：《关于 2017 年度社会工作和志愿服务法规政策规划落实情况的通报》，发布日期：2018 年 2 月 8 日。

不断壮大的社会工作专业人才队伍积极参与社会治理，在贫困帮扶、社会服务和基层治理等方面的作用尤为突出，社会治理的专业化水平不断提高。一是主动参与脱贫攻坚，社会工作资源和人才向贫困地区倾斜，通过社会工作者的专业知识和技能提高扶贫项目的针对性和精准性，助力精准脱贫。二是积极服务特殊困难群体。社会工作者直接服务群众，了解群众需求，帮助生活困难群众解决实际问题，修复社会功能，改善生活品质，对社区中的老年人、农村留守人员和低收入家庭提供了有效服务。三是推进基层

① 资料来源：民政部，《关于 2017 年度社会工作和志愿服务法规政策规划落实情况的通报》，发布日期：2018 年 2 月 8 日。

表2 2017年取得全国社会工作者职业水平证书人员情况表

省(区、市)	2017年数量(人)	总量(人)	省(区、市)	2017年数量(人)	总量(人)
北京	1759	26841	湖南	884	7040
天津	683	7240	广东	6178	64836
河北	481	5044	广西	344	3889
山西	614	3734	海南	58	468
内蒙古	521	2533	重庆	881	6459
辽宁	1610	12433	四川	1438	11850
吉林	565	6353	贵州	189	1334
黑龙江	531	5026	云南	373	3139
上海	2343	16912	西藏	7	32
江苏	5066	42656	陕西	2766	12780
浙江	3958	26414	甘肃	299	1783
安徽	946	8463	青海	41	401
福建	1249	10358	宁夏	230	1150
江西	340	4391	新疆维吾尔自治区	181	2115
山东	2450	15393	新疆建设兵团	67	564
河南	725	6459	总计	39207	327474
湖北	1430	9384			

资料来源：民政部：《关于2017年度社会工作和志愿服务法规政策规划落实情况的通报》，发布日期：2018年2月8日。

社会治理创新。社会工作者与当地居民联系紧密，在收集民情民意、提升居民参与水平、拓宽参与平台等方面具有独特优势，推动居民和社会力量有序参与社区治理，激发社区活力。

尽管我国社会工作人才队伍建设有所进展，但是由于我国社会工作专业人才建设的基础比较薄弱，目前社会工作者的数量和质量仍然难以满足现实需求，制约了我国社会治理专业化水平的提高。我国需要在高等教育和社会工作实践中进一步加快社会工作者的培养和队伍建设，特别是从根本上提高社会工作的薪酬待遇、社会地位和职业发展空间，健全社会工作者的激励机制，健全法律法规完善社会工作者参与社会治理的渠道和方式，明确社会工作者的权利和义务，提升我国社会治理专业化水平。

B.4
中国近10年社会流动状况调查分析及政策建议

胡建国　裴　豫　李　伟*

摘　要： 利用全国性调查数据对近年来中国社会流动的变化展开了探讨。研究发现近十余年间中国社会流动率依然维持高水平，经济社会发展创造出大量社会流动机会；研究还表明向上流动有利于提升公众的获得感。对此，加强社会治理，消除社会流动中的制度性因素，进一步通畅社会流动，对于提升公众获得感、实现人民美好生活具有重要的意义。

关键词： 社会治理　社会流动　阶层固化　获得感

改革开放40年间，社会流动开放并释放出的巨大活力，成为经济社会发展的重要驱动力量之一。然而，近年来社会流动率下降导致“阶层固化”成为引人关注的话题，新闻媒体中有关“阶层固化趋势加剧，一代穷世代穷”①，“一些贫者从暂时贫困走向跨代贫穷”②，“社会底层人群向上流动面临困难”③ 的报道让这一话题成为社会舆论的焦点。不过，对于近些年来社

* 胡建国，北京工业大学社会科学学院教授，北京社会管理研究基地研究员；裴豫，北京工业大学社会科学学院研究生；李伟，北京工业大学社会科学学院研究生。本研究获国家社科基金“新时期中国社会阶层结构变化及趋势研究”（项目号16BSH008）资助。

① 赵永平：《农村孩子为何不愿跃“龙门”》，《人民日报》2013年5月26日，第9版。

② 冯华：《贫富差距到底有多大?》，《人民日报》2015年1月23日，第17版。

③ 白天亮：《向上流动的路怎样才畅通》，《人民日报》2010年9月16日，第17版。

会流动率下降导致“阶层固化”的说法本身是有争议的。一种观点认为近十余年间社会流动机制在发生变化，例如教育促进社会流动的功能在弱化，改革开放以来形成的社会不平等结构开始代际转移和传承，出现阶层垄断趋势①，这种观点在一定程度上支持“阶层固化”的现象。但是与此相左的是，另一种观点认为虽然社会流动存在着若干障碍性因素，但是社会流动一直呈现开放的特征，总体社会流动率逐步提升②，这种观点并不支持“阶层固化”的现象。有关社会流动率是否下降、社会结构是否出现封闭导致“阶层固化”，本文利用中国社会科学院2006～2015年中国社会状况综合调查（Chinese Social Survey，CSS）数据集对此展开探讨。

一 社会流动状况

我们选取2000～2015年获得相应职业地位的被调查者分析其社会流动状况，同时选取1978～1999年的被调查者作为比较社会流动变化的参照组，另外还以2008年为节点进一步分析2000～2008年和2009～2015年前后两个时间段的社会流动的变化。

（一）社会流动基本状况

首先，各社会阶层的代内流动的情况（见表1和表2）。比较来看，2000年前后中国社会流动的变化主要有如下特征。一是优势社会阶层的社会流动变化。以国家与社会管理者阶层为例，在2000年之前，约有2/3

① 余秀兰：《教育还能促进底层的升迁性社会流动吗》，《高等教育研究》2017年第7期；顾骏：《阶层固化：中国社会面临的现实挑战》，《文汇报》2011年4月11日，第14版；杨文伟：《阶层固化的负面效应及其出路》，《中共中央党校学报》2015年第1期；赵卫华：《中国社会阶层流动新趋势》，《人民论坛》2011年第30期。

② 李路路、朱斌：《当代中国的代际流动模式及其变迁》，《中国社会科学》2015年第3期；顾辉：《社会流动视角下的阶层固化研究——改革开放以来我国社会阶层流动变迁分析》，《广东社会科学》2015年第5期；朱光磊、李晨：《现实还是风险：“阶层固化”辨析》，《探索与争鸣》2017年第5期。

表1　1978～1999年社会流动状况

单位：%

现阶层位置 / 初始阶层位置	国家与社会管理者	私营企业主	经理人员	专业技术人员	办事人员	个体户	商业服务业人员	工人及体力商业服务业人员	农业劳动者	无业及失业人员	合计
国家与社会管理者	62.4 79.7	0.2 0.2	3.8 11.6	0.1 6.3	1.4 2.9	0.0 0.0	0.0 0.0	0.0 0.0	0.0 0.0	0.0 0.0	100.0
私营企业主	0.0 0.0	51.9 81.2	0.3 4.7	0.2 0.0	0.1 13.3	0.2 0.0	0.2 0.1	0.2 0.5	0.2 0.2	0.0 0.0	100.0
经理人员	6.2 6.3	0.4 0.2	54.3 80.2	0.2 0.2	0.2 6.5	0.3 0.4	0.2 6.2	0.1 0.0	0.1 0.0	0.0 0.0	100.0
专业技术人员	15.3 5.1	0.1 0.0	0.1 0.5	81.2 63.8	7.1 13.7	1.5 2.0	1.3 4.9	0.1 0.0	0.8 10.0	0.0 0.0	100.0
办事人员	12.4 1.9	7.9 2.5	19.2 6.7	6.5 2.3	48.2 58.1	3.4 6.5	2.8 3.8	3.5 4.5	0.8 13.6	0.2 0.1	100.0
个体户	0.2 0.0	0.1 0.0	0.0 0.0	0.2 0.1	0.9 0.0	35.2 57.2	13.6 40.3	3.1 1.2	0.2 1.1	0.1 0.1	100.0
商业服务业人员	0.3 0.0	7.9 0.6	0.0 0.9	5.1 3.2	9.8 14.7	5.6 6.4	32.5 47.2	3.2 6.8	1.4 15.5	13.5 4.7	100.0
工人及体力商业服务业人员	3.2 0.5	17.2 1.2	12.4 1.3	4.2 1.5	14.5 0.5	17.3 8.6	17.9 12.6	62.3 52.4	3.2 14.2	40.6 7.2	100.0
农业劳动者	0.0 0.0	12.6 0.2	7.6 0.4	1.2 0.2	16.7 1.8	32.6 7.2	29.1 4.1	25.6 6.1	90.2 78.4	38.2 1.6	100.0
无业及失业人员	0.0 0.0	1.7 6.7	2.3 0.0	1.1 0.0	1.1 0.2	4.1 13.8	2.4 0.0	2.0 13.7	3.1 44.9	7.7 20.7	100.0
合计	100.0	100.0	100.0	100.0	100.0	100.0	100.0	100.0	100.0	100.0	

表 2　2000～2015 年社会流动状况

单位：%

初始阶层位置＼现阶层位置	国家与社会管理者	私营企业主	经理人员	专业技术人员	办事人员	个体户	商业服务业人员	工人及体力商业服务业人员	农业劳动者	无业及失业人员	合计
国家与社会管理者	41. 2 50. 7	4. 2 7. 9	5. 8 13. 3	1. 3 7. 9	1. 4 13. 2	0. 8 0. 5	0. 1 6. 5	0. 0 0. 0	0. 0 0. 0	0. 0 0. 0	100. 0
私营企业主	0. 3 0. 0	31. 9 72. 9	0. 5 6. 2	0. 4 0. 0	0. 1 0. 2	0. 2 10. 2	0. 2 9. 8	0. 1 0. 5	0. 1 0. 2	0. 0 0. 0	100. 0
经理人员	9. 8 10. 6	1. 4 5. 9	24. 1 45. 1	0. 7 4. 2	0. 2 22. 4	1. 3 4. 2	0. 1 4. 1	0. 1 2. 1	0. 4 1. 4	0. 0 0. 0	100. 0
专业技术人员	18. 2 3. 7	8. 2 2. 3	11. 4 5. 9	77. 4 59. 4	7. 1 10. 7	1. 5 6. 1	0. 8 3. 2	0. 2 1. 5	2. 1 7. 2	0. 0 0. 0	100. 0
办事人员	21. 5 2. 5	8. 9 1. 7	17. 9 3. 4	5. 9 2. 7	49. 9 65. 3	2. 5 4. 8	3. 7 7. 2	4. 4 6. 2	3. 5 6. 1	0. 2 0. 1	100. 0
个体户	0. 2 0. 2	14. 1 3. 1	6. 2 1. 3	0. 3 0. 1	0. 9 1. 9	25. 6 52. 3	7. 9 25. 7	2. 9 8. 2	4. 2 7. 1	0. 1 0. 1	100. 0
商业服务业人员	7. 1 0. 6	12. 9 1. 4	15. 3 1. 5	1. 1 0. 2	9. 1 8. 7	14. 2 16. 4	39. 2 49. 2	3. 6 5. 8	1. 4 11. 5	3. 8 4. 7	100. 0
工人及体力商业服务业人员	1. 2 0. 5	10. 2 1. 2	12. 8 0. 8	4. 6 1. 6	13. 5 0. 3	22. 4 14. 6	23. 7 15. 4	59. 8 42. 2	16. 5 13. 2	21. 5 7. 2	100. 0
农业劳动者	0. 5 0. 0	6. 5 0. 8	3. 1 1. 6	7. 2 1. 2	16. 7 3. 1	29. 8 15. 8	22. 3 18. 4	26. 2 12. 7	68. 7 48. 7	68. 7 1. 6	100. 0
无业及失业人员	0. 0 0. 0	1. 7 0. 1	2. 5 0. 3	1. 1 0. 0	1. 1 4. 2	1. 7 42. 2	2. 0 18. 3	2. 6 8. 4	3. 1 6. 5	5. 7 20. 1	100. 0
合计	100. 0	100. 0	100. 0	100. 0	100. 0	100. 0	100. 0	100. 0	100. 0	100. 0	

来源于本阶层内部，1/3 左右来源于其他社会阶层，其中主要来源于专业技术人员阶层和办事人员阶层，极少来自中下社会阶层；在 2000 年以后，国家与社会管理者阶层来源于本阶层的比例下降到四成左右，来源于其他社会阶层的比例提升到近六成，其中办事人员阶层和专业技术人员阶层依然是最主要的来源，不过来自中下社会阶层的比例有所上升。再以私营企业主阶层为例，在 2000 年之前，约有五成来源于其他阶层，在 2000 年以后，这一比例上升到近七成，商业服务业人员阶层、办事人员阶层、专业技术人员阶层、国家与社会管理者阶层流向私营企业主阶层的比例显著的提升。二是普通社会阶层的社会流动变化。以农业劳动者阶层为例，在 2000 年前该阶层流向其他阶层的比例约为两成，在 2000 年以后这一比例上升到五成以上；再以工人阶层为例，2000 年前有近六成的工人阶层流向了其他社会阶层，其中有 60% 是向上流动，有 40% 是向下流动；而在 2000 年以后流向其他阶层的比例上升到六成左右，其中向上流动提高到 67%，向下流动是 33%。三是无论是优势阶层还是普通阶层，在 2000 年前后大多都以近距离的社会流动为主。例如，国家与社会管理者阶层主要来源于专业技术人员阶层和办事人员阶层，而农业劳动者阶层也主要流向个体户阶层、工人阶层和商业服务业人员阶层。当然，私营企业主阶层的情况比较特殊，2000 年之前该阶层有相当部分成员来源于中下阶层，属于远距离的向上社会流动，在 2000 年以后该阶层来源于优势阶层的比例明显上升。

（二）社会流动率的变化

图 1 显示了改革开放以来不同时期代内和代际社会流动率的统计结果。首先从代内社会流动率的变化来看，在 2000 年前代内社会流动率为 74.3%，也就是说平均每 100 人中约有 74 人的最后职业地位与其初始职业地位相比发生了变化；在进入 2000 年以后，代内社会流动率进一步上升为 80.3%，维持在很高的水平。而从代际社会流动率的变化来看，在 2000 年前代际社会流动率为 75.9%，即平均每 100 人中有近 76 人的职业地位与其父辈职业地位相比发生了变化；在 2000 年后这一比值上升到 81.9%。可以

看出，在1978年以后代内总体社会流动维持很高的水平，这一状况在2000年以后依然维持着。就原因来看，这与2000年以后中国的工业化、城市化的加速，以及全球化和信息化的兴起所创造的大量的流动资源与机会密切相关。

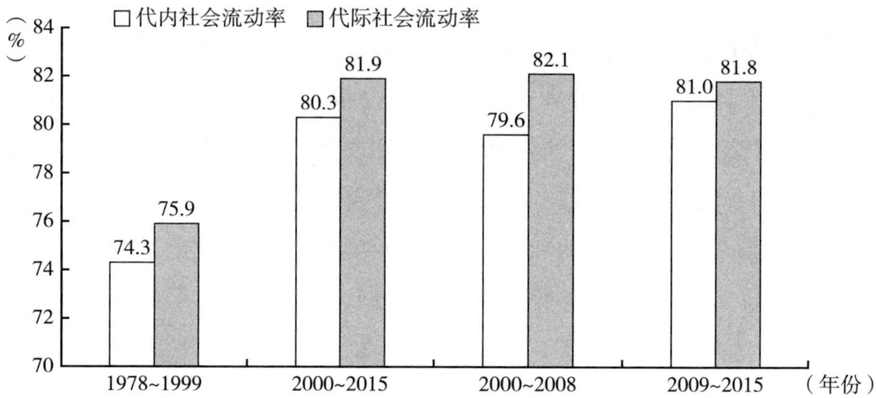

图1　总体社会流动率情况

进一步分析代际社会流动率的变化。在2000年前代际社会流动率为75.9%，也就是说，与父辈相比平均每100个人中近76个人的职业地位发生了改变。在2000年后代际社会流动率进一步上升到81.9%，这表明世纪之交以来的10余年间代际社会流动依然延续着高水平。我们注意到，所谓的“二代”现象出现在2000年以后，这有着深刻的时代背景——改革开放中成长起来一代人在经历着社会分化，拥有不同的社会地位后，他们的子女开始步入成年人阶段并踏入社会。按照社会流动的“先赋机制”，子承父业，社会地位的代际传承在一些精英和弱势阶层群体中开始被观察到。但是，我们的数据分析并不支持上述现象的普遍存在。对此，可能的解释是在世纪之交以来的十余年间，工业化、城市化、全球化、信息化效应的叠加，深刻改变着更多人们的职业结构与机会结构，尤其是全球化与信息化所创造出来的新的职业结构和机会结构，使得人们与父辈相比有着更多的社会流动机会与选择，这使得许多社会阶层的子女的职业与父辈相比发生着大规模的改变，而且职业结构的趋高级化①，使得上述改变在整体上呈现出向上流动的特征（见图1）。

（三）社会流动方向的变化

表3统计了各个时期社会流动方向的情况，通过比较可以看到社会流动方向变化呈现出如下特征。首先，从代内社会流动方向的变化来看，在2000年前向上社会流动率为54.2%，向下社会流动率为20.1%，二者比为2.7∶1；在2000年以后向上社会流动率上升到64.2%，向下社会流动率下降为16.1%，二者比为3.9∶1。可以看出，2000年后代内流动中的向上社会流动率呈现出走高的趋势，虽然2008年以后有所下降，但是与2000年前相比依然要高，这表明社会流动在近些年依然充满着活力。

表3　不同时期社会流动方向

单位：%

流动类型		整体情况（1978~2015）	世纪之交前后比较		2008年前后比较	
			1978~1999	2000~2015	2000~2008	2009~2015
代内流动	向上流动率	64.2	54.2	64.2	67.9	60.3
	向下流动率	14.3	20.1	16.1	13.7	18.4
	向上流动/向下流动	4.4	2.7	3.9	4.9	3.2
代际流动	向上流动率	60.6	59.3	62.4	64.5	59.8
	向下流动率	18.7	16.6	20.1	17.6	22.9
	向上流动/向下流动	3.2	3.6	3.1	3.7	2.6

其次，从代际流动来看，在2000年前向上社会流动率为59.3%，向下社会流动率为16.6%，二者比为3.6∶1；而在2000年后向上社会流动率上升到62.4%，向下社会流动率上升为20.1%，二者比为3.1∶1。可以看出，2000年以后代际流动中的向上流动和向下流动都有所上升。进一步观察，可以看到2008年以后向上流动和向下流动呈现出此消彼长的情况，

① 陆学艺主编《当代中国社会流动》，社会科学文献出版社，2004，第98页。

即向上社会流动有所下降，而向下社会流动有所上升。就原因来看，世纪之交前后中国经济社会一些重大变革对社会流动产生直接的影响，例如国有企业改制中的“抓大放小，减员增效”导致一些国有企业工人下岗分流，其中一些下岗工人再就业遇到障碍成为无业和失业人员；城市化加速进程中因征地拆迁导致一些社会群体失地失利；还有产业结构调整中传统职业位置的减少，一些群体没有适应形势的变化而处境不佳。也正是这种向下流动有所扩大，在2002年以后中国开启社会建设，在继续坚持以经济建设为中心的同时，“将社会建设摆在更在重要的位置”成为世纪之交以来的新的发展主题，如何共享发展成果与保证体面生存成为政策与实践的共识。

二　社会流动与获得感

社会流动不仅决定着人们在社会结构中的位置以及获得各种社会资源和机会的可能性，同时也影响着人们的生活方式、行为模式、认知态度和价值观念。[①] 20世纪西方社会现代服务业迅速发展，代际流动频率大大提升，许多工农子女进入白领阶层。大规模职业流动催生“意识形态上的平均主义”，使社会中下阶层相信社会是平等的，向上流动对于他们而言是可以实现的。[②] 也就是说，当人们通过自身努力改善处境和提高社会地位，实现向上社会流动成为普遍现象，社会就能够形成为大众所认同的有努力就会有收获的价值观与公平观。[③]

2015年2月27日，习近平同志在中央全面深化改革领导小组第十次会

① 盛智明：《社会流动与政治信任——基于CGSS2006数据的实证研究》，《社会》2013年第4期。

② Lipest, Seymour M., Reinhard Bendix and Hans L. Zetterberg. “Social Mobility in Industrial Society,” in *Social Mobility in Industrial Society*. Edited by Seymour. M. Lipest & Reinhard Bendix. University of California Press, 1959: 78 - 81.

③ 黎熙元：《后转型期香港的社会阶层流动特征及对社会意识演变的影响》，《学术研究》2008年第9期。

议上指出，要科学统筹各项改革任务，让人民群众有更多获得感。[①] 作为反映公众从发展中获益的重要指标，获得感体现了公众对生活质量和经济社会发展水平的评价。一般来看，当一个国家或地区的人们普遍持有较强的获得感时，往往会形成积极乐观的心态，反之则是消极与焦虑的情绪，社会潜伏着不稳定的因素。[②] 2006～2013 年 CSS 调查中，调查了公众“与五年前相比，您认为您的生活有什么样的变化”。这一问题调查公众最近五年生活改善的程度，实质测量的是公众的获益程度。我们将公众生活改善情况赋值为 1～5，值越大改善程度越高，反之越小。表 4 描述统计了公众获得感状况及群体间的差异与 F 检验结果。整体而言，公众获得感为 3.71 分，呈现较高水平；从职业阶层来看，获得感与职业阶层地位显著相关。具体而言，获得感最强的是国家与社会管理者阶层、私营企业主阶层和农业劳动者阶层，最弱的是无业失业人员阶层；在主观地位认同方面，认为自己是社会上层的群体的获得感最强，认同自己是社会下层的群体的获得感最弱；从社会流动情况来看，向上流动群体获得感最强，向下流动群体获得感则最弱。可以看出，无论是在客观职业阶层方面，还是主观阶层认同方面，获得感均随着地位等级序列的上升而变强。在阶层地位中，获得感最强的 3 个阶层既有作为市场精英的私营企业主阶层，也有作为权力精英的国家与社会管理者阶层，还有作为普通群体的农业劳动者阶层。在向市场经济转型的过程中私营企业主阶层无疑是主要获益者[③]，而再分配体制的延续也使得国家与社会管理者阶层占据着优势位置[④]，因此这两个阶层获得感强不难理解。就农业劳动者阶层而言，虽然中国改革开放始于农村，家庭联产责任承包制使农民率先获益，世纪之交以来农业税的免除以及新农村建设的推行使得农民获益，但是

① 佚名：《科学统筹突出重点对准焦距，让人民对改革有更多获得感》，《人民日报》2015 年 2 月 28 日第 1 版。

② 胡建国等《中国中产阶层社会政治态度研究》，社会科学文献出版社，2016，第 61 页。

③ Victor Nee, “A Theory of Market Transition: From Redistribution to Markets in State Socialism”, *American Sociological Review*. Vol. 54, 1989.

④ Andrew Walder, “Markets and Inequality in Transitional Economies: Toward Testable Theories”, *American Journal of Sociology*, Vol. 101, 1996.

农民仍属于相对弱势的群体。其获得感强的原因主要与其判断获益程度的参照有关。虽然农民社会地位不高，然而与过去相比生活明显改善，这有利于在主观上形成较强的获得感。另外，从社会流动来看，向上流动获得感最强，向下流动获得感最弱，水平流动群体获得感居中。上述描述统计结果与本文提出的研究假设相一致。

表 4　不同社会群体获得感状况

社会群体		均值	标准差
整体		3.71	0.95
职业阶层（100.730*）	国家与社会管理者	3.83	0.86
	私营企业主	3.87	0.89
	经理人员	3.78	0.94
	专业技术人员	3.76	0.88
	个体户	3.70	0.92
	办事人员	3.65	0.92
	商业服务业员工	3.64	0.96
	工人	3.57	0.95
	农业劳动者	3.92	0.83
无业失业半失业人员		3.48	1.08
主观阶层（887.132*）	上层	4.49	0.73
	中上层	4.23	0.74
	中层	3.93	0.79
	中下层	3.61	0.90
	下层	3.24	1.12
社会流动（85.323*）	向上流动	3.68	0.42
	水平流动	3.65	0.93
	向下流动	3.48	0.46

注：（）内为 F 检验值，* $p < 0.01$

在描述统计初步验证不同社会地位与社会流动群体获得感存在差异的基础上，进一步分析公众获得感的影响因素，表 5 列出了公众获得感影响因素的回归统计结果。模型 1 为基准模型，解释变量为控制变量；模型 2 在模型 1 的基础上解释变量增加社会地位变量；模型 3 在模型 2 的基础上解释变量增加社会流动变量。在模型 1 中，除性别外，调查年份、年龄和户籍对公众获得感均有显著影响。在控制其他变量的影响下，2008 年公众获得感比 2006 年高出 16%，2011 年则比 2006 年高出 35.3%。虽然 2013 年比 2006 年高出 28.3%，较之 2011 年有所下降，但是整体上呈现出提升的特征。可以看出公众获得感在上述年份呈现上升趋势，这主要受中国经济持续向好发展的影响。在年龄因素方面，年龄每增加 1 岁获得感下降 0.5%，青年群体享受更多的发展成果和拥有更多的发展机会，在获得感上强于其他代际群体。在户籍因素方面，城市居民获得感比农村居民低 31.1%。在模型 2 中，社会地位变量对公众获得感有着显著的影响。在控制其他变量的情况下，阶层地位每提高一个等级获得感上升 1.9%；主观地位认同每上升一个等级获得感上升 31.3%；以低收入组为参照，中收入组和高收入组的获得感分别高出 8.1% 和 10.9%；中共党员比非中共党员的获得感显著高出 4.2%。但是受教育年限每增加 1 年获得感降低 1.6%，与其他社会地位变量对公众获得感正向影响不同，受教育年限对公众获得感的影响为负，对此本文结合其他研究发现在后文中进一步展开分析。在模型 3 中，社会流动对公众获得感提升呈现出积极的作用。在控制其他变量的影响下，向上流动与水平流动群体的获得感比向下流动群体分别高出 11.4% 和 9.7%，这表明社会流动对于提升获得感具有积极的作用。

表 5　公众获得感影响因素 OLS 回归统计（非标准系数）

解释变量	模型 1	模型 2	模型 3
常量	3.832 ***	3.094 ***	3.098 ***
调查年份（参照组 = 2006） 2008	0.160 ***	0.179 ***	0.138 ***
2011	0.353 ***	0.252 ***	0.214 ***
2013	0.283 ***	0.201 ***	0.221 ***
性别（男性 = 1）	0.006	0.014	-.005 ***
年龄	-.005 ***	-.003 ***	-.006 ***
户籍（城市 = 1）	-.311 ***	-.249 ***	-.278 ***
阶层地位	—	0.019 ***	0.014 *

续表

解释变量	模型 1	模型 2	模型 3
主观地位	—	0.313 ***	0.345 ***
收入分组(参照组 = 低收入组) 中收入组	—	0.081 ***	0.141 ***
高收入组	—	0.109 ***	0.124 ***
政治面貌(中共党员 = 1)	—	0.042 *	0.068 *
受教育年限	—	-0.016 ***	-.016 ***
社会流动(参照组 = 向下流动) 水平流动	—	—	0.097 ***
向上流动	—	—	0.114 ***
F	198.688 ***	292.976 ***	159.351 ***
Adjusted-R^2	0.043	0.136	0.163
N	26079	22317	10610

注：* $P<0.05$，** $p<0.01$，*** $p<0.001$。

三　结论与对策建议

我们基于 CSS 调查对近些年来社会流动变化展开了探讨，发现近十余年间中国社会流动延续 1978 年以来的基本趋势，依然维持着高水平的社会流动。就整体社会流动率和社会流动方向来看，无论是代际还是代内均持续着很高的社会流动水平，并且主要是向上流动，原因主要是中国工业化、城市化、全球化、信息化效应的相互叠加，深刻改变着职业结构与机会结构，尤其是全球化与信息化所创造出来的新的职业结构和机会结构，导致社会流动大规模的出现，并且职业结构的趋高级化使得向上流动在大规模的出现。上述结论不支持“阶层固化”的观点，正如有研究者指出的那样，“阶层固化”作为社会舆论中的热点词汇，与公众对社会流动中的障碍因素的看法以及民粹主义倾向等因素有关。①

① 朱光磊、李晨：《现实还是风险：“阶层固化”辨析》，《探索与争鸣》2017 年第 5 期。

另外，数据分析表明社会流动对公众获得感有着积极的影响。一般来看，公众获得感主要受社会地位的影响，无论是从客观地位还是主观地位来看，社会地位越高获得感越强，反之越弱。这表明在社会分化的背景下，不同社会地位群体从发展中获益程度不同，导致获得感呈现出差异。比较而言，社会中上阶层无论是在经济资源、权力资源还是文化资源方面都占据着优势位置，作为发展主要获益者其获得感强于社会中下阶层。不过，在社会分化的背景下，向上流动对提升社会中下阶层获得感有着重要的意义。社会中下阶层虽然处于相对较低甚至劣势的位置，但是社会流动对其生活条件改善，进而提升其获得感具有积极的意义，尤其是向上流动有助于公众获得感的提升。社会能够改善人们的生活水平，甚至是改变人生命运，这有利于塑造有付出就有获得的社会公平意识。

一般来看，当一个国家从低收入阶段向中高收入阶段迈进时，通畅社会流动，普遍提升公众从发展中的获益程度是这一时期的重要任务。从国际经验看，不少发展中国家在从低收入阶段迈向中高收入阶段时，由于片面追求经济增长，忽视经济社会之间、城乡之间、地区之间、不同利益群体之间、经济增长同环境保护之间的关系，导致社会贫富分化，城乡和地区间的差距拉大，经济社会发展陷入失衡停滞的状态。① 其中，矛盾的焦点是没有处理好发展红利在社会公众中的分配，导致收入差距过大，社会中间阶层在“夹心化”。② 对此，进一步加强社会治理，促进社会流动，提升公众获得感，是进入新的发展阶段的重要任务，亦是解决发展不平衡不充分与人民美好生活需要这一社会主要矛盾的应有之意。

① 马岩：《我国面对中等收入陷阱的挑战及对策》，《经济学动态》2009 年第 7 期。

② 高杰、何平、张锐：《“中等收入陷阱”理论述评》，《经济学动态》2012 年第 3 期。

B.5 中国社区治理改革：进展、问题及趋势

陈　鹏*

摘　要： 2018年，中国社区治理改革取得积极进展，基层群众自治制度不断完善，物业服务管理改革不断深入，社区服务改革增强，社区组织建设加快，社区人才队伍建设提速，党建引领社区治理全面推进。在社区治理改革过程中，面临的主要问题和挑战包括：社区治理“三驾马车”运行机制仍不够顺畅，社区居民参与、服务供给、矛盾化解能力仍亟待提升，良好社区治理格局构建遭遇多重不平衡困境。深化社区治理改革创新，需要完善社区治理体系，提升社区治理能力，构建共建共治共享社区治理新格局。

关键词： 社区治理　三驾马车　多重困境　党建引领

党的十八大以来，社区治理改革成为全面深化改革的重要内容，是国家治理现代化的重要基石。2015年7月13日，民政部、中组部印发《关于进一步开展社区减负工作的通知》，明确提出了“社区减负七条”的目标任务；同月，中共中央办公厅、国务院办公厅印发《关于加强城乡社区协商的意见》，明确提出推进社区协商制度化、规范化和程序化的改革任务。2017年6月，中共中央国务院印发《关于加强和完善城乡社区治理的意见》，成为新时代社区治理改革的纲领性文件。2017年10月，党的十九大

* 陈鹏，北京师范大学中国社会管理研究院/社会学院副教授。

报告进一步提出，加强社区治理体系建设，推动社会治理重心向基层下移。这一系列高规格文件的制定和出台，标志着我国社区治理改革的顶层设计全面强化，政策体系逐步完善。2018 年，是全面贯彻和落实中央关于社区治理改革决策部署的重要一年，各个省份围绕这些文件陆续出台了具体的实施意见，不少地方在社区治理改革实践中大胆探索、勇于创新，积累了重要经验，中国社区治理改革日益步入一个新的发展阶段。

一 社区治理改革的主要进展

（一）基层群众自治制度不断完善

基层群众自治是城乡社区治理的重要组织形式。居委会和村委会是我国基层社会中两个基本的自治组织。长期以来，这两个自治组织都缺乏正式的法人资格和身份。2017 年 10 月，《中华人民共和国民法总则》开始施行，明确了居（村）民委员会具有基层群众性自治组织特别法人资格，这为解决基层群众性自治组织统一社会信用代码问题提供了法律依据。2017 年 11 月，北京市东城区东华门街道韶九社区获颁全国首张“基层群众性自治组织特别法人统一社会信用代码证书”[①]。2018 年，这一改革举措逐步覆盖全国，由此居委会和村委会获得正式的特别法人资格，可依法开展履行职能所需要的民事活动。这是一个重要的组织制度突破。2018 年 12 月，十三届全国人大常委会第七次会议，表决通过关于修改居民委员会和村民委员会组织法的决定，拟将居委会、村委会的每届任期由 3 年改为 5 年。另外，在基层群众自治建设中，进一步强化市民公约、乡规民约等基层自治规范在社会治理中的重要作用。2018 年 12 月 26 日，民政部、中组部、全国妇联等 7 部门联合出台《关于做好村规民约和居民公约工作的指导意见》，这是首次以中央和国

① 《黄树贤颁发全国首张基层群众性自治组织特别法人统一社会信用代码证书并调研社区工作》，《中国民政》2017 年第 23 期。

家机关有关部门名义联合出台的关于村规民约和居民公约工作的全国性指导性文件，明确提出到2020年全国所有村、社区普遍制定或修订形成务实管用的村规民约、居民公约，推动健全党组织领导下自治、法治、德治相结合的现代基层社会治理机制。村规民约和居民公约的制定或修订工作应遵循坚持党的领导、合法合规、发扬民主、价值引领、因地制宜等五个原则。

（二）物业服务管理改革不断深入

物业服务管理在社区治理中具有重要地位和作用，也是当前社区治理亟待补齐的短板之一。物业管理立法，一直是社会关注度高、立法难度大、调研论证难的法规项目。2018年3月，根据《国务院关于修改和废止部分行政法规的决定》，对《物业管理条例》进行了第三次修改，主要涉及4个条款的修改，删除1个条文；同时，2018年，也是各省、自治区、直辖市，特别是一些省会城市，修订或者制定地方《物业管理条例》的重要年份。比如，《上海市住宅物业管理规定》《深圳经济特区物业管理条例》《河南省物业管理条例》等都启动了修改程序，并将修订稿公开发布征求意见；《珠海经济特区物业管理条例》《广州市物业管理条例》等制定和出台。在行政审批制度改革的大背景下，此轮物业管理法规的修订的一个重要之处是，取消了物业公司的资质管理制度，实现从“资质管理”向“信用管理”的重大转变，通过加强物业管理行业诚信，建立守信联合激励和失信联合惩戒机制。物业公司和项目负责人以及业主都将建立信用信息档案，并对其违规行为实施“信用扣分制”。同时，因应《中共中央国务院关于加强和完善城乡社区治理的意见》中明确提出，探索在社区居民委员会下设“环境和物业管理委员会”。一些地方开始进行了有益的实践探索。2017年12月，成都在苏坡街道清江社区成立全国首个“环境和物业管理委员会”。2018年12月，北京在中关村街道希格玛社区试点设立“环境和物业管理委员会”。通过这一组织机构的设立，进一步规范社区环境与物业管理秩序，做好物业公司和业委会之间的协调工作。此外，推进业委会规范化建设也是2018年物业管理改革的重要内容。2018年7月，内蒙古包头市出台《业主委员会法人登记暂行办法》，并将“绿苑豪庭”和“中环国际小区”作为试点改革小区探索实行业委会社会团体法人资格登记，由此使得业委会能够享有独立申请机构代码、社会信用代码、独立开设账户等法人权利。这一改革举措具有重要意义。

（三）社区服务改革不断加强

社区服务是社区治理的重要方式和内容。2018 年，我国社区服务改革进一步加强，在养老服务、脱贫服务、志愿服务等领域取得积极进展。在社区养老服务领域，2018 年 5 月，北京市进一步加强“城市社区养老服务驿站”和“农村幸福晚年驿站”建设，鼓励和引导社会力量投资，促进可持续运营，制定了《北京市社区养老服务驿站运营扶持办法》；随后，印发《社区养老服务驿站设施设计和服务标准（试行）》，进一步规范社区养老服务驿站的建设和管理。2018 年 5 月，为解决养老服务供需对接“最后一公里”问题，促进养老服务供需信息对称，提升养老服务精准化水平，上海市民政局印发《关于开展社区“养老顾问”试点工作的通知》，在全市开展社区“养老顾问”试点工作，为市民提供养老政策咨询、办事指南、服务推介等服务；同年 8 月，为满足快速增长的老年人照护服务需求，增强社区老年人照护服务供给能力，发挥养老机构的专业优势，上海市制定了《关于鼓励和引导本市养老机构提供社区居家照护服务的实施方案》，鼓励和引导养老机构向社区居家老年人提供社区居家照护服务。针对社区志愿服务领域，2018 年 3 月，李克强总理在《政府工作报告》首次提出推进志愿服务健康发展，这也为社区志愿服务指引了方向。2018 年 12 月，成都率全国之先，首个设立“社区志愿服务日”，发布成都市第一批社区志愿服务推动大使，大力打造“在社区 · 爱成都”的志愿服务品牌。此外，从社区服务机构来看，2018 年北京市朝阳区大力推进社区服务站改革，创新站居设置，形成“厅站合一”“一站多居”“一站一居”三种模式，从而有助于进一步改进社区服务效能。

（四）社区组织建设不断增强

社区组织是城乡社区治理的重要主体力量，这其中社区社会组织扮演了尤为关键的角色和作用。2017 年 12 月，民政部发布《关于大力培育发展社区社会组织的意见》，提出充分发挥社区社会组织的积极作用，加大对社区社会组织的培育扶持力度，促进社区社会组织能力提升。相关数据显示，截止到 2018 年 11 月，福建、广东、甘肃、贵州、宁夏、湖北、山东、安徽和重庆等省份已出台本地区培育发展社区社会组织的政策制度①。在大力支持和推动社区社会组织发展的背景下，成立“社区社会组织联合会”作为街道层面枢纽型组织成为一种重要发展趋势。2018 年 8 月，南京市出台《关于支持街道试点成立社区社会组织联合会深化三社联动机制建设的实施意见》，明确提出到 2019 年全市扶持不少于 20 家社区社会组织联合会。同时，作为一种社区慈善形式，社区基金会是社区公益慈善活力的重要来源，也是实现社区多元共治的重要力量。新兴的社区基金会成为 2018 年社区社会组织和基层社区治理的新增长点。2018 年 6 月，广州法泽社区公益基金会成立；2018 年 8 月，成都市武侯社区发展基金会成立，成为全省首家资助型、平台型社区基金会；2018 年 12 月，天津市和平社区公益基金会登记注册成立，该基金会是天津市本土孵化并发起成立的首家社区公益基金会。截至 2018 年 12 月，我国已成立的社区基金会不到 150 家，并主要分布在经济较为发达的城市社区，其中深圳、上海、广州等发展速度最快，南京、苏州、成都等紧随其后。值得注意的是，在 2018 年新成立登记的 11 家社区基金会中，有 5 家位于江苏省苏州市，体现了苏州完善城乡社区治理取得的阶段性成果②。

（五）社区工作人才队伍建设提速

随着城乡社区治理的不断深入，社区工作人才队伍建设日益重要。2018 年，民政部高度重视社区工作人才队伍建设，打造了两个重要“讲堂”，使其成为推进社区工作者队伍建设的长效机制。一个是大力培养训练城市社区工

① 卢磊、黄小娟：《我国社区社会组织发展的基本议题、主要现状和发展建议》，《发展简报》2018 年 12 月 24 日。

② 霍达：《2018 年 1 ~9 月我国社会组织发展的主要特点》，http：//www. chinadevelopmentbrief. org. cn/news -22108. html，2018 年 10 月 25 日。

作者的“社区工作大讲堂”，另一个是提高农村社区工作者能力的“村官大讲堂”，并举办“全国农村社区治理讲习班”。2018 年，“首届全国社区工作大讲堂”在中国第一个居民委员会诞生地杭州市成功举办。社区工作者薪酬待遇问题，成为 2018 年社区治理改革的重要关注点。上海市是全国率先建立专业化社区工作者薪酬制度的省份之一，并在 2017 年制定《关于完善本市社区工作者薪酬管理的通知》。2018 年 7 月，南京市出台《南京市社区工作者管理办法（试行）》《关于规范城市社区工作者薪酬管理的指导意见（试行）》，根据工作年限将城市社区工作者岗位等级分为 3 岗、18 级。2018 年 9 月，北京市正式印发《北京市社区工作者管理办法》和《关于进一步规范社区工作者工资待遇的实施办法（2018 年修订版）》，明确规定从 2018 年 1 月 1 日起，北京市社区工作者工资总体待遇平均水平由不低于本市职工平均工资的 70% 提高到 100%，年人均应发工资达到 10 万元①。社区规划师作为一支重要专业队伍受到关注。2018 年 3 月，成都社区规划师制度率先在武侯区启动；随后，成华、高新、郫都、大邑、新津等区县跟进，成华区还建立了“区 - 街道 - 社区”三级社区规划师体系。2018 年 12 月，中央宣传部、民政部组织开展 2018 年“最美城乡社区工作者”宣传推选活动，按照弘扬社会主义核心价值观、展现城乡社区治理改革创新成果的原则，遴选了 10 名“最美城乡社区工作者”。这表明城乡社区工作者日益受到社会的高度关注和重视。

（六）社区党建全面深入推进

坚持党建引领社区治理创新是新时代社区治理改革的基本方向。2017 年 9 月，成都市成立了“城乡社区发展治理工作领导小组”，在市、县两级设立“城乡社区发展治理委员会”，并制定《关于深入推进城乡社区发展治理　建设高品质和谐宜居生活社区的意见》（简称“城乡社区发展治理 30 条”），有效构建起党组织统一领导的城乡社区发展治理机制。这种通过组

① 骆倩雯：《社区工作者涨工资了，人均年应发工资将达到 10 万元》，《北京日报》2018 年 9 月 18 日。

建党委专门机构来推进社区发展与治理，在全国尚属于首创。2018年3月，成都市委社治委发布《2018年成都市城乡社区发展治理工作要点》，为成都社区发展治理绘出蓝图，并构建了城乡社区发展治理“1+6+N”政策体系。2018年，加强业委会党建工作，成为社区治理改革的一个重要内容。武汉、珠海、杭州、上海等都先后颁布相关政策文件，实施“红色业委会”和“红色物业”工程。比如，2018年6月，武汉市委制定《社区党组织领导社区治理若干规定（试行）》；同年9月，珠海市委组织部印发《关于全面推行“红色业委会”建设的意见》，杭州市委组织部等印发《关于进一步做好业主委员会党建工作的通知》；同年11月，上海市委组织部印发《关于进一步加强党建引领业主委员会建设的若干意见》。由此，把党支部或党小组建在业委会开始成为一种发展趋势。在深入推进党建引领社区治理改革创新的过程中，也涌现出一系列典型特色经验。2018年3月，全国首个以社区工作者名字命名的全新社区服务平台——北京市朝阳区呼家楼街道“殷金凤工作室”成立，并致力于将其打造成为社区党建和社区治理的品牌。2018年，北京市通过“街乡吹哨、部门报到”改革为抓手，积极探索党建引领基层治理体制机制创新，为破解超大城市基层治理难题提供重要的经验案例。特别是福建省福州市“军门社区工作法”是党建引领社区治理创新的优秀代表。2018年3月，民政部办公厅印发《关于推广军门社区工作法和开展优秀社区工作法征集展示活动的通知》，由此形成全国学习和推广“军门社区工作法”、总结和提炼优秀社区工作法的高潮。

二 社区治理改革面临的问题与挑战

（一）社区治理体系：“三驾马车”运行机制仍不够顺畅

1. 居委会行政负担依然不轻

长期以来，“万能居委会”“社区万能章”的问题，困扰和影响了社区治理发展。在新一轮社区减负增效改革实施以来，居委会的行政负担在有些地方、有些社区稍微有所缓解。总体来看，由于传统的体制惯性和路径依赖，居委会行政负担仍不轻，甚至在一些社区还出现负担反而加重的情形。根据一项针对上海的调查数据显示，居委会负担反而加重的比例达到38.1%，差不多的比例达到42.5%，认为减轻的比例只有19.4%；居委会负担加重的主要事项是：社区考核评比、社区工作事项、各类会议[①]。居委会行政负担重，不利于社区自治建设。

2. 物业企业监管转型仍有待落地

在国家深化行政审批制度改革下，新修订的《物业管理条例》取消了物业企业资质管理制度，转而实行新的信用管理制度。从表面上来看，资质管理属于"硬约束"，信用管理属于"软约束"；从长远来看，信用监管则更具动态性、长远性和科学性，但其功效的充分发挥仍需要一个相对较长的过程。目前，针对物业企业的信用管理标准和规范，仍缺乏国家层面的统一规定。一些地方虽然出台了相关信用管理办法和标准，但因大的物管体制格局惯性仍然存在，其实际效果发挥还有待观察。对物业企业进行信用监管，也使得其产业转型升级更为迫切。

3. 业委会规范化建设仍亟待加强

在新一轮的物业管理改革中，选举成立业委会成为地方政府积极施政的重要方面。武汉、杭州等不少城市都提出符合条件的住宅小区业委会全覆盖的任务目标。从实际成立情况来看，业委会成立率在全国分布极为不均衡。除上海市一枝独秀成立率在90%以上外，大多数主要城市的业委会成立率徘徊在20%～30%，三、四线城市业委会成立比例更低，甚至为稀少。在已经成立的业委会中，还有相当高比例处于名不副实，半瘫痪、半解体的状态，无法真正有效运作。不少业委会在工作中遇到一些不顺意的事情，容易动辄就辞职、撂挑子不干了，缺乏相应的规范程序。业委会工作的规范化、标准化、程序化水平仍亟待提高。

---

① 何海兵等：《社区治理创新的成效、问题与对策——基于上海市的问卷调查》，《华东理工大学学报》（社会科学版）2017年第2期。

（二）社区治理能力：参与、供给、化解能力仍亟待提升

1. 社区居民实质参与能力仍待加强

当前，社区居民参与的表面化、浅层化仍较为普遍，参与文体娱乐活动普遍较多，参与社区公共事务民主协商的较少①，这使得居民的议事协商能力很难得到较快提升；从参与者的年龄、性别结构来看，老年人、妇女普遍参与较多，青年人参与相对较少，即使参与也多为线上参与；一些居民参与社区事务的意愿与实际的参与能力之间仍存在较大的落差；不少居民的需求满足在社区之外，对社区党组织和居委会还缺乏基本认知，也很少去其办公场所。

2. 社区服务精准供给能力仍待加强

良好的社区治理，从根本上来说，取决于舒心、便捷、优质的社区服务。目前，我国社区服务供给的精准性与居民需求的多样性之间匹配度仍有待提高。一方面，随着人们对美好生活需要的日益丰富、多元、个性化，社区居民"需求端"的情况变得更为复杂多变，常常会出现瞄不准、不合口、不对症的情况。另一方面，社区服务供给端的体制机制改革滞后，不能很好适应快速变化的市场和日益多变的居民需求。这就使得社区服务精准供给多元需求成为改革方向。

3. 社区矛盾纠纷化解能力仍待加强

当前，城乡基层社区涌现出的物业管理纠纷、土地拆迁纠纷、环境污染纠纷、黑恶村霸势力等，一般情况都较为复杂，从根本上予以解决仍面临不少瓶颈和困难。同时，随着城乡社区人口流动性的不断增强和居民生活方式的变化，社区邻里矛盾纠纷呈现多发频发状况。由此，基层社区的权能配置与其所要应对和处理的大量矛盾纠纷之间存在较明显的权责失衡问题。

（三）社区治理格局：共建共治共享遭遇多重不平衡困境

1. 城市社区与农村社区发展差距大

城市社区和农村社区起点不同，处于不同的发展阶段，彼此之间的差距

---

① 参见王杰秀《中国社区治理创新》，中国社会出版社，2017，第16页。

明显。针对城市社区治理而言，面临的主要问题是，多重组织机构叠床架屋，治理结构碎片化，治理系统复杂化。针对农村社区治理而言，当前尤其值得关注的问题是，不少村庄社区空心化严重，留守儿童、留守妇女、留守老人生活面临各种困难和问题。由此，这给城乡统筹、一体化发展提出不少难题和挑战。

2. 不同区域的社区发展差异较大

我国幅员辽阔，不同地区的经济发展水平、历史文化、民族传统都各有差异、各具特色。从社区治理的角度而言，这就需要因地制宜施策，从当地实际民情出发。特别是针对一些少数民族聚居地区的民族社区，需要充分尊重和考虑其文化习惯和民俗传统。同时，在改革开放的发展过程中，我国一些特大城市拥有大量外国人长期来华居住和工作，也构成社区治理不可忽视的一类重要人群。比如，在广州市长期居住工作的大量非洲人等。

3. 不同类型的社区发展差异较大

不论是城市社区，还是农村社区，内部构成都较为复杂多样。在城市社区中，包括新建商品房社区、单位社区、平房大院、售后公房社区、保障房社区等多个类型，彼此之间在社区空间环境、人员构成、服务设施、物业管理、治理结构等方面都存在较大差异。在农村社区中，既有多个村庄合并的大型社区，也有单个村落的传统社区，既有工业发达的超级社区，也有成片建设的新型农村社区。还有处于城乡结合部的大量社区。这些内外之间、内部之间的社区差异性和复杂性，必然给城乡社区治理带来重大挑战。

三　深化社区治理改革的对策思考

（一）加强社区治理体系建设

1. 加强社区治理领导体系建设

从中央层面来看，在加强和完善由民政部牵头的“全国社区建设部际联席会议”的基础上，或可考虑设立“中央城乡社区治理工作领导小组”，进一步提升城乡社区治理工作的政治站位和领导位阶。在地方层面，以成都为代表在党委设立专门领导机构来推进城乡社区治理工作，是值得借鉴和参考的经验做法。在街道、乡镇层面，应把城乡社区治理工作作为首要工作来抓。由此，从“中央－地方－基层”三个层面，把党对社区治理工作的领导有效贯通起来。

2. 加强社区治理组织体系建设

从国家－市场－社会的三维角度来看，主要包括以社区党组织/社区居委会/社区服务站为代表的国家组织体系，以开发商和物业公司为代表的市场组织体系，以业主大会和业委会为代表的社会组织体系。三大组织体系之间亟待形成有效的社区治理结构，进而产生良好的合力效应。国家组织体系建设，关键是加强基层党组织建设，将党的领导扎根于社区、群众；市场组织体系建设，关键是促进物业管理产业转型升级；社会组织体系建设，关键是促进各类社区社会组织繁荣发展，充分激发基层社区活力；强化业委会规范化建设，更好发挥业委会的积极作用。

3. 加强社区治理制度体系建设

加强社区治理立法供给，进一步增强和提升社区治理的法治保障力度。在全面总结各地社区治理经验的基础上，或可考虑出台《中华人民共和国城乡社区治理条例》。同时，进一步加强和提升社区治理规划的引领作用。目前，从“十一五”开始，我国已有“社区服务”的五年规划。或可在此基础上，进一步深化和拓展为国家城乡社区治理专项规划。此外，加强城乡社区治理标准和规范建设也不容忽视。在社区治理规范方面，北京市颁布的《社区管理与服务规范》值得借鉴。针对城乡社区的信用信息标准建设也亟待加快跟进，比如，沈阳市颁布的《物业服务企业和物业项目负责人信用信息管理办法》和《物业服务企业和物业项目负责人信用违法违规扣分标准》，值得参考。

（二）加强社区治理能力建设

1. 加强社区治理人才队伍建设

人是社区治理的核心要素，人才是社区治理的首要资源，也是加强社区治理能力建设的核心支点。完善社区工作人才队伍体系建设，加强社区党员干部、社区心理咨询师、社区志愿者、社区网格员、社区思想政治工作者、社区公益律师、社区警务员等队伍建设；强化社区工作人才队伍支撑，建立健全社区工作人才队伍培养、评价、选拔、使用、激励机制。同时，应高度重视社区工作者职业精神的塑造，提升职业感、荣誉感和幸福感。进一步加强和改善社区工作者的薪酬待遇与职业地位，特别是城乡、东西、南北等不同区域社区工作者的待遇差距问题，大力营造良好社会工作氛围，不断增进和提高社区工作者的社会认同。

2. 加强社区治理技术应用建设

以智慧社区建设为抓手，加快推进“互联网＋”社区治理行动计划，深入推进互联网、人工智能、大数据技术与社区治理和社区服务的深度融合，全面提升社区治理信息化、智能化、精细化水平。一是增强社区治理的连接能力。社区是各种治理要素的集聚地，通过互联网能够有效实现人、事、物的相互连接，这将大大提高社区治理的便捷性和效率。二是增强社区治理的预判能力。针对城乡社区治理涌现出的各种问题和矛盾，能够及时采集和分析事件信息数据，有效预测和研判最新发展动向和趋势，进而做出有效决策部署。三是增强社区治理的抗逆力。现代信息技术手段的运用，应有效提升社区面对灾难、事故、疫情的应急处置能力，切实增强社区治理的韧性。

3. 加强社区治理财力投入建设

资金投入是社区治理的基础物质保障，不可或缺、非常重要。既要重视社区硬件投入，更要重视社区软件投入，逐步建立健全多元化的社区治理财力投入机制。 是建立健全中央与地方相结合的社区财政投入机制。街道社区的基础设施和场所建设，政府财政应予以充分保障和支持。特别是应注意解决城乡社区之间、不同类型的社区之间的基础设施建设参差不齐、差距较大的问题。二是大力发展社区基金会，逐步建立健全社区慈善捐赠收入机制建设。特别是经济欠发达地区，针对社区基金会的发展，应予以必要的政策倾斜支持。三是充分利用社区公共资源，做好社区资产经营。特别是新建商品房住宅社区在这方面可以做好规划和统筹。

（三）打造社区治理“三共”格局

1. 推进社区共建

社区是社会治理的基本单元，也是国家治理的微观基础。社区共建具有三个关键点：一是共建的主体。从治理主体来看，至少包括五个方面：街道办/居委会系统、物业公司系统、业委会系统，以及驻区单位、各类社区社会组织。社区共建的实现，需要充分发挥基层党组织总揽全局、协调各方的领导核心作用。二是共建的平台。从全国情况来看，网格化管理作为一种社区治理模式已得到普遍推广。虽然不同的地方、社区，网格划分的标准会有所差异，但以网格为平台进行社区公共事务的治理具有较强的现实基础。三是共建的机制。项目制是社区共建的基本运作机制。通过各种公共服务项目包，有效连接各方治理主体，使之相互发生关联、形成良性互动。

2. 推进社区共治

社区共治的实现，具有三个关键环节：一是共治的法制问题。共有物权是推进社区共治的法理依据，也是实现社区共治的物的基础。这使得各主体之间有可能建立和形成利益共同体。二是共治的单元问题。从治理单元来看，包括“小区 – 社区 – 街道”三个基本层次。三个治理层次层层递进，相互连接、相互贯通。社区共治的实现，主要应以街道层面为主，以政府与社会的共治为主要实现形式。三是共治的动力问题。传统的社区管理体制向社区共治体制转变，体制机制的变革是一个重要的动力源泉。在进一步强化街道的社会治理和公共服务职责的背景下，深入推进街道大部制改革，不断增强和激活社区的自治功能和效能。

3. 推进社区共享

共享社区的建设，需要面对和处理三个问题：一是结构均衡问题。从社区治理的三方力量对比来看，政府、市场的力量都比较强，社会的力量还比较弱。这不利于共享结构的形成和确立。二是利益和谐问题。从社区治理的利益主体来看，涉及多元利益。不同的利益诉求之间，常常存在较大的张力和冲突。政府的公共利益、驻在社区的单位利益、企业的商业利益、业主的物权利益，需要加强不同利益之间的协调，建立和谐的利益关系，这是实现社区共享的重要基础。三是成果共享问题。不同的主体究竟可以共享什么？这涉及社区治理的成果和产出。良好的生活环境和品质应是大家共同的愿望和期待。在这个基础上，一个潜在的自然而然的收获是，实现社区房产的保值增值。

B.6
社区公共性问题研究：以北京为例

李伟东*

摘　要： 北京市调动居民参与、提高社区治理公共性的实践包括：政府系统主导的社区共治共享创新、精英指导的社区协商治理创新和各类精英回到社区的参与努力。文章分析了当前提高社区公共性面临的体制和机制问题、主体问题、效果问题以及文化转型的路径问题，提出通过赋权与动员发掘主体能动性、基于效果的社区建设路径、重建文化心理和制度创新的思路。

关键词： 社区　公共性　治理　北京

十九大报告中提出“打造共建共治共享的社会治理格局”，“加强社区治理体系建设，推动社会治理重心向基层下移”，这对调动基层社会参与社会治理提出了新的要求和挑战。解决基层参与难题不仅关系在新时代条件下能否实现基层社会新整合，而且关系国家治理体系建设，在宏观和微观层面都具有较强的理论和实践意义。从现状来看，当前社区治理过程中以社会参与缺失为主要表现的公共性危机相当严重，这主要表现在三个方面：社区中的人情关系变得冷漠，社区社会关系网络逐渐裂变；社区居民对于社区的认同逐渐弱化；伦理观念、道德、价值等正在失去对社区生活的约束力，社区

* 李伟东，博士，北京市社会科学院副研究员。

内部整合能力逐渐下降。[1]

针对社区治理中存在的公共性缺失问题，下文将在总结北京实践经验的基础上，通过对现存问题的分析梳理，提出相关建议。本文在参与社区公共生活的意义上使用社区公共性概念，同时兼顾其含有的社区认同、公共精神和公共道德含义。

一　北京提升社区公共性的实践

从调动居民参与、提高社区治理公共性的角度看，北京市提高社区公共性的各类实践可以做如下区分：政府系统主导的社区共治共享创新、精英指导的社区协商治理创新和各类精英回到社区的参与努力。

（一）政府主导的创新

1. 朝阳的居民议事厅

从2012年开始，朝阳区开展党政群共商共治工程，引导居民学习自治，激发居民在参与社区治理和服务创新中的获得感和幸福感，培育社区参与的内生动力。主要做法包括如下。

建平台。截至2018年，朝阳区共搭建了居民议事平台1686个，实现了城乡464个社区居民议事厅全覆盖。其中社区247个、楼院（小区）1439个，议事代表超过20000人。

培能力。朝阳区还通过聘请专家授课、引入专业社会组织，帮助议事代表掌握议事规则，提高议事能力，真正实现“想自治、能自治、会自治”。

做实事。近年来，朝阳区通过集中协商议事，共立项为群众办实事7929件，涉及百姓出行、停车、养老、环境等六大类12个方面，群众满意率均在95%以上，被评为“2013年度中国社区治理十大创新成果”，有效推动了党领导下社会事务的多元参与、共同治理。

① 黄锐：《城市社区治理中的公共性危机》，《人文杂志》2015年第4期。

2. 东城区的“五民”工作法

东城区围绕疏解整治促提升、城市精细化管理、民生改善等重点工作，创造性地开展了“民情日记工作法”、“网格议事厅”、“居民会议常务会”、“开放空间讨论”和“社区事项转办制”等大量实践，并最终汇集成了社区协商共治“五民”群众工作法，探索了城市社区治理的新方法。具体做法如下。

平台建设。在全区 182 个社区搭建议事协商平台并开展规范化建设，充分发挥微信公众号等新型媒体平台作用，广泛征集居民意见建议、畅通民主协商路径。下沉议事层级，无论是网格、胡同，还是院落、楼宇等都建立本单元内的议事协商机制，探索解决停车、环境治理、基础设施改造等涉及民生的事项。

方法创新。按照“民事民提”“民事民议”“民事民决”“民事民办”“民事民评”的原则，总结出“五民工作法”。通过该方法，解决协商主题、协商主体、协商程序、协商事项落实及成果评估等问题，调动群体力量参与社区事务治理，为克服基层群众参与渠道不足、参与形式空洞、参与效果不佳等难题创新机制。

培育能力。委托专业社会组织围绕“参与式会议技术、协商议事技术、主持人技术应用与实践”等举办专题培训，提升了社区工作者组织开展协商治理的能力。各社区灵活采取协商议事会、决策听证会、“开放空间”、“胡同茶馆”等多种形式，通过规范有序的参与型协商会，使社区居民从随意发言、无序讨论，到理性表达、真正协商。

凝聚共识。通过社区居民公约来确定、规范居民和利益相关方之间行为，形成社区共识，逐渐培育社区公共精神。东城区通过协商修订《社区居民公约》的社区共有 116 个，新制定《居民自治公约》的小区（或胡同街巷）有 125 个，制定《停车自治公约》的小区有 12 个。

（二）精英指导的社区建设：新清河经验

清华大学社会科学学院主持的新清河实验是社区治理的有益尝试，其核心目的也在动员社区内社会力量，参与社区治理。新清河实验分两个方面的内容，一是“社会再组织实验”，二是“社区提升实验”。

1. 社区再组织实验

社会再组织实验目的在于探索基层社区组织的新形式。立足现存的城市社区基层社会组织结构和治理体系，实验通过改组居委会构成，强化议、行功能，增强社区基层组织的行动能力，同时也扩大居民的参与力度。

参与社区实验的师生组织居民在社区中选举社区居委会议事委员，并通过协商和专家指导确定议事规则。这种改组后的社区居委会仍然是社区事务的协商机构，但同时也增加了行动能力。通过定期开会的方式，新增加的议事委员积极参与社区公共事务的讨论。从清河实验的实践效果来看，通过社区议事委员的讨论创立了公益金，并围绕公益金的使用等问题，逐步确立起社区层面居民议事的规则，保障了居民的知情权、参与权、表达权、监督权，有效提高了居民的参与意愿，增强了社区的组织能力。

2. 社区提升实验

除了社区重组，清河实验还就社区提升议题进行了试点。

实验的着力点在于提升居民的议事能力和行动能力。实验组织者邀请专家，就如何征集居民意见、做好居民动员、构建信任关系、遵守议事流程等问题对议事委员和居民代表进行培训，培养其规则意识，提高其动员和行动能力。同时，实验组织者还组织居民参与“社区服务民主协商讨论会”，征集社区公共事务议题，通过民主投票的方式确定优先事项，最后大家集体协商确定解决方案。在可见的方面，社区实验组织者还动员居民进行环境整治，并邀请清华大学建筑学系专家提供社区空间设计意见，提升社区环境水平。①

（三）重回社区的尝试：在职党员进社区

在职党员进社区促进了精英重新返回社区。为部署和规范基层党组织和

① 李强、王拓涵：《新清河实验：基层社会治理创新探索》，《社会治理》2017年第7期。

在职党员“双报到”工作，北京市委组织部制定了实施方案，其中提出：通过“双报到”工作组织各机关、企业和事业单位在职党员回到社区（村）服务本地需求，同时通过网络平台“党员E先锋”，记录在职党员回社区（村）报到的落地对接工作、在本地的服务事项。据统计，截至2018年4月，全市691180名在职党员已回居住地报到，报到率超过90%。

此次“双报到”在职党员个人报到的服务内容，主要有四个方面：一是带头遵纪守法、维护邻里和谐，自觉遵守各类社区居民公约和村规民约；二是主动围绕社区（村）发展、组织建设等提出意见建议；三是积极参加社区（村）的党建活动、公益活动、志愿活动；四是兼顾个人特长和群众需求，开展各类特色服务。①

二　问题分析

（一）体制、机制问题

1. 自治主体缺位

自治主体缺位的最核心表现是居委会问题。从实践来看，居委会过于专注政府行政事务，无暇顾及其“社区自治”主体的本职工作，既与其处于政府管理末梢的功能定位有关，也与其产生方式有关。在居委会选举中，基层政府完善组织、确保基层稳定的思路下，存在“配备干部”的心理。居委会在产生上就遵从政府的导向，在实际工作过程中自然无法摆脱政府的干预，对本地社区内生事务的关注也就无法真正排上其核心议程。

自治主体缺位还表现在业委会建设上。自20世纪90年代住房商品化以来，北京出现大量的商品房住宅小区。理论上，这些商品房住宅的居民作为拥有产权的业主可以自我组织起来，建立“业委会”，处理社区内共享产权

① 左颖：《全市党员社区报到率超九成》，《北京晚报》2018年4月28日。

利益，并代表社区居民选聘物业服务公司，处理社区治安、公共卫生等共同事务。但是长期以来，北京市的业委会建设不如人意，首先是业委会不普及，仅有少数商品房小区组建了业委会，据估计总量不足三成；其次，业委会的功能发挥也有不足，往往存在内部各种纷争，导致这些数量不多的业委会不能很好地完成服务本地居民的任务，并成为遭人诟病的把柄，反而抑制了政府推进业委会建设的热情。

作为最重要的社区治理主体，居委会和业委会的功能缺位是当前北京市社区缺乏公共性的一个重要原因，长远来看都需要深入研究、解决。

2. 社会整合机制缺乏

我国民众“政府依赖”的思维惯性使国家与社会很难分离。单位制时代市民福利和集体行动依赖单位展开，在单位框架内形成内部人认同，随着住房市场化，很多单位制小区产权发生变动，所依托的单位逐渐不再承担相应的社会服务责任。随着“国家－单位－家庭”社会团结纽带的瓦解，寻找到富有张力的中介系统，将家庭、社会与国家有机地联系起来就成为当前社区公共性建设的重要问题。

社区公共性建设需要依托公共空间内的集体行动。在社区空间中存在一定的共同利益，作为个体的行动者如何在自治组织供给不足的情况下找到整合的渠道，是当前社区公共性建设要面临的主要问题。从社会发展状态来看，社区发展中面临的如环境问题、养老问题、公共安全问题、物理公共空间使用等问题需要社区居民集体协商来解决，此一过程也暗含着一定的社区再整合机会，但因为社会信任不足、集体行动空间狭窄、外部治理资源获得能力有限等因素限制，“公共问题回应”式社区公共性形成机制仍多存在设想和理论讨论中，很少转化成有效的社区整合渠道。

（二）主体问题：能动性分析

1. 低度参与的居民

社区居民对社区事务的冷漠现象也很普遍，缺乏参与动力。这个问题的出现一定程度上是社会发展的阶段性必然现象。在信息化时代，作为基层生活共同体意义上的社区正在衰落，直接表现为社区居民总是参与不到社区公共生活中去。历史上，由于城市体系的不完备，单位制下的生活、服务、休闲、社交等公共活动只能从单位社区获得；但在市场发育较完善的条件下，社区能为居民提供的需求出现断崖式下降，居民的需求能够较容易地在社区体系外获得满足。对大部分有工作的居民而言，社区仅仅具有居住空间的意义，即使与居委会等社区基层发生联系，也只是程序性需要如开证明、办手续等，社区已成为“互不相关的邻里”。

但是从另一个角度看，社区成员参与公共事务不足问题也由社会原因。首先是组织力量缺乏，社区居委会无暇组织更多的集体活动。其次是表层化参与伤害了积极性。转型时代各个社区都会面临一些较深层的问题，需要动员各种社会力量通力解决，如果这些问题久议不决，社区活动仍局限在文体娱乐、治安巡逻这些传统事务上，久而久之社区成员也就难得有持续的热情。第三，中青年群体的缺位造成的低度参与现象。这是各国各地都多少存在和面对的问题，所谓社区“社会资本”危机，其后有深刻的社会－文化机制作用，但生命周期因素也不容忽视。

2. 选择性参与：精英参与不足

比一般居民参与不足更值得重视的是精英群体在社区公共性建设中的缺位。清华大学新清河实验是一个学院派精英参与社区治理、促进公共性建设的有益尝试，但是作为一个个例，缺乏可复制的制度基础。新清河实验能够取得一定的成绩，与清华大学师生的努力、学校的品牌效应、当地政府的大力支持分不开。即便以清华的品牌号召力和当地政府的积极配合，该实验所涵盖的也只是有限几个社区，并经历了艰苦的社会动员。从中可以看出知识精英参与社区重建的热情虽高，但能深入基层的难度着实不小。

各类精英——政治精英、学术精英和经济精英对社区重建参与不足现象暴露出当前基层治理的体制、机制问题。精英无法在社区找到参与着力点，表明社区缺乏足够的接纳能力和开放准备。从以往基层调研的经验看，基层往往视调研接待为负担，更遑论开展带有建设性思路的合作。这既出于现有治理体制的运行惰性，也说明当前社区各类问题比较复杂，“链条化”现象突出——往往各类问题彼此纠结，千丝万缕，呈现系统性难题，增加了治理难度。

（三）效果问题：效能分析

1. 不可通约的社区问题

目前北京市的社区类型复杂，既有传统的单位制大院，也有大量的老旧住宅小区、新建住宅小区、城中村、农村社区，各类社区面临的发展问题不同，社区公共精神建设也处于不同的阶段，面临不同的问题。

另外，目前由政府主导的社区公共生活建设出于行政上的推行便利和政绩总结，也存在一定的形式大于内容的问题。从当前一些地区的实践来看，由行政推动的外部社会组织供给容易使服务流于表面，建立起来的机构由于缺乏长期的项目支持导致短期效应。同样可以推断，这种缺乏内部讨论的服务供给、组织形式配备，针对性较低，对社区居民需要的契合度往往不高，其运转也不易高效。

2. 低水平的公共性建设

目前市区居民参与社区公共生活的方式，以文体活动参与较多，广场舞、文体队活动比较普遍，好处是居民可以获得比较丰富的娱乐生活，坏处是表面的生动活泼掩盖了社区公共道德不彰、公共精神缺乏的现实。基层社区组织通过这些娱乐活动向基层政府和社会公众展示了相应的活动业绩，一定程度上分散了关注视点，也就容易忽略社区更具有根本性的各类矛盾。

交流和接触是公共性建设的起点，娱乐和微信聊天对于创造社会联系作用不可低估。但是以此为始提高公共性建设的层次不是时间的积累就可自然完成，需要更具体的公共议题的引导、落地的组织手段整合。目前各类微信群或成为抱怨和不满的发泄地，或成为消息公告栏，一定意义上降低了其新社会公共性生产空间的作用。

（四）路径探讨：文化转型

1. 从熟人社区到陌生人社区

我国的文化传统比较重视家庭，相对忽视血缘外社群的作用。重视家庭的传统往往导致某种程度的需求“内卷化”，倾向于在家庭纽带中讨论各种公共问题，而不善于在家庭之外的更大公共空间中交换对公共事务的看法。尤其是在现代化的过程中经历了各种社会文化变迁的洗礼，更加导致对陌生人信任缺乏，不能“全抛一片心”。传统文化中“慎言”的教诲是很多家庭的“庭训”，被奉为做人修身的标准。从这个意义上看，传统文化对社区公共性有一定的影响。

我国现代城市生活出现较晚，农业文明的熟人社会绵延千年，形成的文化积淀深入日常生活和社会文化心理，向现代社会转型的任务艰巨。还有一个因素也影响着新社区公共生活的建设。我国以产权住房为主、陌生人为邻的生活居住形式起源较晚，大面积出现是 20 世纪 90 年代住房商品化改革之后的事情。之前长期的单位制社区是传统熟人社区的一个变体，虽然也是城市生活的一种形式，但因其特殊的内部人属性对当前向现代的陌生人社区转型的时代议题而言，能提供的文化借鉴不多。这也是目前社区公共生活相对不足的一个前因：历史上没有过这样的生活方式训练，忽然而至的陌生面孔自然需要文化适应。

2. 异质的社区构成和利益组合

公共性不足的另一个社会文化原因是大量城市移民的存在，增加了社区内隔阂，提高了公共生活建设的门槛。

目前北京市近 1/3 城市实有人口是没有北京市户口的外地人，更不用说拥有北京市户口的“本地人”还有大量来自外省市的青年学生落户人口，他们往往只身来京，缺乏相应的原生社会联系，就北京市土著本地人的生活世界而言，也是一定意义上的闯入者。大量外地人口的存在是社区中随处可见的现实，无论是城中村还是老旧小区、新建商品房小区，都在所难免。这些人虽然没有在脸上贴着“外地人”的标签，但实实在在是一个独特的存在。在娱乐方式、交际圈上，这些人都和本地人有一定的不同，社会距离事实存在，在社区中形成一个无形的交流缺口。

三　讨论和建议

社区公共性建设的基础是社区公共生活。本文以下建议将从体制机制转型入手，立足于微观社区生活实践，重视文化建设，强调规则意识，期望通过不断积累经验以促进社区公共性形成。

（一）赋权与动员：主体能动性发掘

1. 组织起来：居民行动主体再造

为发挥居民参与社区事务的积极性、主体能动性，除了对现有的居委会进行功能再造外，还要积极培育居民自组织。比如逐步在商品房社区落实业委会建设，引导居民就共同关注的公共产权问题、物业服务公司选聘问题等自主讨论、自主决策，激发起社区主人翁意识，调动参与公共活动的热情。

在社区居民深入讨论的基础上，充分利用楼委会、院委会等比居委会更微观的组织形式形成社区协商议事机制。前文说过，北京市的社区构成非常复杂，往往一个居委会内部存在相对独立的不同居住空间，形成微小的以居住空间为单位的利益共同体。应充分挖掘居民对共同利益关心的动机，以小规模居住区内公共问题为导向，形成微观的讨论机制，并调动公共资源，对相关问题分类、分步骤解决。这个分类、分步骤的决定权也应交给居民自己，行政力量并不越俎代庖，守定宏观参与的本分，在给予适当指导的前提下相信居民的自主选择。

对于能有效服务社区的各类社会组织采取开放的态度，鼓励其发展，在绩效考核的基础上稳定资源供给，引导其承担政府服务职能，并通过各种社会组织培育评估平台考察提升其专业化水平。

2. 关键少数：充分发挥能人与精英的优势

社区公共性的形成离不开社区能人的作用。在各种积极分子中有选择地培养有担当、能服务、善团结的可靠分子，赋予其相应的组织角色，比如吸纳到各社区委员会中，强化其社区参与代理人的功能。并以此辐射开去，逐步影响一般社区居民，鼓励形成积极参与社区公共事务的氛围，逐步培育社区公共道德。

利用好在职党员进社区的时代机遇，用社区居民真正关心的议题吸引这些精英进入社区议事、决事程序，有效发挥其各种专业能力。应尽量避免各种形式化事务伤害这些弥足珍贵的社区人力资源，扎扎实实地开发社区公共生活，本着脚踏实地、实事求是的精神，采取开放的态度，真诚动员这些精英对社区公共事务展开深入讨论，发掘和保持其对社区公共事务参与的热情，助力社区公共生活的建设。

（二）事本主义与微观政治：基于效果的社区建设路径

1. 情感治理：从凝聚人心开始

社区情感淡漠会导致社区公共精神缺乏。当人们不再以居住于某社区为荣时，自然很难调动起其对该社区生活品质的关注，更难于动员其参与到集体生活的建设中来。凝聚社区人心应该首先从情感入手，在心理上培育居民的亲近感，从而为共同行动打下相应的基础，培育其参与的内生动力。

凝聚情感依靠的对共同行动效果的认同。社区公共精神培育需要一个社会过程，交流和交往也应循序渐进。鉴于目前北京的社区往往体量较大，动辄上千户，社区范围内的面对面交流往往流于形式。从情感培育的角度来看，应本着先近后远、先虚后实的原则，逐步调动居民和本楼门院邻里的日常交流与合作，通过空间的邻近拉近情感关系，寻找到共同的话题建立起友谊和信任，积累起相应的经验后逐步扩大讨论范围；在议题设定上，从较易入手的话题开始，比如共同打扫本楼道卫生、清理杂物等，逐步扩展到更严肃的治理难题。

2. 关注本地：从小事做起

城市小区共同居住的空间形式利于产生共同的问题意识，基于本地问题的关切和讨论也是城市社区公共性培育的天然基础。从本社区特殊的问题入手，只要存在可以充分讨论的空间和平台，社区参与氛围的营造并不缺乏有效动机。比如几乎所有社区都面临的垃圾分类问题、物业公司管理问题、养狗问题等，都是促使居民走出家庭、关注公共议题的契机，利用好本地议题是营造社区公共精神的基础和关键。

从参与过程来看，社区居民中的积极分子是关键人群，通过少数人有效的共同行动会激发居民自我动员的潜在意愿，调动起社区居民参与的主动力量，并由此培育出社区治理的内生动力。这种示范和跟进也是社区公共精神培育的过程，是凝聚人心的必需步骤。

（三）寓宏大于精微：文化心理重建

1. 走出家庭：重建邻里信任

社区公共性不足反映社会信任缺乏，源于社区成员缺乏共同的价值。在共享价值重建问题上，传统节日资源可以发挥很好的作用。日本在社区中保留了大量的传统节日资源，作为有效整合居民的纽带，发挥了相当的作用。此一做法值得借鉴。

中国古语有“远亲不如近邻”，孟母择邻而居的故事更是家喻户晓，可见邻居在中国文化中具有特殊的社会意义，并不仅仅局限于共同居住空间的分享。而邻里互助、邻里守望等观念也反映出传统社会邻居间相互承担的社会责任。在社区公共性培育过程中，处理好邻里关系无疑是成败的关键。邻里间的道德义务在现代社会中有再现的可能性，北京社区治理过程中一些做法也是在激活邻里感情资源的语境下得以成立。比如很多社区都采取的助老结对子实践，其话语和道德基础并不是现代公民的分享、奉献精神，更等多地是依托“邻居”这一传统关系模式，强调的是邻里间互助的道德义务。

邻里和谐是社区和谐的基础，邻里互助是社区互助的基石。处理好邻里关系是形成健全社会关系的前提。各类社区“邻里中心”的建设不但在操作上大量诉诸邻里情感，其名称选择也显示出对传统资源的依赖之情和挖掘之心。在社区公共生活中多一些对邻里关系的关注，有利于促进社会协商的微观基础形成和心理机制发育。

2. “自己人”：构建社区共同体意识

社区公共性建设需要借力社区文化建设，居民通过文化活动寻找彼此间共同点，发现彼此契合的共建基础。广州通过开展社区记忆挖掘进行的文化建设值得借鉴。

通过社区记忆构建共同语境。在传统老旧社区、单位制社区和农村社区中，因为社区空间延续性得以维持，物理延续性必然包含某种生活延续性，通过对社区历史记忆的共同回忆、建构，可以有效调动起共同的情感，激发出共同体意识。而对于社区的新居民来说，通过对社区记忆的分享，也容易产生共情作用，从而酝酿出某种在地感觉，增强地域认同，产生地域共同体认同的基础。

对于新社区来说，通过对同代人共同历史经历的回忆，也可以很好激发出历史共同经历者的分享意识，增加亲近感。

（四）规则优先：制度创新路径的思路与实践检验

1. 从说话开始：专业性社会组织的作用

中国人很适应开会，一个人讲话、大多数人听是一种比较常见的组织形式，而多数人共同发言的圆桌会议形式则大多组织不成功，即便是在比较有教养的知识精英圈子里，限时发言的学术讨论也多有超时现象，何况是普通居民的议事会议，发言无序、抢话、乱插话、言语攻击等更难以避免，可见按规矩说话是一个重要问题。针对这一现象，实践中专业社会工作组织专门有培训服务，使用简化了的“罗伯特议事规则”，确定发言秩序，明确发言规则，组织会议，此一做法值得在各类社区工作中推广。

2. 引导和示范：专家的作用

除了专业社会组织的规则培训外，学院专家的介入也是社区公共生活发育的好契机。如上述清华大学的新清河实验，专家们不但提供研究设计，还细致地做各种培训，对保证社会再组织、提升社区活力有重大影响。再比如回龙观、天通苑地区的治理，有一些青年学者主动参与进来，通过讨论和建议支持社区复兴计划，身体力行参与社区公共生活的改造，这些都提供了很好的方向，提醒在社区公共生活中缺位的各类精英可以选择自己的参与路径，积极助力社区公共生活再建。

参考文献

黄锐：《城市社区治理中的公共性危机》，《人文杂志》2015 年第 4 期。

胡晓芳：《公共性再生产：社区共同体困境的消解策略研究》，《南京社会科学》2017 年第 12 期。

李友梅、肖瑛、黄晓春：《当代中国社会建设的公共性困境及其超越》，《中国社会科学》2012 年第 4 期。

郑杭生：《和谐社会与公共性》，《中国特色社会主义研究》2005 年第 1 期。

李蔚：《何谓公共性，社区公共性何以可能?》，《河南师范大学学报》（哲学社会科学版）2015 年第 4 期。

李国庆：《日本社会公共性建设镜鉴》，《人民论坛》2014 年第 4 期。

王克修、王露露：《新加坡社区文化建设的经验和启示》，《思想政治工作研究》2013 年第 4 期。

赵环、叶士华：《社区参与：我国台湾地区社区建设经验分析》，《华中理工大学学报》（社会科学版）2013 年第 2 期。

经济导报：《宜居 专业 共议：北京朝阳区社区建设的三个关键词》2018 年 9 月 13 日。

李强、王拓涵：《新清河实验：基层社会治理创新探索》，《社会治理》2017 年第 7 期。

左颖：《全市党员社区报到率超九成》，《北京晚报》2018 年 4 月 28 日。

陈涛：《以党员的名义，共绘最大同心圆》，《北京晚报》2018 年 4 月 29 日。

徐建宇、纪晓岚：《城市社区治理的内生力面向探讨》，《中州学刊》2018 年第 5 期。

邵士庆、刘兆芙：《新加坡构建共同价值观的经验及启示》，《社会主义核心价值观研究》2016 年第 5 期。

B.7

国家级新区社会治理创新实践

——青岛西海岸新区的经验和启示

陆继锋　赵 辉　陈庆道*

摘　要： 本文以青岛西海岸新区为样本，总结了其在治理体制机制创新、网格化治理、多元化共治、信息化支撑、法治化保障等方面的实践探索经验，并对其成效进行了分析，提出国家级新区的社会治理必须坚持共建共治共享理念，实现治理思路转变；必须坚持创新驱动和问题导向，促进治理体制机制创新；必须坚持"以人民为中心"，让人民群众踏实满意；必须坚持社会治理重心下移，提高社会治理效能。

关键词： 国家级新区　社会治理　创新

一　引言

国家级新区是由国务院批准设立的综合功能区，是伴随改革开放而成长壮大的新型大城市区，肩负着我国经济社会创新发展任务和改革开放战略实施的重任。国家级新区在改革创新和释放生产力的同时，也存在经济发展迅速和社会治理水平滞后的矛盾，社会治理体制机制难以适应环境复杂、过程多变和结果不确定等严峻挑战。推动国家级新区社会治理创新事关社会稳定

* 陆继锋，山东科技大学文法学院副教授；赵辉，青岛西海岸新区社会治理中心副主任；陈庆道，青岛西海岸新区社会治理中心工会主席。

和营商环境优劣，事关社会治理体系和治理能力现代化。

青岛西海岸新区（以下简称新区）是我国批准设立的第9个国家级新区。新区陆域面积2127平方公里，海域面积5000平方公里，由原青岛市黄岛区和胶南市（县级市）合并成立，下辖10大经济功能区，23个镇街，总人口为186万人。随着新区经济的快速发展，社会转型不断加快，城市规模急剧扩张，外来人口大量增加，各类矛盾复杂交织，社会治安与综合治理、安全生产、信访维稳和风险防控等领域的问题不断发生，尤其是2012年的“9·15”打砸抢烧偷事件和2013年“11·22”青岛输油管道爆炸特大事故，给新区社会稳定和经济发展造成了重大创伤，也暴露出长期重发展轻治理导致的“短板”。近年来，新区痛定思痛，深刻汲取教训，把社会治理提上重要日程，部署推动社会治理创新，初步形成了独具特色的社会治理“黄岛模式”。全区社会治安、安全生产、矛盾纠纷调解和信访维稳形势持续好转，城乡环境和面貌焕然一新，民生诉求得到有效解决，平安建设成绩斐然，营商环境得到较大改善，人民群众安全感、满意度和幸福感明显提升。

二　青岛西海岸新区社会治理的探索与实践

（一）系统化设计，促进社会治理体制机制创新

一是创新三级治理体制。区级层面秉承统筹整合和强化联动原则，成立了新区社会治理工作委员会，下设有4个专门委员会；新区设有区社会治理中心，属于正处级事业单位，统筹和指导全区社会治理工作；设立了区公众投诉受理处置指挥中心，协调处理群众投诉。各镇街成立了由书记担任主任的社会治理工作委员会，负责基层社会治理工作的联动指挥和统筹协调；镇街设有社会治理办公室，组织相关职能部门参与社会治理工作，协调解决疑难复杂社会问题。社区层面发挥党建引领和党组织领导核心作用，设有社区社会治理工作站和社会治理流动工作站，划分治理网格，开展社区自治、便

民服务、纠纷调解和应急救助等工作，打造以社区党组织为核心、自治组织为主导、居民为主体、社会组织和驻社区单位共同参与的体制，延伸社会治理“神经末梢”。二是健全四大治理机制。其一，督办落实机制。建立了治理工作“亮灯”督查督办制度，实施社会治理现场督办、区领导每周调度、部门一把手通报和媒体曝光、公众投诉事项处置不力通报等制度，压实社会治理责任，确保市民群众反映的问题“事事有回应、件件有落实”。其二，考核评价机制。将各单位治理工作情况、治理事项承办量、办结率、满意度等列入综合考核指标；考核最终结果作为政风行风和部门效能评议、领导班子和干部个人晋升提拔与表彰奖励的重要依据。其三，责任追究机制。明确部门单位治理责任并制定责任清单，对治理工作不到位、问题事项办理不力的，视情况交由组织、纪检监察部门问责；被通报两次仍未整改的，做出相应处理，保证社会治理决策部署的贯彻落实。其四，经费保障机制。区级设有社会治理专项经费，并根据经济社会发展情况逐步增加；镇街设有社会治理专项资金，按辖区人口每人每年 10 元标准安排年度预算，由区社会治理中心根据考核情况进行奖补。

（二）网格化治理，有效化解各类风险和隐患

一是打造网格化管理体系。新区根据区域面积、人口规模、经济结构和村居分布等情况，划分了 183 个管区、1309 个网格，形成“镇街一张网、管区一大格、社区几小格”的网格化管理格局；将城市管理、社会治安、安全生产、矛盾纠纷调解和信访稳定等重点领域事项全面纳入网格管理范畴，确保“简单问题不出网格，复杂问题不出镇街，大事要事全网联动、微情小事一格解决”；完善“1 +1 + N（1 名网格长 +1 名专职网格员 + N 名专业网格员）”网格管理模式，确保“网中有格、格中有人、人在格上、事在网中”。二是重视网格员队伍建设。2018 年，新区招聘了 1106 名具有大专以上学历的专职网格员，将综合执法队员、安监员、社区民警、治安联防队员全部下沉为兼职网格员，建立起了近 5000 人的专兼结合治理工作队伍，为新区社会治理提供了坚实的人力保障。三是推动网格化巡查处

置。全区所有网格员均配备了手持智能终端设备，在所属网格内全天候、不间断巡视，开展搜集上报基本信息、调解社会矛盾纠纷、排查安全生产隐患、核实问题处置情况、解决群众生产生活困难等工作，确保不出网格解决问题并满足群众诉求。目前，全区每天平均上报各类信息3000余件，其中98%的事项都能在镇街和管区得到妥善处置，只有2%进入区级层面统一协调处置。

（三）多元化共治，促进公众参与社会治理

一是鼓励群众积极参与。为有效调动群众参与热情，新区每年设立500万元的“公众参与治理专项奖励基金”，主要用于鼓励群众提出投诉建议、参与问题隐患查找和信息上报等工作。为方便群众参与，新区将原来分散在各部门的23条投诉热线进行整合，统一纳入“一号通”（67712345）职责范畴；结合新媒体不断发展的现实，新区将政府网站、微信公众号等接收的公众投诉信息与“一号通”信息整合，同步纳入受理范围，实现所有渠道24小时不间断受理处置来自于群众的咨询、投诉和建议，使问题或隐患在萌芽和初始状态得到及时消除。二是强化部门单位联动。新区积极推动社会组织、群团组织、驻区高校、企事业单位等参与治理。区委领导牵头建立了由区社会治理中心、城市管理局、司法局、安全生产委员会办公室、编制委员会办公室、信访工作联席会议办公室等参与的社会治理联席会议制度，各部门联动处置重大问题隐患；发挥区共青团、区妇联、区工会等群众性团体组织的桥梁纽带作用，发动驻区中国石油大学（华东）、山东科技大学、青岛理工大学等高校以及好家源生活服务有限公司、青岛社区社会事务中心等企业参与社会治理，促进企事业单位参与，激发部门单位共治活力。三是发挥专业化队伍作用。新区注重加强专业化、职业化社会治理人才队伍建设。全区通过政策引导和经费支持等举措，加强安全生产专业监督管理专家、社会工作者和社会心理咨询服务等骨干队伍建设，发挥全区专业化力量的治理主体作用，提升治理专业化水平。

（四）信息化支撑，提高社会治理智慧化水平

一是构建信息化平台。新区依托大数据和人工智能等技术手段，基于共建共享和互联互通理念，开发了区－镇街－管区三级的治理信息平台，实现了数据汇聚整合、信息智能流转、成果展示应用、便捷化查询、在线交流互动、社会化服务、社会治安防控、指挥调度、分析研判决策、部门统筹考核十大基本功能；网格员在巡查中一旦发现问题，通过智能终端将信息实时发送至平台，按分类管理和分级处置信息，实现区层级、镇街层级、管区层级三级进行信息研判、任务分办、问题处置和结果反馈功能，确保信息的闭环流转和畅通运行。二是编织智能化巡查“天网”。新区全面整合和充分运用安全生产、社会治安、城市防汛和森林防火等视频监控设备资源，对全区隐患易发区实施可视化、智能化和自动化监管。截止到目前，新区通过政府投入和吸引社会投资两种基本渠道，建成并运行了2.3万个视频监控探头，基本实现了视频监控的城乡社区和重点区域全覆盖。三是加强信息的分析运用。新区开发了由500余万条重要信息组成的社会治理基础数据库，实现了全区人口基本信息、工商企业及重要设施信息和驻区单位基本信息的集成，全面掌握全区重点部位、重点时段、重点环节、重点人群信息。在此基础上，新区社会治理中心将纷繁复杂的各类信息进行综合分类，组织开展分析和研判，将其转化为社会治理的信息资源，敏锐感知全区社会动态，加强信息预警，确保隐患和事故早发现、早防范、早处理。同时，区治理中心向信访、安监、司法、公安等职能部门和镇街及时推送信息，实现互通共享和联动处置。

（五）法治化保障，依法开展社会治理活动

一是促进安全生产法治化。黄岛“11·22”原油泄漏爆炸特大事故发生后，新区及时出台了《落实企业安全生产主体责任规定》《关于安全生产法治体系建设的意见》等文件，加强安全生产法制建设；新区围绕安全生产类案件的查办处置，促进安全生产促进行政执法与刑事司法的衔接，针对

拒不履行企业主体责任的单位负责人，由区公安机关介入约谈；新区在全国首创法院安全生产审判庭、检察院安全生产检察室，专门开展安全生产案件的受理、查办和审判。二是促进矛盾纠纷调解法治化。新区动员政府部门以及各类组织等多方力量参与矛盾纠纷调解，细化打造具有新区特色的“多调对接、多调联动”纠纷调解和矛盾化解制度化体系。新区结合需要在区级层面设立了 2 个区级社会矛盾纠纷调解中心，24 个专业性和行业性的调解委员会，成立了 1502 个基层矛盾纠纷调解组织，强化司法调解和其他调解方式对接，依法开展调解和裁决。新区在管区层面创新法律服务模式，打造了“1 + X”法律服务模式，即设立管区综合调解室，整合律师、法律援助等多方力量的参与，推动法制宣传、法律援助、法律服务、社区矫正等进管区、进社区、进网格，依法开展矛盾纠纷调解，让矛盾纠纷“小事不出村（居）、大事不出镇（街）、难事不出新区”矛盾纠纷不转移、不上交。三是发挥章程公（规）约“软法”作用。新区以社会治理问题和居民需求为导向，以提升社区治理有效性为目标，本着“民事民议、民事民定”原则，将自治章程和村规民约作为基层社会治理“星级”示范社区（村）重要组成部分，指导 1228 个村（居）修订完善村民自治章程和村规民约，修订完善自治章程 1228 份，村规民约 961 份、居民公约 267 份。同时，依法加强章程公（规）约制定过程监督，组织内容审查，加大宣传教育力度，最大化体现居民意志，增强章程公（规）约执行力、约束力和规范性、合法性。

三　青岛西海岸新区社会治理取得的成效

新区社会治理取得了明显成效，得到了各级领导和社会各方面广泛认可：先后获评全国社区治理和服务创新实验区、全国基层改革创新优秀案例，2016 年、2017 年和 2018 年连续三年被评为全国创新社会治理优秀城市。2018 年 11 月 12 日，山东省委书记刘家义同志做出专门批示，要求全省组织学习交流新区治理经验。

（一）推动了社会治理体制机制创新，治理效能得到提升

新区“区－镇街－社区”三级治理体制坚持主动防控与应急处置相结合，全面开展企业生产安全、食品医药与公共卫生安全、道路和轨道交通安全、网络信息安全等重点领域治理，围绕整治解决交通拥堵、违章建筑、停车管理等城市病，建立起了权责明晰、服务为先、管理优化、执法规范、安全有序的治理机制，实现了社会治理统一指挥、反应灵敏、运转高效目标。新区充分发挥人大、政协监督和媒体舆论、社会公众监督作用，对公众投诉和网格员巡查发现的问题进行严格督查整改、考核问责，倒逼部门和镇街落实责任，使社会治理疑难复杂和推诿扯皮事项得到妥善解决；大力推进跨领域、跨部门综合执法，解决了多头执法难题。同时，政府部门实现了职能下放和力量下沉，确保第一时间解决基层一线问题，变出现问题后“被动处置”为问题前的“主动预防”，机关干部变“坐等群众找上门”为主动下沉为群众解决实际问题，既密切了干群关系，也提高了治理效能。

（二）夯实了基层社会治理基础，经济发展环境得到优化

新区通过实施网格化管理、社会化服务，把社会治理重心落到了基层：社区建设了一批社会治理工作站、打造了综合服务信息平台，创建了一批规范化标准化星级示范社区；新区将镇街社会治理经费纳入政府财政预算，确保社会治理经费有保障；各类资源、服务、管理沉到了一线，确保基层社会治理更有力量。基层社会治理体系回应群众诉求更灵敏、提供管理服务更精准、开展群众工作更扎实，维护了基层社区平安、治理服务能力明显提升；排查了安全生产隐患、化解了征地拆迁纠纷、净化了治安环境，创造了平安和谐的经济社会发展环境。在上合青岛峰会、国际啤酒节、东亚海洋合作论坛、扫黑除恶专项行动、庆祝人民海军成立70周年海上阅兵等重大活动期间，社会治理基础性作用明显：在区委区政府统一部署下，全区专兼职网格员和广大党员干部群众深入开展了“亮身份、勇担当、争先锋、树形象”活动，扎实开展全覆盖、无死角巡查，确保了重大活动开展，展示了新区风

貌，营造了良好营商环境，激发了经济发展活力，在双招双引、创新创业等方面发挥了作用，新区核心竞争力明显提升。

（三）有效消除了社会隐患，群众满意感显著增强

新区“一号通”平台建立了规范化、标准化事项处理流程。自2015年开通以来，年均受理群众各种诉求40余万件，诉求受理处置率达到了100%，群众投诉办结率达到了97%以上，办理情况回访群众的满意率在85%以上。为确保群众满意率，区社会治理中心邀请了各级人大代表、各级政协委员和普通市民群众等全程参与投诉事项的处置，不断加大各种媒体的跟踪曝光力度，实施了投诉处置效能监察，确保了市民诉求能在第一时间得到解决。2018年，区社会治理中心根据社会治理“大数据”信息的分析研判，形成了23篇决策咨询报告和送阅件，均获新区领导批示并落实，推动解决了打通城区断头路、加强城市地下空间监管治理、改善供水供气供电供热服务、整治违法建筑等大批市民群众关心关注和反映强烈的难题；全面排查和解决了大批涉及城市管理、企业生产、社区生产生活等方面的问题隐患，大量潜在风险苗头和风险隐患得到了预警排除；社会矛盾纠纷得到了及早化解，群众越级上访、可防性案件、安全生产事故数量均大幅下降，有效维护了群众政党权益，居民安全感、幸福感、归属感和满意度得到明显提升。

四　青岛西海岸新区社会治理经验的启示

新区社会治理探索与实践，践行了中央关于创新社会治理体制、改进社会治理方式的要求，丰富了国家级新区社会治理工作内涵，带来了显著成效，给了我们深刻启示。

（一）必须坚持共建共治共享基本理念，实现治理思想转变

共建共治共享是构建社会主义和谐社会的基本原则。党的十九大报告提

出：要“打造新时代共建共治共享的社会治理格局”。共建共治共享理念立足新时代社会治理形势，系统回答了“为谁治”、“靠谁治”和“怎么治”的问题，指明了社会治理价值、主体和路径，是中国特色社会主义治理的指导性理念。共建共治共享是一切治理活动的核心理念，事关国家治理体系和治理能力现代化。新区在“共建共治共享”理念指引下，实现了治理指导思想的三大转变：由单纯抓招商引资、重发展轻治理向发展治理“两手抓两手硬”，更加重视社会治理和公共服务的转变；由“政府独奏”“单一刚性管理”向“社会合唱”“多主体参与治理”的转变；由“传统粗放式治理”向“现代精细规范治理”的转变，具有治理理念和思路上的借鉴意义。

（二）必须坚持创新驱动和问题导向，创新治理体制机制

党的十九大报告对社会治理工作提出了新的更高要求。国家治理体系和治理能力现代化的首要前提就是社会治理创新。国家级新区本身就承担了国家重大发展和改革开放战略任务，理应在经济发展和社会治理中发挥重要风向标作用。社会治理创新没有止境，治理创新永远在路上。只有不断深化社会治理体制机制创新，才能构建起清晰有序的共治模式、动态平衡的规则体系和包容共享的治理格局，才能解决当下治理中存在的统筹力度不够，尚未形成合力；治理主体单一、多元参与不够；内容拓展不够，方法创新不足等棘手问题。解决现实问题永远是社会治理的首要任务，这意味着社会治理必须坚持问题导向。社会治理面临的首要问题是安全稳定，底线是以不发生重大安全事故、不发生重大群体性事件，最重要的是将问题消灭在萌芽状态，防患于未然。新区经验表明，只有不断创新和坚持问题导向，才能发现问题、分析问题和解决问题，才能获得发展环境的改善。

（三）必须坚持“以人民为中心”，让群众心里踏实满意

习近平总书记在十九大报告中指出：“为什么人的问题，是检验一个政党、一个政权性质的试金石。为群众解决最迫切需要解决的主要问题，凸显人文关怀，是党和政府最根本任务”。人民群众是一切社会治理活动的根基

和动力源，也是一切社会治理活动出发点和最终落脚点。社会治理活动只有尊重和体现人的价值和主体地位，维护好人民群众利益才能获得强大根基，这是新时代中国特色社会主义治理的基本价值立场。“以人民为中心”首要的是要倾听群众诉求，把保障和改善民生放在首位，把群众的事作为天大的事，竭尽全力地帮助群众解决实际困难和现实问题，结果要让群众心里踏实满意。新区经验表明，只有积极回应群众利益诉求，解决好群众关心的问题，让群众感受到实实在在的公共服务，才能赢得群众认可与支持；只有全面排查解决涉及城市运行安全、企业生产安全、社区生活安全等领域的问题和隐患，人民群众正当权益才能得到有效保障，居民的安全感、幸福感、获得感、归属感和满意度自然就能明显得到提升。

（四）必须坚持社会治理重心下移，提高社会治理效能

社会治理重心下移与治理有效性提升是事关国家治理体系和治理能力现代化的重要命题。十九届三中全会也明确指出：“推动治理重心下移，尽可能把资源、服务、管理放到基层”。中共中央、国务院《关于加强和完善城乡社区治理的意见》指出要“推动管理和服务力量下沉”。治理有效性是衡量治理体系运行是否适应并促进经济社会发展的重要标准。新区经验表明，只有坚持重心下移，夯实治理基础才能提高社会治理效能，才能破解社会发展难题，管控化解基层风险，维护社会和谐稳定。无论是社会治理重心下移还是治理有效性提升，都意味着既有治理格局重塑、主体权责关系调整和流程再造。这固然需要顶层设计和体制机制创新，也需要找准切入点，进行系统研究和大胆探索。其中，勇于创新是前提，抓好落实是关键，实现共治是保障，信息化是抓手，改善民生是最终落脚点。

B.8 乡村振兴战略视域下的乡村治理体系重构

袁金辉*

摘　要： 我国乡村治理体系经过七十年的变迁发展，基本上适应了不同时期农村经济社会的发展要求。乡村振兴为新时代重构乡村治理体系提供了难得机遇，也面临一系列挑战。在乡村振兴大背景下，需要进一步发挥农村基层党组织在乡村治理中的领导核心作用，构建自治、法治和德治三者有机统一的乡村治理体系，以实现充满活力、和谐有序的乡村善治。

关键词： 乡村治理　乡村振兴　体系构建

乡村治理是国家治理的重要组成部分，所以乡村治理体系建设是国家治理体系和治理能力现代化的重要内容。党的十九大乡村振兴战略的提出，为新时代乡村治理体系建设提供了难得的机遇，重构乡村治理体系恰逢其时，也任重道远。

一　乡村治理体系建设的回顾

新中国成立后，村级组织作为广大劳动人民当家作主的基层组织，得到了较快发展。建国初期到农业合作化之初，当时村组织作为国家的一级政权组织。之后，随着1954年内务部颁布《关于健全乡政权组织的指示》，之

* 袁金辉，中共中央党校（国家行政学院）研究员。

后《中华人民共和国宪法》和《地方各级人民代表大会和地方各级人民委员会组织法》陆续颁布，行政村的建制失去了法律上的依据，统一为乡、民族乡、镇。随着农业生产合作社的发展，合作社管理委员会实际上行使了村组织的职权，于是出现了村社合一的局面。1958 年 8 月，按照中共中央《关于在农村建立人民公社问题的决议》，各地陆续成立了农林渔副牧全面发展，工农商学兵相互结合的人民公社。人民公社实行集中统一领导、分级管理，一般分为公社管理委员会、管理区（或生产大队），生产队三级。[①]"三级所有、队为基础"的人民公社体制，集农村生产、生活、管理于一体，实现了对农村社会的高度集中管理，但同时也造成了农村社会的严重自我封闭和自我隔离，在一定程度上阻碍了农村社会的发展。

党的十一届三中全会以后，随着家庭联产承包责任制的推进，包产到户的实行给延续了 20 多年的人民公社体制以巨大冲击，并最终导致了这一体制的瓦解，从而催生了村民自治这一新型的农村基层民主形式，于是在我国农村形成了"乡政村治"的乡村治理格局。这种治理格局要求国家在乡镇一级设立基层政权，依法对乡村进行行政管理，乡镇以下的农村地区实行村民自治。按照《中华人民共和国村民委员会组织法》的规定，村民委员会是农村群众性自治组织，村民通过民主选举、民主决策、民主管理、民主监督，来实现自我管理、自我教育和自我服务。从村民自治的产生，到村民自治法律地位的确立；从村委会组织法的试行，到村委会组织法的进一步完善，村民自治在社会需要中应运而生，在各地实践探索中发展完善。

进入 21 世纪新阶段，随着税费改革的推进，农村逐渐取消了"三提五统"和"两工"，取消了农业特产税，直至 2006 年全国取消农业税。取消农业税费，减轻农民负担，使我国乡村关系进入了一个新的历史时期，它使农村利益结构发生了根本性变化，"乡政"主动寻求"村治"合作。但同时村级组织财力来源缺失，更多的需要依靠财政转移支付来维持正常运转，村级组织也会逐渐选择与政府合作，于是多数地区多数情况下村民自治功能弱

① 袁金辉：《冲突与参与：中国乡村治理改革 30 年》，郑州大学出版社，2018，第 10～11 页。

化。在村民自治治理体制下，虽然党和政府试图解决城乡二元结构问题，也尝试缩小城乡之间的差距，但是事与愿违。从某种程度上讲，这种城乡二元结构的差距不但没有缩小，反而越来越明显，主要表现在农村和城市社区及其人口依然是分而治之，尤其在公共服务、社会保障和资源分配等方面差距尤为明显。2006 年召开的党的十六届六中全会提出要进行新农村建设，大力推进我国农村社区建设。随后，在试点的基础上，全国各地大规模开展农村社区建设工作。农村社区建设是继村民自治制度后，我国农村基层治理体制的又一次制度变迁创举，它对于弥补村民自治的现实缺陷具有重要意义。

党的十八大以后，伴随着形势任务的变化，我国乡村治理也进入了新时代。以习近平同志为核心的党中央继续坚持把解决好“三农”问题作为全党工作重中之重，推动乡村治理工作不断创新，乡村治理结构发生了历史性变革。特别是对农村基层党组织的建设、基层服务型政府建设、村民自治机制等方面不断提出了新的要求。党的十九大明确提出，要实施乡村振兴战略，要“加强农村基层基础工作，健全自治、法治、德治相结合的乡村治理体系”①。这为我国未来乡村治理体系和治理结构建设提出了新思路。但截至目前，城乡二元体制仍然还没完全消除，在全面乡村振兴的大背景下，如何重构乡村治理体系，走出一条城乡融合发展的农村现代化之路，是我们必须认真思考的一个重要问题。

二　重构乡村治理体系的难得机遇

2017 年 10 月，党的十九大报告中明确提出实施乡村振兴战略，构建乡村治理新体系，坚持自治、法治、德治相结合。2018 年中央一号文件《中共中央国务院关于实施乡村振兴战略的意见》，对乡村振兴战略做出了全面部署。2018 年 9 月，中央发布了《国家乡村振兴战略规划（2018～2022 年）》，规划了实施乡村振兴战略的“四梁八柱”。为乡村振兴战略的全面实

① 《党的十九大报告》、《党的十九大报告辅导读本》，人民出版社，2017，第 32 页。

施，中央提出了“产业兴旺、生态宜居、乡风文明、治理有效、生活富裕”的总体要求。这二十字总体要求，给乡村治理指明了方向，也提供了路线图，更为乡村治理体系重构奠定了基础。

（一）实施乡村振兴将为乡村治理体系建设奠定坚实基础

实施乡村振兴战略，要求统筹城乡发展空间、优化农村空间布局；要求坚决打好脱贫攻坚战，重点攻克深度贫困；要求农村产业兴旺，加快农业现代化步伐，完善农村其他产业；要求加强农村基础设施建设，建设美丽宜居的现代农村；等等。比如，现在在贫困地区，乡村振兴就是要集中精力、稳扎稳打、集中力量打好精准脱贫攻坚战，为下一步乡村振兴和乡村治理打好坚实的物质基础。乡村振兴战略要求加强基层党组织建设，着力培养农村各类实用人才，这些为乡村振兴和乡村治理提供了组织和人才上的保障。乡村振兴战略还要求不断强化农村地区精神文明建设，大力弘扬农村的传统文化，这些为乡村振兴营造了良好的文化氛围，同时也为乡村治理体系的建设和完善奠定了文化基础。

（二）乡村振兴战略提出了构建乡村治理体系的基本目标

实现乡村“治理有效”是国家有效治理的基石，也是我国乡村治理体系建设的基本目标。但由于我国人口众多、地域辽阔，各地农村个体差异很大，要达到“治理有效”的共同目的，需要在乡村振兴的大背景下因地制宜，稳步推进。加之我国经济社会发展严重不平衡，各地自然禀赋、气候条件、交通位置差异很大，不可能在全国找到一个保准的、统一的乡村治理模式。即便是在一些地方推行比较好的创新经验，也不可能在其他地方简单复制和推广，必须结合本地实际情况，找到适合本地特色的治理模式。

（三）乡村振兴战略明确了乡村治理体系建设的时间表和路线图

按照《国家乡村振兴战略规划（2018 ~ 2022 年）》，到 2020 年，在我国乡村治理方面，要基本形成乡村振兴的制度框架和政策体系。到 2022 年，要求“以党组织为核心的农村基层组织建设明显加强，乡村治理能力进一步提升，现代乡村治理体系初步构建”。就长远发展来讲，到2035年，乡村振兴要取得决定性进展，乡村治理体系更加完善。到2050年，要求“乡村全面振兴，农业强、农村美、农民富全面实现”。上述时间节点和阶段性任务，不仅是我国乡村战略的规划，也是我国乡村治理体系建设和完善的时间表和路线图。

三 新时代乡村治理体系建设的困境分析

近些年来，我们虽然在乡村治理体系建设方面进行了一系列探索，也取得了一定成效，但与“治理有效”的标准相比，乡村治理体系建设还存在一些问题和困难。

（一）乡村治理组织建设总体滞后

乡村治理分乡镇和村级组织两个层级。从乡镇这个层面来讲，乡镇政府对农村社会的治理能力亟待提升。乡镇政府是中国农村的最基层政权组织，担负着各项政策措施在农村地区的贯彻落实、农村各项公共服务产品的提供以及乡村社会秩序维护等重要职责。但乡镇政府财力有限、权责不对等等原因，乡镇服务型政府建设还任重道远，导致乡镇发展农村经济、为农村提供公共服务的动力和能力都有待提高。从村这个层次来看，农村组织建设也亟待加强，保存党的基层组织、群众自治组织、农村经济组织和社会组织等。实事求是地看，群众自治组织也就是村民委员会经过村民自治30多年的实践探索，基本上发挥了自我管理、自我服务、自我教育的功能，但在村民自治实际运行中，民主选举的作用发挥还比较正常，而其他“三个民主”的作用需要加强。这些年来，农村合作社等农村经济组织和农村各类社会组织发展迅速，在推动农村经济和社会发展中发挥了重要作用，但与乡村振兴的要求相比差距还比较大。近几年来，我们非常注重加强党的基层组织建设，连续几年中央一号文件都把农村基层党组织作为加强乡村治理的重要内容，比如2019年的中央一号文件还提出，要发挥农村党支部战斗堡垒作用，全面加强农村基层组织建设。增加先进支部，提升中间支部，整顿后进支部。客观地看，我国现阶段农村绝大部分村级党组织作用发挥有效，能履行带领群众发展经济、脱贫致富奔小康的职责，但也存在极少数农村基层党组织组织不健全、软弱涣散、带领群众致富能力弱等问题，影响了农村全面建成小康社会的步伐。

（二）村民自治发展运行不均衡

村民自治制度是我国农村社会的一种基本政治制度，它从成立之初就兼具对农村社会进行管理和调动乡村社会活力两种功能。该制度实施30多年来，总体来说，基本达到了对乡村进行管理和控制的初衷，也很大程度上激发了农村的内生动力，推动农村经济社会不断进步和发展。但与乡村振兴的总体要求和治理有效的具体目标来看，村民自治制度在实际运行中还存在一些问题，主要表现在发展和运行的不平衡问题。一方面，是各地村民自治的发展水平不平衡。由于我国地域广阔，人口众多，加之各地经济水平差异大，社会环境不一样，文化习俗也不同，导致村民自治在各地发展水平参差不齐。另一方面，村民自治中的民主选举、民主决策、民主管理和民主监督“四大民主”之间发展也不均衡。村民自治实施到今天，民主选举、民主决策、民主管理和民主监督四个方面都取得了不小的成绩。例如，农民民主选举意识日益提高，民主选举法规趋于完善；农民进行民主决策有了重要平台，农民政治参与机会日益增多；广大农民群众参与村民自治事务的主动性、积极性和创造性得到了提升。但同时我们也应该看到，村民自治的这四个民主环节在具体实施中还很不均衡，主要表现在民主选举发展较好，越来越规范，而其他三个民主环节发展滞后，影响了农村经济社会的顺利推行。比如，农村“三提五统”制度和“两工”制度取消后，制度安排是想通过一事一议制度来解决农村公共品供给等问题，但在实际中由于简单多数的民主形式，村集体建设和农村公共产品供给难以达成共识。

（三）农村法治建设任重道远

客观地看，这些年来，随着全民普法教育活动深入开展，我国农民的法治观念、法律意识在不断增强，特别是能够开始运用法律武器来捍卫和表达自己的合法权益。但总体来，看我国农民的维权意识、法律意识还处于较低水平，农村法治建设还有很多工作要做。一是农民法律意识淡薄，对法律的威权认识不够，利用法律维护自身权益的意识和能力都很弱。近些年农村不断出现的一些案件，一方面反映了农民对法律的无知而采取的无视和漠视，另一方面也反映他们对法律权威缺乏必要的尊重和敬畏。二是乡村干部法治观念淡薄，依法行政能力不强，导致农村基层干部职务犯罪问题突出。这些年，在脱贫攻坚和资金流动比较频繁的基础设施建设、拆迁改造、水利设施建设、农村土地征用开发等领域案件高发，其涉案人员多为农村基层组织人员，村“两委”领导和村组长，且文化素质普遍偏低，个别人员还有违法犯罪前科，甚至涉黑涉恶。三是农村法治基础薄弱，农村法治建设的内生动力严重不足。特别是在农村经济、社会和文化建设相对滞后的农村地区，农民更多关心的是生活水平的提高和改善，而对民主法治关注不多，即便是在自身权益受到侵害时，由于受传统封建文化思想的影响，农民无心也无力运用法律武器保护自身权益。

（四）乡村文化建设助推乡村振兴能力不足

乡村振兴，乡风文明是保障。党的十八大以来，党和国家高度重视文化发展，在城乡、在基层、在群众中，产生了巨大的向心力、推动力和凝聚力，农村文化建设也不例外，在发展农村经济、社会建设、凝聚民心等方面发挥了重要作用。《中共中央国务院关于实施乡村振兴战略的意见》明确明确指出，要繁荣兴盛农村文化，焕发乡风文明新气象。但一个不可否认的事实，总体来看，目前我国乡村文化建设出现的是一个多元化的状态，虽然许多优秀传统文化得以传承，但诸如邻里互助、民风淳朴等乡土传统文化缺失，造成一些农民在言行中走偏，不能适应乡村振兴对文化建设的需要。特别是在绝大多数农民基本物质生活得到满足的情况下，如何传承好农村传统文化的作用，显得尤为迫切。

四　乡村振兴战略背景下乡村治理体系构建探讨

在实施乡村振兴战略的大背景下，构基层党建引领，自治、法治和德治相结合的乡村治理体系，是未来一段时间我国乡村治理的重要任务。

（一）进一步发挥农村基层党组织的领导核心作用

农村富不富，关键看支部。抓实抓好农村基层党建工作，充分发挥基农村层党支部和农民党员的带头作用，就等于给乡村治理装上了一个动力强劲的火车头。湖北省保康县尧治河村是一个典型的偏远高寒山区，这些年通过“党建引领”走出了一条乡村治理的新路子。目前全国有 128 万个农村基层党组织、3500 万名农村党员，他们直接与近 6 亿名农民群众天天生活在一起，是乡村治理最坚实的基础。加强农村党组织建设，首先是要完善党的农村工作体制和领导机制。2019 年 1 月，中共中央印发了新修订的《中国共产党农村基层组织工作条例》，应该以落实该条例为契机，站在决战决胜脱贫攻坚、推动新时代乡村全面振兴的战略高度，必须把党的农村基层组织建设提到重要议事日程，理顺农村基层党组织的领导体制和工作机制，为农村改革发展稳定和乡村振兴提供坚强的组织保证。其次，要按照“选好一个人，带好一班人，致富一个村”的思路，重点抓好农村党支部书记队伍建设。要针对个别农村基层党组织软弱涣散的情况，加强农村党组织班子建设，特别是限期调整、配备好党支部书记；针对部分地区农村党支部书记“人难选、无人选”问题，要及早从后备力量和新生力量中发现、培养；针对农村部分基层党组织管理混乱、矛盾纠纷突出等问题，要及时进行组织调整和矛盾化解，确保班子团结稳定。再次，要加快培养农村党组织的后备力量和接班人。针对农村党员队伍结构失衡、队伍老化等问题，要加大在青年农民中培养和发展党员的力度。此外，还要着力基层党组织阵地建设滞后等问题，可以按因地制宜、突出特色、资源整合原则，把村级党组织活动场所建成集村“两委”办公、党员教育、文化娱乐、卫生医疗于一体的村级综合服务中心，不断推进阵地建设，让党旗在农村高高飘扬。

（二）坚持村民自治在乡村治理中的基础作用

村民自治是广大农村群众实现自己民主权利，实行自我管理、自我服务、自我教育的一种制度安排。这种制度安排实施30多年来，充分调动了农民的参与积极性，对于乡村治理和农村社会稳定发挥了重要作用。但过去以选举为核心的自治，忽略了乡村社会的其他参与形式，导致村民自治本身发展不均衡，使村民自治组织公信力下降，甚至出现乡村社会“灰色化”“治理内卷化”等现象。[①] 为充分发挥自治在乡村治理体系中的核心作用，要适度调整现行基层民主制度的内部结构，从过去强调“选举民主”向“四个民主”并重，鼓励村民广泛参与和充分民主协商。一是要调动各主体尤其是村民参与乡村治理的热情，激发乡村治理和乡村振兴的内在动力。比如在贫困治理中，中国农业大学李小云教授及其团队通过发动村民参与，组建专业合作社，带领云南勐腊县河边村村民脱贫致富，收到了比较好的实效。二是建立健全各类自治载体，要在完善村民委员会作用的基础上，充分利用村民议事会、村民监事会等自治载体，切实提高村民自治的能力、动力和水平。三是要不断创新村民自治的形式。近些年来，各地在城镇化和乡村振兴的背景下完善和创新村民自治机制，探索村民自治的有效治理形式，取得了较好效果。比如四川成都构建了党组织领导下，村民议事会决策、村委会执行、其他经济社会组织广泛参与的，充满生机和活力的村级治理机制。广东省佛山市三水区结合当地实际，以村组为单位、以村组议事会为平台、以机制为保障，走出一条“两级自治、多元协商、民主决策”的农村基层治理现代化路子。在乡村振兴的大背景下，各地应以此为契机，结合各自实际情况，大胆探索富有各地特色的有效治理形式。

① 欧阳静：《乡村振兴背景下的“三治”融合治理体系》，《天津行政学院学报》2018年第6期。

（三）维护法律和法治在乡村社会治理中的保障作用

法律在维护社会秩序和社会正义中发挥着重要作用。但在实际乡村治理中，法治是与乡村治理的好坏是不成正比的。从这个意义上讲，在乡村治理中能通过村民自治组织进行调节，能通过村规民约和传统习俗来化解的矛盾纠纷，最好都能在自治和德治的框架内进行解决，只有当上述问题得不到解决的时候，才适用法律及其法治。加强农村法治建设，首先要培养村民的法律意识、法治素养和法治思维。要通过多渠道多形式的法制宣传，使村民意识到法治的重要性，引导村民学会运用法律手段解决一些现实纠纷和表达利益诉求。其次，要完善农村公共法律服务体系。农村公共法律服务供给能力不足、水平不高问题，一直是我国公共法律服务体系的“短板”。要在全面普法教育的基础上，通过多种途径搭建涉农法律援助平台，帮助农民依法解决各种法律纠纷争端。最后，要维护法律和法治在乡村治理中的威权。一方面，要保障《村民委员会组织法》等相关法律法规在乡村顺利实施，推动村民自治实践不断成熟和完善；另一方面要加大村级治安管理力度，按照中央扫黑除恶专项行动部署，着力打击农村黑恶势力，为农村经济社会发展和乡村振兴“保驾护航”，确保农村和谐稳定，农民安居乐业。

（四）传承弘扬乡村传统文化助力乡村振兴

虽然当下中国农村社会较过去发生了巨大变化，但以伦理道德和传统文化为基础的熟人社会的本质没有变化。为此，要高度重视和挖掘中华优秀传统文化，充分发挥德治在乡村治理中的独特作用。一是要充分发挥村规民约、生态公约、村民道德公约等自律规范对村民价值认知和行为规范方面的重要作用。在我国乡村治理场域中，村规民约等自律规范一直是一种重要的治理手段，可以通过乡村自治载体，把一些良好的乡土文化、风俗习惯化为各类自律规范，以引导、约束和规范村民语言和行为。二是要通过丰富多彩的活动载体，弘扬中华民族传统美德，教育引导村民向上向善、重义守信、勤俭持家，借助社会公德、家庭美德、个人品德建设引导村民追求积极向上的、健康文明的生活方式。三是要推动新乡贤等乡村精英参与乡村治理和乡村振兴。乡贤参与乡村治理在我国具有悠久的历史传统，明清时期流行的乡绅治理对于维护乡村秩序发挥了重要作用，当下浙江德清县充分挖掘和利用乡村精英，通过乡贤理事会参与乡村治理，成为新时代乡村治理和乡村振兴的德治示范。全面实施乡村振兴战略，需要我们立足传统乡土社会，重新唤起构建新时代乡贤文化，以乡贤组织为载体，培育乡村协商民主环境，不断推动乡村治理现代化。

乡村社会治理有着自己的逻辑，具有内生复杂性。自治、法治和德治的功能和优势各有差异，但三者结合可以大大提高善治的水平和质量。[①] 认真践行和强化村民自治，广泛动员以村民为主的多元主体参与乡村治理和乡村振兴，筑牢乡村治理的基础和根基。在乡村治理中融入德治，能够发挥道德的规范引领作用，为自治和法治注入道德底蕴，激发乡村治理的内在动力，使乡村治理效果事半功倍。法治是维护乡村社会秩序的最后屏障，能保障自治和德治的实施，是乡村治理体系的保障和支撑。桐乡市越丰村是自治、法治、德治“三治融合”的发源地。他们以“红船精神”为引领，坚持党建引领，以“自治、法治、德治”为理念，经过反复不断的探索和实践，成立了“道德评判团、法律服务团、百事服务团”三个平台，同时又深化和发展了“百姓议事会”“乡贤参事会”两个新载体，创新发展了乡村治理体系，打造了“三治合一”的典范。总之，通过坚持党建引领，实现“自治、法治、德治”有机统一，构建富有中国特色的乡村治理体系，通过不断提高乡村治理能力和治理水平，从而建设充满活力、和谐有序的善治乡村。

① 邓大才：《走向善治之路：自治、法治与德治的选择与组合》，《社会科学研究》2018 年第 4 期。

基本公共服务篇

Section on Basic Public Service

B.9
公民权利视角下的户籍制度改革

马福云*

摘　要： 本文重点分析我国公民权利基于户籍在教育、劳动就业、社会保障方面所产生的差异及其改革，并从落实宪法、推进法治化等方面提出了推动公民权利平等的政策建议。

关键词： 公民权利　户籍制度　权利差别

我国户籍制度一直饱受争议，特别是基于城乡户籍划分使得公民权利逐渐“二元化”而带来的制度性不平等。党的十八届三中全会提出，推进以人为核心的新型城镇化，改革户籍制度、保障流动人口的公民权利。2014

* 马福云，博士、中央党校（国家行政学院）社会和生态文明教研部教授、社会建设教研室主任。

年7月，国务院发布《关于进一步推进户籍制度改革的意见》，统一城乡居民户口管理，明确提出保障公民权利。近年来，我国户籍制度改革取得了积极的成效。但是，从公民权利视角来看，基于户籍性质的公民权利差异依然在调整改革过程中。本文拟回顾中国户籍制度演变，分析其对不同公民权利的影响演变，并探究未来公民权利视角下的深化制度改革之路。

一　户籍制度沿革及其对公民权利的影响

20世纪50年代，伴随新中国成立后经济社会秩序的逐步稳定，人口的登记管理制度开始先城市后农村建构起来。1958年1月《中华人民共和国户口登记条例》（以下简称户口登记条例）颁布，建立起沿袭至今户口管理制度，并以落户控制来限制农村人口进城。1955年8月粮食统购统销政策实行，城镇居民粮食由国家统一分配，粮食供应开始与城镇户口挂钩。此后，人们的生活资料、教育、就业等也开始与户口相关联，与人们生产生活相关的养老、医疗、住房保障等福利也与户口性质联系在一起。国家系列法律法规及相应规范性文件将公民划分为农业和非农业两类户籍性质不同的群体，并直接赋予其不同权利与利益，户籍成为社会成员权益配置的基础，成为公民权利行使、公共资源再分配的依据。这造成城乡居民权利的二元化，进而带来我国城乡二元结构以及城乡公民的权利鸿沟。

改革开放后，我国逐步放开了人们在城乡、区域间的流动，从放松集镇落户开始逐步松动对小城镇、中小城市以及大城市人口迁移的严格控制，并着手对附着于户籍的公民权利、利益差异进行调整。分析我国户籍制度可见，在户籍登记管理上其与世界通行的户籍管理无异，都是基于公民常驻地而编户入籍的人口登记及其变动管理，以掌握人口情况，为政府管理决策提供依据。所不同的是我国户籍因其性质不同而与多方面的权利、利益配置制度相结合，使得城乡户籍所附加的资源、权利与机会产生较大差异，从而造成户籍的权益配置差别，造成了城乡户籍、有无户籍的权利分野，形成了户籍权利的级差。户籍权利级差导致人们寻求从低权益地带向高权益地带的迁移，这又使得户口迁移控制成为必然。因此，缩小户籍权利、利益差别一直是我国户籍制度改革的重要任务。在新时代，应当进一步从公民权利平等化视角入手，探究我国深化户籍制度深化改革的方向及重点。

二　户籍制度下公民权利的差异及改革

“公民权利平等”是现代国家普遍认可的原则。我国宪法明确规定中华人民共和国公民在法律面前一律平等，国家尊重和保障人权，同时，规定了公民的基本权利和基本义务。自2009年以来，国家先后实施了2012～2015年、2016～2020年两期“人权行动计划”，加大人权保障力度，加强经济、社会和文化权利保障，提高公民权利和政治权利保障水平，提升尊重保障人权意识观念。但是，公民权利需要中央、地方政府携手协调落实相关法律法规，通过不同政府部门的具体行政管理及服务行为才能将其落到实处。从户籍制度来看，目前我国不少法律法规本身、政府部门管理服务等都存在与公民平等权利不一致之处，尤其是在人们的教育、劳动就业、社会保障等经济社会权利方面。

1. 公民教育权利的差异及改革

《中华人民共和国义务教育法》（以下简称义务教育法）规定，各级人民政府及其有关部门保障适龄儿童、少年接受义务教育的权利，并进一步要求地方各级人民政府应当保障适龄儿童、少年在户籍所在地学校就近入学。教育是公民掌握各种生产知识技能以参加生产劳动、谋取生存发展的必要条件，是每个社会成员改善人力资源素质、提升社会地位、增加社会公平的基本手段。我国的城乡教育差距一直是社会关注的热点问题。

新世纪以来，我国城乡义务教育均衡发展步伐大大加快。2005年教育部颁发《进一步推进义务教育均衡发展的若干意见》，促进城乡教育协调均衡发展。2012年，国务院颁布实施《关于深入推进义务教育均衡发展的意见》，教育投入大幅增加，国家财政性教育经费占GDP的比重在2012年超过4%后，并得以稳定保持。教育部实施义务教育学校标准化建设、薄弱学校改造计划、初中工程等项目，缩小城乡间、区域间义务教育学校建设的差距。国家还先后启动实施“国培计划”“乡村教师支持计划”“特岗计划”“免费师范生”等针对乡村教师的培训及招聘项目，加强对农村教师支持与进修培训，并推进教育信息化，通过互联网教学解决边远地区教学师资短缺问题。大力推动教育扶贫，支持全面改善贫困地区义务教育薄弱学校办学条件，推动学校办学条件达标。针对农村留守儿童问题，逐步建立留守儿童关爱服务体系，建构覆盖各级各类教育的家庭经济困难学生资助体系。2016年国务院发文，部署统筹推进县域内城乡义务教育一体化改革，推进县域义务教育均衡发展和城乡基本公共教育服务均等化，推动义务教育免试就近入学，到2018年已有在92.7%的县级单位实现义务教育基本均衡①。

城市对流动人口子女入学的限制也在逐步减少。义务教育法规定适龄儿童、少年有在其父母或者其他法定监护人工作或者居住地平等接受义务教育的权利。但是，面对流动人口子女的教育问题，流入地政府对财政负担的考虑影响其解决流动儿童当地就学的积极性。针对流动儿童就学的种种障碍，1996年国家教委发布《城镇流动人口适龄儿童、少年就学办法（试行）》，明确农民子女在流入地就学，并允许学校收取借读费。1998年《流动儿童就学暂行办法》明确了借读要求及借读费标准。除了借读费以外，流动人口子女在流入地就学还需要相关证明证件，例如家长就业证明、户口簿、居住证明、暂住证、老家无监护证明等。2001年《国务院关于基础教育改革和发展的决定》指出采取“两为主”政策，即以流入地区政府管理为主，以全日制公办中小学为主解决流动人口子女的义务教育问题。2004年财政部发文提出不再收取借读费，2009年借读费被取消。而借读证明证件在特大城市之外的其他地区逐步精简为家长就业证明、暂住证等。近年来，多地以居住证为主要依据落实随迁子女就学政策，将随迁子女纳入区域教育发展规划和财政保障范围，完善“当地升学”政策，为农民工子女接受教育提

① 陈宝生：《落实　落实　再落实——在2019年全国教育工作会议上的讲话》，教育部网站，2019年1月30日，参见http：//www.moe.gov.cn/jyb_xwfb/moe_176/201901/t20190129_368518.html。

供保障。2012 年，国务院办公厅转发教育部等部门意见，要求解决流动人口随迁子女接受义务教育后在当地参加升学考试问题，到 2017 年有 30 个省份出台支持流动人口随迁子女就地高考的政策。

2. 公民劳动就业权利的差异及改革

我国宪法规定，公民享有劳动权利，劳动是一切有劳动能力公民的光荣职责。《中华人民共和国劳动法》将劳动就业权利视为包括整个劳动过程在内的范畴，包含劳动者平等就业和选择职业、取得劳动报酬、休息休假、获得劳动安全卫生保护、接受职业技能培训、享受社会保险和福利、提请劳动争议处理以及法律规定的其他劳动权利等。劳动就业是有劳动能力的公民赖以生存发展的权利，是公民保护的一项基本权利。但是，我国城乡居民、户籍与非户籍人口所享有的劳动就业权利一直存在差别。

计划经济体制下的劳动就业城乡分割，城市劳动力由劳动管理部门实行统收统配，农村劳动力则限定在社队从事生产劳动，在城市劳动力短缺时才到农村有条件招收。改革开放后，城市企事业单位获得劳动用工自主权，农村劳动力进城市务工经商，劳动力在城乡间流动就业，劳动就业权利的不平等就此开始出来。一方面，农村居民的城市就业受到限制、歧视。农村居民进入城市就业就遇到户籍限制，不但无法和城市居民享有平等就业机会，也无法获取与城镇居民平等的工资待遇。20 世纪 90 年代，面对大量外来流动人口的进城就业，很多城市对招收使用外来劳动力进行限制，要求用人单位招工要遵循先本市后外地、先城镇后农村原则，当招用本市市区常住户口劳动力后仍不足时才可以使用外地劳动力。有不少城市对外来人员就业的行业范围进行限制，区分可以使用、限制使用、禁止使用外来劳动力的工种；有的则以外来劳动力管理为名，采取收费、办就业证等手段间接限制外来人口就业。这使得进城务工的外来人口只能选择城市劳动力市场最低端的工作，一般都是城市人所不愿意从事的脏活累活。另一方面，城市对本地户籍人口就业的优待。在京沪广深等特大城市，一些全国性的机关事业单位、国企等较多，其工资收入较高、工作稳定性也较强。当这些单位招聘时，往往都要求具有本地户籍，或者本地户籍优先。这种对当地户籍的要求或者优先构成却损害了不具有本地户籍劳动者的平等就业权，使得本地户籍居民在竞争政府机关、事业单位、国企等就业岗位时更具优势。

2015 年修订 2018 年实施的《中华人民共和国就业促进法》（以下简称就业促进法）要求，“各级人民政府创造公平就业的环境，消除就业歧视”，并明确“农村劳动者进城就业享有与城镇劳动者平等的劳动权利，不得对农村劳动者进城就业设置歧视性限制”。党的十七大报告明确提出，要建立统一规范的人力资源市场，形成城乡劳动者平等就业的制度。这都对消除劳动就业歧视、劳动就业平等保障具有里程碑意义。此后，各地开始统筹城乡就业，将外来就业人口纳入本地劳动就业服务范畴，建立健全城乡劳动者平等就业制度，完善面向全体劳动者的职业培训制度。2018 年 12 月，人社部、发改委等联合印发《关于推进全方位公共就业服务的指导意见》，提出完善城乡统筹的公共就业服务制度，提供覆盖全民、贯穿全程、辐射全城、便捷高效的全方位公共就业服务。市场导向的就业改革，发展经济与扩大就业的良性互动，统筹城乡就业的发展为劳动者提供了优质高效的就业服务，开创了就业工作新局面。

3. 公民社会保障权利的差异及改革

我国宪法规定，公民在年老、疾病或者丧失劳动能力的情况下有从国家和社会获得物质帮助的权利，国家致力于发展为公民享受这些权利所需要的社会保险、社会救济和医疗卫生事业。《中华人民共和国社会保险法》（以下简称社会保险法）明确国家建立基本养老保险、基本医疗保险、工伤保险、失业保险、生育保险等社会保险制度，保障公民在年老、疾病、工伤、失业、生育等情况下依法从国家和社会获得物质帮助的权利。从户籍制度角度看，我国城乡居民、户籍与非户籍人口所享有的社会保障权利也并非平等。

计划体制下，我国对城市居民给予基本社会保障，并由国家财政给予支持；对农村居民则主要由社队集体给予基本保障，国家财政给予必要补助。改革开放后，我国社会保障体系从城市开始，分群体再次重构。1993 年对城市社会救济改革，尝试建立最低生活保障制度。1999 年《城市居民最低生活保障条例》颁布，在全国所有城市及县城（建制镇）均建立最低生活保障制度。2003 年民政部发文排查各地特困农村人口。2004 年中央 1 号文件提出探索建立农民最低生活保障制度，其后农村低保与农村特困户救助“双轨并行”推进。2007 年《关于在全国建立农村最低生活保障制度的通知》发布，到年底在全国农村基本建立最低生活保障制度。针对城乡低保待遇间的差距，一些地区在推动城乡低保并轨，到 2018 年底，上海、北京、南京、杭州、合肥、温州等多地相继调整城乡居民生活保障标准，实现了城乡低保标准的“并轨”。

社会保险的制度的构建与此类似，我国城镇职工基本养老保险、基本医疗保险制度分别于 1997 年、1998 年正式确定并在全国范围内实施。而农村居民的基本养老保险、基本医疗保险制度普遍建立时间大为滞后。尽管 1992 年我国农村社会养老保险开始探索，但到 2000 年领取养老金的农村人口仅为 97.81 万人，其资金绝大部分来自乡镇企业和农民自筹。伴随农村改革后集体经济的解体，农村合作医疗制度基本瓦解。1999 年还在实行合作医疗的村占全国行政村的总数不到 20%，农村人口的覆盖面仅为 10% 左右，而其所能提供的保障就更差，“看病难，看病贵”成为农民最大的心病。[①]到 2011 年社会保险法实施后农村居民的基本养老保险、新型合作医疗才开始在全国逐步建立。2014 年 2 月，国务院发文将新型农村社会养老保险和城镇居民社会养老保险两项制度合并实施，建立全国统一的城乡居民基本养老保险制度。2015 年 7 月，《关于全面实施城乡居民大病保险的意见》发布，对大病患者发生的高额医疗费用给予进一步保障。2016 年 1 月，国务院发文整合城镇居民基本医疗保险和新型农村合作医疗两项制度，建立统一的城乡居民基本医疗保险制度。至此，城乡居民的基本养老保险、基本医疗保险实现制度的统一化，但具体实施中这并不排除各地的医疗报销条款、报销比例等依然存在一些差别。

针对外来农民工的社会保险参保率低、转移接续困难等问题，2014 年

① 陈永梅、肖志勇：《从户籍制度看中国农民权利缺失》，《发展研究》2010 年第 6 期。

5 月，人力资源和社会保障部发文推动“全民参保登记计划”，将在农村以在城乡之间流动就业和居住农民、在城镇稳定就业农民工作为重点，鼓励其参保，从而使得农民工参加城镇职工保险的人数逐年增加。据人力资源和社会保障部统计，2016 年全国农民工中参加城镇职工基本养老保险的人数为 5940 万人，2017 年农民工参保人数增加到 6202 万人。2016 年农民工参加城镇职工医疗保险的人数为 4825 万人，2017 年的参保人数增加到 6225 万人。[①] 针对外来流动人口就业的工伤保险、失业保险以及劳动保护机制的缺位问题，2018 年 1 月人力资源和社会保障部等部委联合发文，将参与铁路、公路、水运、水利、能源、机场工程建设项目的施工人员纳入工伤保险范畴。尽管如此，距离流动就业人口保障的全覆盖还有一定差距。

三　基于公民权利深化户籍配套制度改革

户籍制度改革，既要在一元化基础上推动其回归人口登记管理功能，又要剥离附着户籍之上的权利、利益，推动公民权利的平等化，进而保障公民的自由迁徙及其自主选择工作、居住地的权利。2014 年国务院发布《关于进一步推进户籍制度改革的意见》建立城乡统一的户口登记制度，明确保障农业转移人口及其他常住人口合法权益。2016 年起施行的《居住证暂行条例》保障持证外来人口的公民权利，规范了其应享受的基本公共服务和便利。这都对推动户籍制度改革及其公民权利平等发挥了积极作用，要以公民权利平等为取向，进一步深化户籍管理及其配置制度改革。

1. 弘扬宪法精神，切实将公民权利保障落到实处

宪法是国家的根本大法，具有最高的法律地位和效力。在全面依法治国新时代，维护宪法权威有着殊为重要的意义，正如习近平总书记所指出：“法治权威能不能树立起来，首先要看宪法有没有权威。”依法治国首先要

---

① 人力资源和社会保障部：《2017 年度人力资源和社会保障事业发展统计公报》，2018 年 5 月 21 日发布，参见 http：//www. mohrss. gov. cn/ghcws/BHCSWgongzuodongtai/201805/t20180521_294290. html。

坚持依宪治国、依法执政首先要坚持依宪执政，要将实施宪法摆在全面依法治国的突出位置。我国宪法赋予我国公民政治、经济、文化和人身等各项权利，明确公民在法律面前一律平等。我们不排除在特定历史时期和历史条件下，户籍制度体系建构及割裂公民权益性的现实性，但是更不能排斥在中国特色社会主义进入新时代背景下，对户籍管理及其相关权利、利益配置制度进行彻底改革，进而落实公民权利平等的可能性。要将宪法落到实处，充分保障人民权利，必须将公民在法律面前一律平等，依法享有权利、切实履行义务落到实处。在统一城乡户籍管理基础上，要将深化改革的重点放到户籍权利、利益的平等化上。要通过对与户籍相关的各种权益配置性法律法规制度的审查，来改变基于户籍而产生的对公民权利平等的损害，彻底改革因城乡户籍、有无户籍而产生的歧视性规定，保障流动人口特别是农民工和进城农民的公民权利，从而将不得超越宪法的精神落到实处，将推进公民权利的平等化落到实际中。让全体公民基于自己意愿、能力等来选择适合自己工作生活的地区，通过发挥自己的聪明才智而争得出彩的机会。

2. 以法治手段推动公民权利的保护与平等化

保障公民权利是现代国家存在的价值所在，而法治是公民权利的基本保障。在现代国家，法律被视为全体社会成员之间所订立的共同契约，规定了社会成员的基本权利义务，规范了履行权利义务及其保障的基本程序。法律成为现代国家评判和认定是否合法、是否犯罪、如何尽责的根本依据，是维系社会稳定与秩序的基本规则。我国宪法承认公民权利的平等，中国也加入多个有关人权和公民基本权利的国际公约。但是，一些法律、行政规章、地方性法规、规章等在制定和实施过程中依然缺乏对公民权利的平等保护。对基于户籍的公民权利应然和实然间的差距，我国法律法规在制度设计时本应发挥抑制、禁止作用，然而由于种种因素限制，尤其是部门立法的缺陷使其未能有效规范户籍对公民基本权利的损害。例如基于户籍所带来的差别成为《社会保险法》制度设计的前提，不同户籍性质公民所享有的社会保险的类型、范围和水平各有不同。重庆等地在推动城乡户籍并轨过程中所发现的33项城乡户籍差别及不平等大多也源于原有法律法规等政策规范。基于此，要切实推动依法治国，各地区、各部门要及时清理和取消和城乡户籍、本地外地人口挂钩的歧视性规定和不合理限制，将公民权利平等落到实处。同时在后续立法过程中要强调公民权利平等、强调尊重人权，进而将公民权利平等落到实处，用法治方式保障公民权利的平等、保护与落实。

3. 推进公民教育、劳动就业和社会保障等权利的平等

公民的教育、劳动就业和社会保障等经济社会权利是公民从事经济社会活动的核心，要采取措施切实推动其平等化。在义务教育阶段，政府应当为辖区内的所有义务教育年龄的儿童少年提供平等的入学机会，而不论其是否为本地户籍。近年来，越来越多的地方政府通过均衡配置教育资源，推动中小学教育均衡发展，进而实行“划片招生、就近入学”的政策，使得适龄儿童少年享受大体平等的教育资源。这种做法值得肯定和推广。要将教育平等化向学前教育、义务教育后扩展，推动学前教育以及中高考向更为均衡、平等化发展。保障公民的劳动就业权利与公民自由迁徙联系在一起，因为包含人力资源在内的所有资源只有通过市场竞争才能达到资源配置的最优状态。市场经济的完善与改革本身就需要人口的自由迁徙，以市场来调节人口流动，使得人们可以通过就业竞争将最合适的人配置到最适合的岗位上去，激发人们以能力和努力打造基于自致的能动社会。要禁止劳动用工的城乡户籍、本地外地人口的歧视，促进居民同等就业、同工同酬同权。有竞争就会有风险，而社会保障用来应对人们自身难以处理风险。要构建全国城乡统一平等的社会保障体制，改变基于城乡户籍、不同社会群体的社会保障上的差别，帮助人们来应对失业、工伤、疾病、年老、生活无着等风险，建构城乡一体化的健康医疗服务体系、公共文化服务网络，推进城乡居民平等享受经济、社会和文化权利。同时，要将《国家人权行动计划（2016～2020年）》中所提出的公民权利的经济、社会和文化权利，公民权利和政治权利以及少数民族、妇女、儿童、老年人和残疾人权利落到实处。

参考文献

陈永梅、肖志勇:《从户籍制度看中国农民权利缺失》,《发展研究》2010 年第 6 期。

马福云:《中国户籍制度变迁及其内在逻辑》,《北京科技大学学报》(社会科学版)2013 年第 1 期。

陆学艺:《走出“城乡分治 一国两策”的困境》,《读书》2000 年第 5 期。

王慧、贾密:《户籍制度对公民基本权利的损害及反思》,《河北法学》2017 年第 2 期。

B.10
进城农民工落户意愿与农村土地制度改革

刘金伟*

摘　要： 利用2017年全国流动人口动态监测调查数据，采用线性和有序概率的方法，分析农村土地和宅基地对进城农民工落户意愿的影响。结果表明，在农村拥有承包地和宅基地降低了进城农民工在城市的落户意愿，土地带来的价值越大影响越明显。从不同群体来看，土地对进城农民工落户意愿的影响对老一代农民工、跨市流动、就业层次低和没有城市社会保障的群体影响更显著。因此，推进户籍制度改革，实现农业转移人口市民化的目标，要增强农村承包地和宅基地的退出机制，增加土地的财产属性和功能，为进城农民工进城落户提供经济支持。

关键词： 进城农民工　落户意愿　承包地　宅基地

2014年7月国家实施新一轮户籍制度改革以来，为解决进城农民工的落户问题，在党中央、国务院的推进下，一系列重大改革措施和配套政策密集出台，改革力度前所未有。当前，除了少数一线城市外，大多数城市限制农民工进城落户的门槛不断降低。从改革的实际效果来看，2012～2016年全国有6000万名农业转移人口进城落户。但随着改革的逐渐深入，改革所带来的边际效应逐渐降低，特别是随着部分具有刚性落户需求的进城农民工

* 刘金伟，管理学博士，国家卫生健康委流动人口服务中心研究员，研究方向：户籍制度改革与城镇化、流动人口社会融合等。

完成落户后，其余大部分进城农民工对落户意愿不高，与国家以户籍化促进农业转移人口市民化的政策目标存在很大偏差。本文利用2017年农民工动态监测调查数据和全国流动人口动态监测调查数据，从农村土地制度改革的视角，分析土地（包括宅基地）对农民工落户意愿的影响，寻找进城农民工落户意愿低的根源，提出相应的对策建议。研究结果对于下一步深化户籍制度改革，推进国家新型城镇化战略实施具有积极意义。

一　进城农民工及其落户意愿

进城农民工是农民工的重要组成部分，是中国未来城镇人口的主要来源。在国家户籍制度改革方案中，把长期在城市居住和生活的进城农民工及其随迁家属作为优先考虑的目标群体之一。改革开放40年以来，我国进城农民工群体的数量、结构等已经发生了明显变化。根据国家统计局《2017年农民工监测调查报告》，2017年我国农民工总数达到2.87亿人，比2016年增加了481万人。其中，外出农民工为1.72亿人，比2016年增加251万人。在外出农民工中，进城农民工为1.37亿人，加上其随迁家属总数达到1.78亿人。近年来，外出农民工在一些省份虽然出现了回流的趋势，但大部分返回了家乡附近的城市，同样面临就地城镇化的问题。

从区域分布来看，进城农民工及随迁家属中，1.06亿人在东部地区，占59.7%；6688万人在中西部地区，占37.5%，498万人在东北地区。从他们在不同类型城市的分布来看，33%分布在500万人及以上的特大城市，13.4%分布在300万~500万人口规模的大城市，13.3%分布在100万~300万人口规模大城市，10.7%分布在50万~100万人口规模的中等城市，29.6%分布在人口规模在50万人以下的小城市。从趋势看，500万人及以上规模城市的农民工人口减少，其他类型的城市小幅增加，呈现出“两头大、中间小”的特征。

从进城农民工的年龄来看，新生代农民工已经占据了主体，融入城市的能力和愿望比较强烈。从进城农民工对本地生活的适应情况看，表示对本地生活非常适应和比较适应的占80.4%，一般的占18.3%，不太适应和非常不适应的占1.3%。有22.5%的认为自己已经在现居住城镇定居，21.3%的进城农民工户拥有汽车（生活和经营用车），38%认为自己是所居住城市的“本地人”，超半数人对生活满意。

但是从进城农民工的落户意愿来说，不容乐观。进城农民工中，只有16.8%愿意把户口迁到现居住城镇，5.0%愿意把户口迁到老家县城或其他地方的城镇，27.5%表示不确定是否把户口迁到城镇，46%的表示没有意愿在城镇落户。在进城农民工，购买住房的占19%，租房居住的农民工占61.0%。在已经购买住房的进城农民工中，也仅有17%愿意把户口迁到现居住城镇，20.9%的不确定是否把户口迁到城镇，而47.7%表示没有意愿在城镇落户。农民工愿意在城市生活和居住，享受现代生活方式和文明，但又不愿意在城市“落户”，真正从身份上成为城市居民。这种看似矛盾的心理背后隐藏的原因是什么，值得我们认真研究和深入思考。

二　研究假设、概念界定与方法

（一）研究假设

在户籍制度不断放开的前提下，进城农民工为什么不愿意落户城镇？从相关的研究来看，主要有以下几种观点：第一种观点认为城市房价不断上涨，进城农民工在城市的生活成本过高，导致他们不愿意在城镇落户；第二种观点认为进城农民工在城市就业不稳定，缺少社会保障，进城落户后怕生活不下去没有退路；第三种观点认为随着国家在城市推进基本公共服务的均等化，户籍对他们在城市生活的影响降低，转不转户口对他们实际影响不大；第四种观点认为进城农民工怕转户后失去农村的土地、房屋和集体资产的分配权。不否认城市因素对农民工的落户意愿有比较大的影响，特别是在一些特大城市和超大城市，他们在当地立足确实还存在一些困难。但是从城市的角度来看，在城市落户对他们来说基本上是一种正收益，落户后几乎没带来任何损失，反而能获得更大的收益。因此，导致进城农民工不愿意在城市落户的主要原因在农村。

在前期大量调查和访谈的基础上，本研究提出以下假设：（1）进城农民工不愿意进城落户的主要原因是不愿意放弃自己在农村的利益，特别是在农村土地承包权日趋稳定的情况下，农民工进城落户意愿受农村承包地和宅基地的影响；（2）农村的承包地和宅基地给他们带来的收益越大，他们越不愿意进城落户；（3）土地对进城农民工落户意愿的影响，在不同群体身上表现出不同的特征。

（二）概念界定

进城农民工指户籍地在乡村，离开户籍所在地半年及以上，在城区从事非农业生产的劳动者。在数据的界定上主要依据四条标准：一是户籍性质是农业户口；二是离开户籍所在地 6 个月以上，不包括临时性探亲或休假；三是年满 16 周岁的就业人口，不包括学生；四是生活和就业的常住地是城市。落户意愿是根据 2017 年全国流动人口动态监测调查问卷中，“如果满足落户条件，您愿不愿意把户口迁移到现居住地城市？”对回答愿意的人数占总人数的比例来反映。

（二）研究方法

基于 2017 年全国流动人口动态监测调查数据，运用线性概率、有序概率，考察十地（包括宅基地）对农民工落户意愿的影响，构建模型如下：$Y = aX1 + bX2 + u$。其中，被解释变量 Y 代表流动人口的落户意愿，解释变量 X1 表示个体的土地情况，包括是否拥有承包地及承包地的面积、是否拥有宅基地及宅基地面积，X2 为控制变量，包括性别（gender）、年龄（age）、民族（nation）、教育程度（edu）、政治身份（polity）、婚姻状况（marry）、家庭成员数量（family number）、收入（income）、是否有工作（job）、健康状况（health）、与本地人交流情况（comu）和是否认为自己是本地人（feel），u 为误差项。

三　进城农民工落户意愿与农村土地关系分析

目前我国户籍制度改革主要是在城市推动的，改革的主要内容是去除户籍制度上附带的各种权益，让进城农民工享受均等化的公共服务，最终目标是促进农业转移人口市民化。但是与户籍制度改革联系密切的农村土地制度改革没有同步推进，农民对土地的承包经营权进一步得到稳固。在这种情况下，进城农民工既要享受城市福利又不愿意放弃农村土地利益，导致他们心理上处于一种矛盾状态，反映在落户意愿上，表现出不同的状态和特征。

（一）承包地对进城农民工落户意愿的影响

土地是农民在农村主要的生产和生活资料，我国农村的土地属于集体所有，通过承包到家庭的方式，农民拥有土地承包经营权。我国第一轮土地承包从改革开放初期的家庭联产承包算起，大部分地区从 1983 年开始到 1997 年结束，承包期为 15 年。第二轮土地承包从 1997 年开始到 2027 年结束，承包期为 30 年。习近平总书记在党的十九大报告中指出，第二轮土地承包到期后再延续 30 年。因此，20 世纪 80 年代以前出生的农村人口，基本拥有土地的承包经营权，但由于各地政策不同，也有很多地区在本集体成员户口迁出或死亡后，对其拥有的承包地进行重新分配。土地承包经营权的长期不变，对进城农民工来说是一种长期稳定的收益，随着农村土地流转和大规模开发利用，土地带给他们的收益期望也逐年上升。目前，国家虽然在政策上规定，农业转移人口进城后，土地承包经营权不变。但实际上土地的承包权是与农村的集体身份捆绑在一起，既受到土地法的约束，也受地方村规民俗的约束，一旦没有农村户口很可能失去农村土地的承包权。因此，想保留承包地是大多数农民工不愿转为非农业户籍的主要原因①。

① 罗明忠、卢颖霞、卢泽旋：《农民工进城、土地流转及其迁移生态——基于广东省的问卷调查与分析》，《农村经济》2012 年第 2 期。

从数据分析的结果来看，进城农民工有无土地与他们的落户意愿呈负相关关系，线性回归分析的系数为 -0.197，控制了年龄、民族、婚姻、就业、教育、收入等变量后，系数仍然达到 -0.176。有序概率分析的系数为 -0.262，控制了各种变量的影响后，系数为 -0.239。这表明，在农村拥有承包地明显降低了进城农民工的落户意愿，在农村有承包地的进城农民工比没有承包地的进城农民工落户意愿降低了 17.6% ~ 26.2%。在控制变量方面，年龄、民族、婚姻、就业等对进城农民工落户意愿影响为负，教育、收入、健康等变量对农民工落户意愿影响为正（见表 1）。

表 1　进城农民工有无土地对其落户意愿的影响

变量	1 线性回归	2 有序概率	3 线性回归	4 有序概率
承包地	-0.197*** (0.00492)	-0.262*** (0.0066)	-0.176*** (0.00495)	-0.239*** (0.00676)
控制变量	未控制	未控制	已控制	已控制
R-squared 或 r2_p	0.0129	0.0059	0.0402	0.0189
N	122115	122115	121764	121764
p	0	0	0	0

进一步从进城农民工拥有土地的数量对其落户意愿的影响来看，土地数量对农民工落户意愿的影响呈“∩”形，即随着土地数量的增加，进城农民工的落户意愿先增加，后降低，最终呈负相关关系。这说明在土地的数量达到一定规模的后，影响的效果才逐渐明显（见表 2）。其他学者的研究也发现家庭耕地总量对劳动力回流有显著的正向影响，家庭耕地每增加一亩，外出劳动力回流的概率会增加 2%[①]。

① 杨云彦、石智雷：《中国农村地区的家庭禀赋与外出务工劳动力回流》，《人口研究》2012 年第 4 期。

表 2 进城农民工落户意愿与农村土地数量之间的关系

变量	线性回归	有序概率
土地数量 1	0.0203 *** (0.0039)	0.0272 *** (0.0053)
土地数量 2	-0.0117 *** (0.00213)	-0.0161 *** (0.00291)
控制变量	已控制	已控制
R-squared 或 r2_p	0.0218	0.0103
N	70251	70215
p	0	0

对于进城农民工而言，土地主要有四个方面的价值：一是生产效用，通过从事农业生产获得土地收益；二是财产效用，通过租赁带来地租、征用获得补偿等；三是保障效用，失业或年老后通过土地维持自己的生计；四是心理效用，长期的乡土生活，带来对土地情感上的依恋。相对于其他价值，目前土地的财产价值对进城农民工的影响最大。土地的价值跟其用途有着直接的关系，相对于雇人耕种、亲属耕种等形式，把土地通过流转的形式租给企业从而获得比较高的收益，会增加进城农民工对土地承包权的重视，从而影响其落户意愿。从有序概率分析的结果来看，雇人代耕种、亲朋耕种、撂荒、种树等形式影响不显著。而把土地转租给企业，具有明显的负面影响，即把土地流转租给企业的农民工更不愿意在城市落户，其背后实际上是土地带给其的价值越大，越不愿意放弃对土地的承包权，从而对农村户籍更加重视（见表 3）。这种现象在沿海地区或城市近郊区表现得最为明显，比如在珠江三角洲地区，随着土地财产功能增强，通过土地租赁、入股等形式获得租金和分红等收益，使得当地农村户籍的吸引力远远高过城市户籍。

表 3 土地利用对进城农民工落户意愿的影响

变量	雇人代耕种	亲朋耕种	转租给私人	转租给集体	转租给企业	撂荒	种树
土地利用形式	-0.00408 (0.0254)	0.00778 (0.0254)	-0.025 *** (0.01)	-0.0664 *** (0.0291)	-0.147 *** (0.0508)	-0.00517 (0.013)	-0.0095 (0.0268)

续表

变量	雇人代耕种	亲朋耕种	转租给私人	转租给集体	转租给企业	撂荒	种树
控制变量	已控制	已控制	已控制	已控制	已控制	已控制	已控制
R-squared 或 r2_p	0.0218	0.0218	0.0218	0.0218	0.0218	0.0218	0.0218
N	70242	70242	70242	70242	70242	70242	70242
p	0	0	0	0	0	0	0

（二）宅基地对进城农民工落户意愿的影响

相对于承包地，宅基地的性质属于农村集体建设用地，是对农民具有保障功能和财产功能的特殊资产。目前我国形成了独具特色的农村宅基地制度，即：集体所有、成员使用，一户一宅、限定标准，规划管控、无偿取得，长期占有、内部流转。对于进城农民工而言，当前宅基地的使用功能大大降低，很多农村宅基地都出现大量闲置的现象。但是作为一种财产，进城农民工更关注宅基地给自己带来的实际利益。根据《土地管理法》和《物权法》宅基地的使用主体只能是农村居民，因此宅基地的使用、出租、继承等都与其集体身份相关。从数据的分析来看，有无宅基地与农民工落户意愿呈负相关关系，线性回归和有序概率的系数分别为 -0.198 和 -0.164，控制了年龄、民族、婚姻、就业、教育、收入等变量后，系数分别为 -0.264 和 -0.222，分析结果表明，拥有宅基地的进城农民工比没有宅基地的进城农民工落户意愿降低了16.4% ~26.4%（见表4）。

表4　进城农民工有无宅基地对其落户意愿的影响

变量	1 线性回归	2 有序概率	3 线性回归	4 有序概率
宅基地	-0.198 *** (0.00533)	-0.264 *** (0.00715)	-0.164 *** (0.00543)	-0.222 *** (0.0074)
控制变量	未控制	未控制	已控制	已控制
R-squared 或 r2_p	0.0108	0.005	0.0372	0.0175
N	125447	125447	12509	12509
p	0	0	0	0

同时拥有承包地和宅基地对落户意愿的负面影响具有相互强化作用，如果分析模型中同时加入了承包地、宅基地以及承包地和宅基地的交互变量，我们发现拥有承包地比拥有宅基地对进城农民工落户意愿的负面影响更大；共同拥有承包地和宅基地的进城农民工比单独拥有承包地和宅基地的进城农民工落户意愿更低，交互项线性回归和有序概率回归的系数分别为 -0.107 和 -0.105，控制了其他变量为，系数为 -0.144（见表5）。

表5　有无土地和宅基地共同对进城农民工落户愿意的影响

变量	1 线性回归	2 有序概率	3 线性回归	4 有序概率
承包地	-0.226 *** (0.102)	-0.303 *** (0.0107)	-0.217 *** (0.0101)	-0.296 *** (0.0139)
宅基地	-0.0737 *** (0.00928)	-0.0982 *** (0.0125)	-0.0445 *** (0.00929)	-0.059 *** (0.0127)
承包地 * 宅基地	-0.107 *** (0.012)	-0.144 *** (0.0161)	-0.105 *** (0.0119)	-0.144 *** (0.0162)
控制变量	未控制	未控制	已控制	已控制
R-squared 或 r2_p	0.0182	0.0084	0.0434	0.0204
N	119687	119687	119343	119343
p	0	0	0	0

（三）不同类型进城农民工土地对落户影响的分析

根据农民工流动的范围，我们一般把农民工分为跨省流动、本省跨市流动和跨县流动。从这三类进城农民工来看，跨省流动的进城农民工比跨市流动和跨县流动的进城农民工落户意愿高。跨省流动的进城农民工拥有承包地对其落户意愿的影响为负，有序概率模型的系数为 -0.101；跨市流动的系数为 -0.233，跨县流动的系数为 -0.207（见表6）。这说明，对于跨省流动的进城农民工而言，土地对其落户意愿的负面影响相对较小。可能的解释是跨省流动的农民工一般是从中西部地区的省份流动东南沿海地区，对于中西部地区而言，土地的利用价值相对较低，而返乡的成本相对较高。同时，跨省流动一般都是从落后地区流向发达地区，区域间的城乡差距更为明显，城市的吸引力更强。

表 6 流动范围进城农民工土地对落户意愿的影响

变量	跨省	跨市	跨县
有无承包地	-0.101*** (0.0069)	-0.233*** (0.00877)	-0.207*** (0.0118)
控制变量	已控制	已控制	已控制
R-squared	0.0547	0.0508	0.0482
N	62090	38307	21367
p	0	0	0

根据外出时间的长短，我们把进城农民工分为70年前、“70后”、“80后”和“90后”四个群体，一般把“80后”称为新生代农民工。从这四个群体来看，土地对进城农民工落户意愿的负面影响与年龄关系很大，年龄越大影响越大。具体来看，对70前进城农民工的负面影响最大，其次是“70后”“80后”“90后”最小，系数分别为-0.216、-0.202、-0.158和-0.138（见表7）。

表 7 流动时间对进城农民工土地对落户意愿的影响

变量	70前	70后	80后	90后
有无承包地	-0.216*** (0.0133)	-0.202*** (0.00985)	-0.158*** (0.00816)	-0.138*** (0.0101)
控制变量	已控制	已控制	已控制	已控制
R-squared	0.0454	0.0384	0.0357	0.0468
N	18832	32696	43446	26790
p	0	0	0	0

当前土地的保障功能虽然在弱化，但仍然是进城农民工抵御就业、养老等社会风险的最后一道屏障。特别是在城市针对农民工的社会保护网没有构建起来之前，农村的土地、住房可以缓冲失业、疾病、养老等带来的冲击。我们选择进城农民工的就业身份、有无固定劳动合同、有无参加城市医疗保险来代表进城农民工在城市的稳定程度。数据表明，雇主或自营劳动者、有固定期限劳动合同及拥有城镇职工医疗保险的进城农民工，土

地对其落户意愿的负面影响相对较低（见表8）。这说明在城市收入和就业结构层越稳定的进城农民工对农村土地的依赖越轻，越愿意通过户口的迁移实现永久性迁移。

表8　就业类型进城农民工土地对落户意愿的影响

变量	雇员	雇主或自营劳动者	固定期限劳动合同	无固定期限劳动合同	未参加城镇职工医疗保险	参加城镇职工医疗保险
有无承包地	-0.178*** (0.00722)	-0.156*** (0.0084)	-0.164*** (0.0105)	-0.1998*** (0.0206)	-0.178*** (0.00544)	-0.165*** (0.0125)
控制变量	已控制	已控制	已控制	已控制	已控制	已控制
R-squared	0.0499	0.0278	0.0521	0.0471	0.0412	0.0441
N	57149	43173	26986	6706	100638	18864
p	0	0	0	0	0	0

（四）主要结论

通过数据分析，我们可以得出以下几点结论：（1）在户籍所在地农村拥有承包地和宅基地的进城农民工比没有承包地和宅基地的进城农民工更不愿意在城市落户，土地的面积与落户意愿呈现倒U形关系，只有承包地达到一定数量以后，影响才逐渐显现。（2）土地的价值对进城农民工落户意愿产生影响，土地的使用价值越大，越不愿意把户籍迁到城镇。（3）同时拥有承包地和宅基地的进城农民工对进城农民工落户意愿的负面影响具有强化作用，使进城农民工的落户意愿进一步降低。（4）从不同类型的进城农民工来看，跨省流动的进城农民工比跨市流动和跨县流动的进城农民工，土地对其落户意愿的影响相对较小；年龄越大的进城农民工土地对其落户意愿的负面影响越大；在城市职业越稳定、保障条件越好的进城农民工土地对其落户意愿的负面相应相对较小。研究结果很好地印证了本研究所提出的研究假设，说明在当前阶段，户籍制度改革的关键在农村，必须从农村土地制度改革入手解决户籍人口城镇化和农业转移人口市民化问题。

四 对策建议

与国外发达国家相比，中国城镇化的路径不同，西方发达国家的城镇化是农民永久性迁移的结果，在工业化和城镇化的过程中，进城农民基本上与农村脱离了联系，实现了身份的转变，生活的根基在城市。而中国的城镇化是一种“半城镇化”，进城后农民的身份没有发生改变，土地、房屋等资产仍然把他们拴在农村，他们生活的根基在农村，这导致中国乡城迁移的人口持久性差、迁移不彻底。既影响了中国城市化的质量，又带来劳动力供给的不稳定性和消费能力的下降，从而影响中国的经济发展[①]。目前的户籍制度改革主要是在城市推进的，下一步改革的重点应该转向农村，通过土地制度改革降低进城农民工与农村的复杂关系，实现永久性迁移的目的。

（一）重点解决进城农民工的土地退出问题

当前阶段相当一部分进城农民工存在着既希望能在城市定居又不愿意放弃农村土地的双重心理，将农村的土地视为自己在城市打工不顺时的退路，或者是自己拥有的未来可能增值的资产，因此大多农民工均不愿意放弃农村土地[②]。不解决土地承包权的退出问题，他们会始终处于一种兼业状态，实现完全意义上的市民化就存在障碍。改革开放以来，第一轮家庭联产土地承包制实施后，为鼓励农民增加对土地的长期投入，在试点的基础上，实行“增人不增地，减人不减地”的土地承包制度，承包权的稳定性不断得到强化，土地基本被固定在第一轮获得土地承包经营权的农户手中。为鼓励土地退出，在户籍制度改革的过程中，一些地方推行土地换城市户籍、土地换城市社会保障的尝试，但没有获得进一步推广。党的十八大以来，国家在鼓励

① 董昕：《住房、土地对中国乡—城人口迁移的影响：研究回顾与展望》，《江淮论坛》2017年第6期。

② 李晓阳、黄毅祥、许秀川：《农民工“候鸟式”迁移影响因素分析——基于重庆市9个主城区的农民工调查》，《中国人口·资源与环境》2015年第9期。

农村土地经营权放开的同时，进一步强调了承包权的稳定性，退出的途径有限。例如2016年10月，中共中央、国务院办公厅发布了《关于完善农村土地所有权承包权经营权分置办法的意见》，提出三权分置的改革办法，土地的经营权可以流转，但土地的承包权转让只能限定在集体范围内。党的十九大报告进一步提出农村土地承包经营权第二轮到期后，再延续30年。而对农民进城落户后，土地承包权如何退出的问题，虽然提出了一些原则性的建议，但没有具体的实施办法。

对于宅基地使用权的转让或退出问题，目前无论是政策层面还是法律层面均没有可以操作的办法。例如新的《土地管理法修正案（草案)》以下简称《新法》公布后，《新法》规定宅基地可在本村村集体居民之间进行买卖交易，但同时又规定农村宅基地实行“一户一宅”，在农村年轻人口大量外流的情况下，宅基地在本集体之间转让很难完成。《新法》草案第62条规定：国家鼓励进城落户的农村村民依法自愿有偿退出宅基地。但草案并未详细规定，宅基地能退给谁？或者谁可以买宅基地使用权？

目前我国正在大力推进以农业转移人口市民化为重点的新型城镇化战略，与之配套的户籍制度改革的进程也逐渐加深，城乡“二元”体制不断削弱。但是随着存量人口落户问题逐渐解决，大部分进城农民工落户意愿不高，改革带来的边际效应降低。在这种情况下，提高进城农民工在城市落户的积极性至关重要。基于本文的研究结论，在现阶段应该重点研究解决进城农民工，特别是已经在城市具有稳定就业和住房、实现全家迁移及“80后”新生代农民工的土地退出问题。土地的退出从长期看，既可以提高农村土地的利用效率，避免土地的闲置和浪费，又有利于扩大内需，提高中国经济增长的动力。同时，土地的退出还可以消除几千年来形成的乡土观念，是中国由传统社会向现代社会转型的关键。建议国家在前期试点的基础上，进一步探索进城农民工土地退出和转让的有效途径，制定具体的、具有可操作性的政策细则，实现土地流转和土地退出并重的改革局面。

（二）建立城乡劳动力和土地双向流通机制，促进城乡深度融合

20世纪50年代以来，中国形成的城乡“二元”体制，隔绝了城乡之间

的联系，造成城乡之间发展的不均衡。改革开放以来，国家在城市逐渐放开了对农村劳动力的限制，农村资金、人才进入城市的途径比较畅通，可以在城市投资、买房、生活居住。但是城市资金、人才进入农村存在很大障碍，特别是获得农村的户籍、土地、住房很难实现。在农村人口不断外流的情况下，农村的土地资源得不到有效开发利用，造成很大浪费。国家虽然一直通过土地制度的改革，推动土地的流转但效果并不显著。根据 2017 年全国流动人口动态监测数据，2017 年进城农民工所承包的土地，有 51.7% 由自己家人自己耕种，23.1% 由亲朋代为耕种，转租给私人的占 12.9%、转租给集体的占 1.2%、转租给企业占 0.4%，还有 6.8% 的土地处于撂荒状态，土地的利用效率总体上比较差。

当前一家一户的小农经济已经不适应现代生产方式的需求，土地只有集中利用，引入技术、资金和人才才能提高农业生产效率，把农业做大、做强。党的十九大提出乡村振兴战略，提出要坚决破除体制机制弊端，使市场在资源配置中起决定性作用，更好发挥政府作用，推动城乡要素自由流动、平等交换，推动新型工业化、信息化、城镇化、农业现代化同步发展，加快形成工农互促、城乡互补、全面融合、共同繁荣的新型工农城乡关系。在这里关键是要改变资金、人员、技术单向的流入机制，为现代农业的发展提供资金、技术和人才支持。

为达到上述目标，要建立城乡、区域之间人员的自由流动机制。在农业劳动力大量非农化以及农村老龄化加剧的情况下，中国农业发展面临极大的人才危机。在户籍制度改革中已经取消了农业户口和非农业户口的区别，统一登记为居民户口。未来的改革需进一步打破城乡和区域之间的户口限制，达到一定条件的农村人口不仅可以把户口迁移到城市，本地城市居民或其他区域的城乡居民也可以把户口迁移到本地或异地农村。要改变集体经济成员身份终身不变的状况，在村集体土地、宅基地已经确权的情况下，通过产权的转移和交易，实现身份的转变，把原来静态村集体成员变为动态集体成员①。

① 张林山：《农民市民化过程中土地财产权的保护和实现》，《宏观经济研究》2011 年第 2 期。

这不仅有利于实现劳动力的自由流动，缩小城乡间的工资差距，也可以打消进城农民工的顾虑，提高其在城市落户的意愿。

当前，进城农民工除了土地的退出途径有限外，转让获得的收益比较低，也是他们保留承包地和宅基地的主要原因。农村土地所具有的保障性功能既可以解决乡—城迁移人口城镇生活的后顾之忧，促进其留在城镇，但也会因抑制即时土地资产价值的兑现而起到相反作用，从而使农村土地对于城乡迁移的作用方向模糊不定①。在目前的政策框架下，土地承包权和宅基地的使用权转让只能在本集体经济范围内，交易市场比较狭窄，需求比较低，导致交易价格偏低，制约了进城农民工土地转让或退出的欲望。村集体由于经济实力有限，也没有办法以合理的价格回收进城农民工的土地。下一步改革的重点应该按照党的十八届三中全会提出的市场化改革要求，加快建立全国性或区域性的农村产权交易市场，建立公开、公正、规范运行的城乡土地交易平台和公共信息平台。土地的承包经营权和宅基地的使用权向城乡居民放开，在严格遵守国家土地整体规划的前提下，通过竞争机制，提高土地的使用效率，从而提高土地转让或退出的价格，提高进城农民工完全脱离土地，实现永久性迁移的积极性。

（三）通过农村建设用地改革，为进城农民工提供住房和资本积累

目前随着城市房价和租金的不断上涨，稳定的住所的解决成为进城农民工在城市永久性迁移的主要障碍，而农村大量闲置的住房得不到有效利用，大部分村庄“空心化”严重，城市住房困难与农村住房闲置并存，是我国现有住房体系运行中的问题之一②。在国家总体耕地面积保持不变的情况下，如何激活农村大量闲置的建设用地，通过市场化的手段置换成城市建设用地，用于解决进城农民工的定居问题是提高中国城镇化水平的重要措施。

---

① 陈昊、刘忠原：《土地权益在农民工城乡迁移意愿影响中的作用显化——基于推拉理论的分析》，《南京农业大学学报》（社会科学版）2012 年第 1 期。

② 吕萍、甄辉：《城乡统筹发展中统一住房保障体系的建设》，《城市发展研究》2010 年第 1 期。

一是要通过农村建设用地指标的置换，降低进城农民工的购房成本。进城农民工通过把自家宅基地复垦变成耕地，在保持国家总体耕地面积不减少的情况下，把宅基地建设用地的指标转移到城市近郊，增加城市建设用地的供给，根据置换面积扣除建设成本和实际用地成本后，以低价出售给进城农民工，解决其居住问题。这种方式对于解决本地进城农民工比较容易，但中国的农民工主要集中在东部沿海地区，如何实现跨省、跨区域的指标置换，面临很多的难题。2018 年 3 月，国务院办公厅印发了《跨省域补充耕地国家统筹管理办法》和《城乡建设用地增减挂钩节余指标跨省域调剂管理办法》，规定土地资源可跨省配置，但当前跨省配置机制、价格仍为国家统筹、市场化程度不足，土地优化配置仍受制约。很多利益关系和实施细则需要进一步调整和完善。

二是建立城乡统一的建设用地市场，探索农村住房商品化。农村宅基地对于进城农民工提供“住有所居”的功能目前已经被弱化，对其有效利用并为其城市生活提供更多立足资本则更显土地的价值。应改变目前通过国家集中征收，把集体土地变成国有建设土地的不公平征地制度，农村集体建设用地应当与城市建设用地同等对待，根据市场的需求农村建设用地可以自由流动，允许农民在符合规划的前提下，自由向市场提供建设用地。同时，实现农村住房的商品化，尽快结束现行法律限定农民宅基地“一户一宅”、转让限于本村的半商品化状况，赋予农民宅基地及其房屋所有人以完整的物权[①]。进城农民工通过转让宅基地和农村住房，为其在城市生活定居提供资金支持。

总之，解决当前进城农民工落户意愿比较低的问题，应该把户籍制度改革与农村土地制度改革联动，把重点放在农村，通过农村土地制度改革，降低进城农民工在城市居住的成本，积累生活的资本，削弱进城农民工对土地的传统依附关系，为中国向现代城市社会转型奠定坚实的基础。

① 刘守英：《中国土地问题调查》，北京大学出版社，2017，第 278 页。

B.11

2018年中国教育体制改革进展与展望

朱国仁 *

摘　要：　改革开放40年，我国教育体制改革取得了巨大成就。2018年，教育体制改革主要在治理校外培训机构、规范学前教育、建设高水平本科教育、推进职业教育改革、深化教师队伍建设改革等方面取得进展。2019年教育体制改革重点将集中在教育评价制度改革、教育与人才培养体系建设、义务教育教学改革、办学体制和教育管理改革、招生考试制度改革和扩大教育对外开放等方面。

关键词：　教育体制　教育改革　教育强国

一　改革开放40年教育体制改革成就

改革开放40年，我国教育体制改革成就显著，教育事业发展成果辉煌，实现了从计划经济体制下的教育体制向适应社会主义市场经济体制的教育体制的转变，推动我国由人口大国向教育大国的跨越并正在向教育强国迈进。在“文革”结束、百废待兴的1977年，在邓小平的直接推动下，高考制度恢复并成为我国教育体制改革的先声。1978年，党的十一届三中全会胜利召开，党的工作重心转移，改革开放全面展开，教育体制改革大幕也随着经济体制、政治体制、科技体制、社会体制等各领域改革的全面启动和深化逐

---

* 朱国仁，中央党校（国家行政学院）研究生院常务副院长（正司长级），研究员。

步拉开。40 年来，在党中央的直接领导下，教育体制改革从未停歇，《关于教育体制改革的决定》（1985）、《中国教育改革和发展纲要》（1993）、《关于深化教育改革　全面推进素质教育的决定》（1999）、《国家中长期教育改革和发展规划纲要（2010～2020 年）》（2010）、《关于深化教育体制机制改革的意见》（2017）等一系列关于教育体制改革重大决策的实施，我国教育体制改革不断深化。教育体制改革 40 年取得的主要成就可概括为四个方面。

（一）中国特色社会主义教育体制逐步形成

改革开放之前，我国教育体制是在计划经济体制下并适应当时的政治、经济等发展需要建立起来的，主要学习和借鉴了苏联的模式。改革开放之后，适应我国改革特别是经济体制改革的不断深化，教育体制的改革目标逐步清晰明确，这就是，建立适应我国经济社会发展需要的具有中国特色的社会主义教育体制。具体体现在，1985 年提出改变我国教育发展落后的状况，“必须从教育体制入手，有系统地进行改革”；1993 年提出“建立适应社会主义市场经济体制和政治、科技体制改革需要的教育体制”；1999 年提出“构建与社会主义市场经济体制和教育内在规律相适应、不同类型教育相互沟通相互衔接的教育体制”；2009 年提出到 2020 年“全面形成与社会主义市场经济体制和全面建设小康社会目标相适应的充满活力、富有效率、更加开放、有利于科学发展的教育体制机制”；2017 年提出“到 2020 年，教育基础性制度体系基本建立，形成充满活力、富有效率、更加开放、有利于科学发展的教育体制机制”。在党的直接领导下，经过几十年的接续奋斗、艰辛探索和大胆创新，教育体制改革稳步前行。特别是党的十八大以来，在习近平新时代中国特色社会主义思想指引下，一系列具有标志性的重大改革举措的出台和实施，教育体制改革全面推进并不断向纵深发展，取得突破性进展，人才培养体制、教育管理体制、学校管理体制、办学体制、教育投入体制、招生与就业体制、教育保障体制等各方面的改革深入推进，相关制度相继建立起来，中国特色社会主义教育体制主体框架基本确立。

（二）现代教育体系初步建立，教育普及化程度大幅提高

教育体制改革推动我国现代教育体系日益完善，经过40年的改革和发展，我国已建成世界上最大规模的教育体系。学前教育、初等教育、中等教育、高等教育各层次相互衔接，国民教育体系完善；普通教育与职业教育、学历教育与继续教育、学校教育与社会教育等各类教育同步发展，终身教育体系健全，基本上能够满足不同年龄阶段和不同社会群体的教育和学习需求。

教育规模不断扩大，普及化程度逐年提高。从改革开放之初的1978年、进入新世纪的2000年和2017年三年各级教育发展情况看，我国各级教育规模特别是入学率都有较大提高（见表1）。从2017年我国教育事业发展综合情况看，当年我国各级各类学历教育在校生人数达到2.70亿人，专任教师人数达到1626.89万人。我国既是世界上教育规模最大的国家，发展水平也已经进入世界中上国家行列。

表1　1978年、2000年、2017年各级教育规模和普及情况

各级教育	项目	1978年	2000年	2017年
学前教育	学前三年在园人数(万人)	788	2244	4600
	毛入园率(%)	10.6	35	79.6
小学教育	在学人数(万人)	14624	13013	10094
	净入学率(%)	94	99.1	99.4
初中阶段教育	在学人数(万人)	4995	6256	4442
	毛入学率(%)	66.4	88.6	103.5
高中阶段教育	在学人数(万人)	1553	2518	3971
	毛入学率(%)	>10	42.8	88.3
高等教育	在学人数(万人)	228	2300	3779
	毛入学率(%)	2.7	21	45.7

注：数据主要来自教育部2000年和2017年全国教育事业发展统计公报、国家统计局1978年国民经济和社会发展统计公报、国家教育事业发展“十一五”规划纲要等文献，个别数字根据比较进行了更正，1978年高中阶段毛入学率是根据相关数据推算。

（三）教育法治建设和依法治教成绩显著

加强教育法治建设、全面推进依法执教，既是依法治国、建设社会主义

法治国家的要求，也是推进教育治理体系和治理能力现代化的必然要求，更是教育体制改革的应有之意。新中国成立 70 年，改革开放 40 年，我国教育法治建设取得显著成绩。一是教育法律体系基本形成。我国教育法律体系是在改革开放以后逐步建立起来的，之前我国没有一部专门的教育法律。自 1980 年 2 月 12 日第五届全国人民代表大会常务委员会第十三次会议通过的《中华人民共和国学位条例》颁布以后，我国相继又颁布了 7 部教育法律（见表 2），这 8 部法律与宪法和其他相关法律及教育行政法规、地方性的教育法规、教育规章，共同构成了我国现行的教育法律法规体系，基本满足了教育有法可依的需要，为教育法治建设打下了坚实的基础。二是不断加大教育法治化推进力度。在重视教育立法的同时，为推进依法治教、依法治学、依法办学和依法治校，教育主管部门先后出台了《教育部关于加强教育法制建设的意见》（1999）《关于加强依法治校工作的若干意见》（2003）《全面推进依法治校实施纲要》（2012）《依法治教实施纲要（2016～2020 年）》（2016）等重要举措，显著提升了教育系统依法治理的能力和水平，也为加快推进教育现代化、办好人民满意的教育提供了法治保障。

表 2　我国现行教育法律法规

法律	全国人大(常委会)通过时间
中华人民共和国学位条例	1980 年 2 月 12 日,2004 年 8 月 28 日修正
中华人民共和国义务教育法	1986 年 4 月 12 日,2018 年 12 月 29 日修订
中华人民共和国教师法	1993 年 10 月 31 日,2009 年 8 月 27 日修订
中华人民共和国教育法	1995 年 3 月 18 日,2015 年 12 月 27 日修订
中华人民共和国职业教育法	1996 年 5 月 15 日
中华人民共和国高等教育法	1998 年 8 月 29 日,2018 年 12 月 29 日修订
中华人民共和国通用语言文字法	2000 年 10 月 31 日
中华人民共和国民办教育促进法	2002 年 12 月 28 日,2018 年 12 月 29 日第三次修正

（四）教育对外开放不断扩大，水平不断提升

教育对外开放既是教育改革的重要内容，也是我国教育走向世界和推进

教育改革发展、实现教育现代化的必由之路。1978 年 6 月邓小平做出扩大派遣留学生的重要指示，开启了我国教育对外开放的大幕，40 年来，我国教育对外开放不断扩大，从“走出去”到“引进来”，从借鉴国外经验到参与全球教育治理、提供中国方案，国际影响力不断扩大，已经形成了全方位多层次宽领域的教育对外开放格局。在留学教育方面，据教育部的统计，改革开放 40 年，我国出国留学生总人数达到 519.49 万人，从 1978 年的 860 人，增加到 2017 年的 60.84 万人；来华外国留学生人数从 1978 年的 1200 人，增加到 2017 年的 48.92 万人。① 在中外合作交流方面，到 2018 年，中外合作办学机构和项目近 2385 个，举办本科以上境外办学机构和项目 100 多个，与我国建立教育合作交流关系的国家和地区 188 个、重要的国际组织 46 个，签署学历学位互认协议的国家和地区有 48 个。② 此外，到目前我国已在 150 个国家和地区建立了 533 所孔子学院和 1140 个孔子课堂。③

二　2018年教育体制改革新进展

2018 年是全面贯彻落实党的十九大精神的开局之年，也是我国教育体制全面深化改革的重要一年。9 月 10 日，全国教育大会在北京召开，习近平总书记做了重要讲话，进一步明确了新时代我国教育改革发展的方向。在习近平新时代中国特色社会主义思想指引下，教育体制改革力度进一步加大，取得了新的进展。

（一）治理校外培训机构，教育管理改革向校外延伸

面向中小学生的校外培训机构通过开展各种形式的非学历教育培训，能够为中小学生提供可以自主选择的学校之外的教育服务，有助于弥补学校教育的不足，满足个性化的教育和学习需求，本无可厚非。但是，在追求高额

---

① 《中国教育报》2018 年 3 月 31 日，第 1 版。

② 熊建辉：《从跟跑到领跑——40 年中国教育对外开放之路》，《神州学人》2018 年第 6 期。

③ 陈宝生：《中国教育：波澜壮阔四十年》，《人民日报》2018 年 12 月 17 日，第 11 版。

利润的驱动下，一些校外培训机构热衷于开展以应试教育为导向的培训，逐步成为应试教育的“帮凶”，不仅严重干扰了中小学正常的教育教学和升学秩序，破坏了教育生态，不利于校内外协同育人局面的形成，也成为引发教育领域问题的重要根源之一，而且是中小学生课外负担的重要来源，并造成了严重的学生家庭经济负担，成为社会广泛关注、反映强烈的问题。截至2018年12月30日，教育部在全国组织摸排校外培训机构共401050所，其中存在问题机构272842所，占比高达68.03%。[①] 加强校外培训机构治理，规范校外培训机构发展，迫在眉睫。2018年初，教育部明确把“出台促进中小学社会培训机构规范发展的指导意见，联合有关部门集中开展专项治理与督查，推动解决中小学生课外负担重问题”列为年度工作的重要内容。2018年的政府工作报告提出要“着力解决中小学生的课外负担重问题”。8月，国务院办公厅出台《关于规范校外培训机构发展的意见》，明确了校外培训机构规范发展的指导思想和原则，并就校外培训机构设置标准，审批登记、培训行为、监督管理以及提高中小学育人能力、加强组织领导等方面提出了具体要求。教育部或会同其他部门也先后印发了《关于切实减轻中小学生课外负担开展校外培训机构专项治理行动的通知》（2月）、《关于加快推进校外培训机构专项治理工作的通知》（3月）、《关于切实做好校外培训机构专项治理整改工作的通知》（8月）、《关于健全校外培训机构专项治理整改若干工作机制的通知》（11月）、《关于印发中小学生减负措施的通知》（12月）等。服务培训机构的治理，教育部建立并上线开通了全国统一的集规范、监管、举报、服务于一体的中小学生校外培训机构管理服务平台，实施了每半个月发布的“全国校外培训机构专项治理行动整改工作进展情况的通报”机制。在教育部等部门的指导和大力推动下，各地政府有关部门积极配合，校外培训机构治理工作在全国广泛开展，取得初步成效。到12月30日，全国2963个县（市、区）启动专项治理整改工作，其中

① 《教育部办公厅关于全国校外培训机构专项治理整改工作进展情况的通报》（截至2018年12月30日），http：//www. moe. gov. cn/srcsite/A06/s3325/201901/t20190116_ 367109. html。

2758 个已基本完成专项治理整改任务，完成率达到 93.08%。存在问题的校外培训机构中，现已完成整改 269911 所，完成整改率 98.93%。①

（二）规范学前教育发展，学前教育改革全面展开

学前教育是基础教育的重要组成部分，是重要的公益事业，也是被社会广泛关注的重要的民生问题。学前教育尽管在近年来得到了重视和较快发展，但在我国整个教育体系中仍然是发展的短板。一方面，在整个教育体系中，学前教育发展相对滞后，2017 年幼儿园毛入园率是 79.6%，在基础教育中普及率最低，而且在全国 25.5 万所幼儿园中，民办幼儿园 16.04 万所，占 62.9%；② 另一方面，发展不平衡、普惠性资源不足，在保教质量、幼儿园的举办与监管、政策保障体系、教师队伍建设等方面还存在突出问题。"入园难" 特别是 "入园贵" 依然是当前学前教育也整个教育系统中的突出问题。党的十九大报告明确提出 "办好学前教育" 的要求，并把实现 "幼有所育" 作为重要的民生目标。2018 年的政府工作报告提出 "要多渠道增加学前教育资源供给"。2018 年 11 月 7 日，《中共中央国务院关于学前教育深化改革规范发展的若干意见》（以下简称《意见》）印发，这是新中国成立以来我国第一个以中共中央、国务院名义印发的关于学前教育的文件，对新时代我国学前教育改革发展做出了顶层设计和重要部署。《意见》不仅明确了学前教育规范发展的指导思想、基本原则，而且具体提出了到 2020 年和到 2035 年两个阶段的发展目标，针对当前我国学前教育发展面临的困难和存在的突出问题，从优化布局与办园结构、拓宽途径扩大资源供给、健全经费投入长效机制、大力加强幼儿园教师队伍建设、完善监管体系、规范发展民办园、提高幼儿园保教质量和加强组织领导等 8 个方面提出 33 条重要举措。《意见》立足当前，着眼未来，既对化解学前教育的现实困难和问题提出了因应对策，更对未来学前教育的改革发展指明了方向。《意见》的出

---

① 教育部办公厅：《关于全国校外培训机构专项治理整改工作进展情况的通报》（截至 2018 年 12 月 30 日），http：//www.moe.gov.cn/srcsite/A06/s3325/201901/t20190116_367109.html。

② 教育部：《2017 年全国教育事业发展统计公报》，2018 年 7 月 19 日。

台也标志着新时代我国学前教育改革全面展开。此外，教育部印发了《关于开展幼儿园“小学化”专项治理工作的通知》（7 月），着重对当前学前教育中存在的严重违背幼儿身心发展规律和认知特点、提前教授小学内容、强化知识技能训练的严重的幼儿园“小学化”倾向，提出了具体的治理措施。

（三）建设高水平本科教育，高等教育改革向纵深推进

本科教育在高等教育体系中处于基础性地位。本科教育的质量和水平决定着高等学校的人才培养质量和办学水平。近年来，我国在高等教育改革中，以提高教育质量为主题，坚持内涵式发展，采取了一系列措施，取得了一定成效。本科教育在高等教育中的地位越来越重要。据统计，2017 年，我国 2631 所普通高等学校中，本科院校为 1243 所，占 47.24%；在 27535869 在校本专科学生中，本科生为 16486320 人，占 59.87%；本专科生招生 7614893 人中，本科招生 4107534 人，占 53.94%；毕业本专科生 7358287 人中，本科毕业生为 3841839 人，占 52.21%。[①] 形成了 92 个专业类、630 个专业、1243 所本科院校和 56818 个专业点构成的本科教育或人才培养体系。但是，高等学校中轻教学、重科研的现象比较普遍，人才培养重视不够的问题比较突出，教风学风问题严重，人才培养模式相对落后等，严重影响着本科教育的水平和人才培养的质量。为此，教育部在 2018 年 6 月召开了主题为“坚持‘以本为本’，推进‘四个回归’，加快建设高水平本科教育，全面提高人才培养能力”的新时代全国高等学校本科教育工作会议。会议强调了本科教育在高等教育和人才培养中的重要地位，要求高等学校要回归常识、回归本分、回归初心、回归梦想，重视本科教育，提高人才培养质量，努力建中国特色、世界水平的一流本科教育。9 月，教育部印发《关于加快建设高水平本科教育　全面提高人才培养能力的意见》，系统提出了建设高水平本科教育的指导思想、总体目标、基本原则和具体要求，为

① 教育部：《2017 年全国教育事业发展统计公报》，2018 年 7 月 19 日。

新时代我国本科教育改革发展提供了具体指导，是继“双一流”建设后我国高等教育领域又一重大改革举措，也是高等教育改革向纵深推进的重要体现。2018 年，围绕建设高水平本科教育，提高人才培养质量，教育部还采取了一些具体措施，一是颁布《普通高等学校本科专业类教学质量国家标准》，对我国高等学校全部 92 个本科专业类从概述、适用专业、培养目标、培养规格、师资队伍、教学条件、质量保障体系和附录等 8 个方面，逐一做出了具体的质量标准规定，为人才评价标准和人才培养方案的制定提供了科学的依据。二是成立本科教学专业指导委员会。为开展高等学校本科教学的研究、咨询、指导、评估、服务等工作，教育部成立了由全国 5550 名委员、包括综合类、专业类、课程类和专项工作类 111 个教学指导委员会和 40 个分教学指导委员会组成的“2018 ~ 2022 年教育部高等学校教学指导委员会”，并印发了《教育部高等学校教学指导委员会章程》。三是实施卓越人才教育培训计划 2.0。教育部或会同有关部门出台了关于实施基础学科拔尖学生、卓越工程师、卓越农林人才、卓越法治人才、卓越新闻传播人才、卓越医生、卓越教师等七个人才教育培养计划 2.0 的意见，为培养适应新时代国家发展急需的各类拔尖创新人才提供了具体的指导。四是继 2017 年正式启动“双一流”建设，2018 年 8 月，教育部等三部门联合印发了《关于高等学校加快“双一流”建设的指导意见》，对加快“双一流”建设提出了 5 个方面 24 条具体要求。五是为推进高校思想政治教育和大学生心理健康教育，教育部印发了《新时代高校思想政治理论课教学工作基本要求》《关于加强新时代高校“形势与政策”课建设的若干意见》《2018 年“高校思想政治理论课教师队伍后备人才培养专项支持计划”》《高等学校学生心理健康教育指导纲要》等。

（四）促进校企合作，职业教育改革进一步深化

职业教育是我国教育体系的重要组成部分，是培养各级各类技能型人才、提高劳动者素质、推动经济社会发展和促进就业的主要途径。自 2014 年全国职业教育工作会议召开、《国务院关于加快发展现代职业教育发展的

决定》和《现代职业教育体系建设规划（2014～2020年）》颁布实施以来，职业教育得到了快速发展，改革不断推进。2017年，我国有中等职业教育机构（含普通中专、成人中专、职业高中、技工学校）1.07万所，在校生1592.50万人；高等职业院校（高职专科）1388所，在校生11049549人；职业技术培训机构8.92万所。[①] 但总体上看，职业教育还不能完全适应我国经济社会发展特别是产业转型升级和结构调整对技能型人才的需求，产教融合、校企合作的力度和深度不够，办学体制、育人机制、培养模式改革有待进一步深化。为此，2018年2月，教育部等六部门联合印发《职业学校校企合作促进办法》，对校企合作的内涵、原则、机制、协调与管理体制，合作的形式、促进措施、监督检查等做出了具体明确的规定。10月，教育办公厅印发《关于开展职业教育校企深度合作项目建设工作的通知》和《职业教育校企深度合作项目建设方案》。11月，中央全面深化改革委员会第五次会议审议通过了《国家职业教育改革实施方案》，提出要“完善职业教育和培训体系，优化学校、专业布局，深化办学体制改革和育人机制改革，鼓励和支持社会各界特别是企业积极支持职业教育”，为进一步深化职业教育改革指明了方向。同时，为进一步加强对全国职业教育工作的领导和统筹协调，11月，国务院建立了由国务院领导同志牵头负责的国务院职业教育工作部际联席会议制度。此外，教育部或会同其他部门，先后印发了《中等职业学校职业指导工作规定》和《关于加快发展残疾人职业教育的若干意见》（4月）；7月，颁布了《中等职业学校焊接技术应用专业实训教学条件建设标准》等11项职业教育教学标准。这些相关政策措施的出台和实施，对职业教育深化改革和健康发展发挥了重要的指导和推动作用。

（五）深化教师队伍建设改革，教师管理体制进一步完善

教育大计，教师为本。1600多万名专职教师是我国教育事业发展的主要依靠力量，教师队伍建设是推进教育改革发展的基础工程。党的十八大以

① 教育部：《2017年全国教育事业发展统计公报》，2018年7月19日。

来，习近平总书记十分重视教师队伍建设问题，提出了许多重要的论述，为教师队伍建设改革提供了重要指导。2018 年，教师队伍建设改革作为教育改革的重点，得到了全面加强和深化。1 月 20 日，《中共中央国务院关于全面深化新时代教师队伍建设改革的意见》正式印发。2 月，教育部等五部门联合印发《教师教育振兴行动计划（2018 ~2022 年）》，提出了到 2022 年教师教育改革发展的指导思想、目标任务和主要措施，为教师队伍建设改革做出了全面规划和设计。全面落实立德树人职责，加强教师职业道德建设是教师队伍建设的首要任务，为此，教育部在 2018 年集中出台了一系列相关政策和制度，主要有《关于全面落实研究生导师立德树人职责的意见》《关于高校教师师德失范行为处理的指导意见》《中小学教师违反职业道德行为处理办法》《幼儿园教师违反职业道德行为处理办法》和《新时代高校教师职业行为十项准则》《新时代中小学教师职业行为十项准则》《新时代幼儿园教师职业行为十项准则》等，不仅使教师行为有了更加明确的规范，也使教师管理体制得到进一步完善。为进一步优化教师队伍，培养新时代高素质专业化创新型的教师，提高教师队伍的水平，7 月，国务院办公厅转发了教育部等部门联合制定的《教育部直属师范大学师范生公费教育实施办法》，9 月，教育部印发了《关于实施卓越教师培养计划 2.0 的意见》。此外，为推动教师适应信息化、大数据、人工智能等现代技术的发展的需要，教育部在宁夏和北京外国语大学开展了人工智能助推教育队伍建设行动试点工作。

（六）其他方面的改革

2018 年，我国教育体制改革在其他方面也取得了明显的进展。主要表现在，一是为加快推进教育脱贫工作，确保教育脱贫目标任务的落实，切实打好深度贫困地区教育脱贫攻坚战，教育部会同有关部门印发了《深度贫困地区教育脱贫攻坚实施方案（2018 ~2020 年）》《推普脱贫攻坚行动计划（2018 ~2020 年）》（1 月）和《关于做好家庭经济困难学生认定工作的指导意见》（10 月）《教育系统扶贫领域作风问题专项治理实施方案》（1 月）等；二是为进一步提升教育信息化水平，深入推进信息技术与教育教学的融合，教育部印发了《教育信息化 2.0 行动计划》和《中小学数字校园建设规范（试行)》（4 月)，与宁夏人民政府开展了“互联网 + 教育”示范省(区）共建工作，对湖北、海南、安徽、山东等省进行了教育信息化省级试点验收工作，开展了 2018 年度教育信息化教学应用实践共同体项目推荐遴选工作和 2018 年度网络学习空间应用普及活动；三是为全面加强教育经费投入使用管理，提高教育经费使用效益，国务院办公厅印发了《关于进一步调整优化结构提高教育经费使用效益的意见》（8 月)，教育部印发了《全国教育系统财务管理干部培训实施方案（2018 ~2022 年)》(12 月)；四是为提升教育标准化工作的质量和科学化水平，适应教育改革发展实践和教育现代化需求，11 月，教育部印发了《关于完善教育标准化工作的指导意见》；五是为保证中央决策部署的落实，改进教育系统的工作作风，扎实推进各项教育改革发展政策的实施，2 月，教育部印发了《中共教育部党组关于加强落实工作的意见》。

三　教育体制改革展望

习近平总书记在 2018 年全国教育大会上的讲话，从党和国家事业发展全局和战略的高度，全面深刻总结了党的十八大以来我国教育事业改革发展的经验，系统科学回答了面对新时代新形势新挑战我国教育改革发展的一系列重大问题，并为新时代我国教育改革发展提供了新遵循，做出了新部署，提出了新要求。他明确提出，“要深化教育体制改革，健全立德树人落实机制”。[①] 2019 年是深入贯彻落实全国教育大会精神的开局之年，同时也是实施《国家中长期教育改革和发展规划纲要（2010 ~2020 年)》和《国家教育事业发展“十三五”规划》的关键之年，在习近平总书记重要讲话精神的指引下，教育体制改革将进一步深化。

① 《习近平在全国教育大会上强调，坚持中国特色社会主义教育发展道路 培养德智体美劳全面发展的社会主义建设者和接班人》，《人民日报》2018 年 9 月 11 日，第 1 版。

（一）改革教育评价制度，扭转不科学的教育评价导向

习近平总书记在全国教育大会上强调，要“扭转不科学的教育评价导向，坚决克服唯分数、唯升学、唯文凭、唯论文、唯帽子的顽瘴痼疾，从根本上解决教育评价指挥棒问题”。教育评价在教育实践中发挥着重要的导向作用。长期以来存在的“五唯”的不科学教育评价是导致许多教育问题的根源，已经成为教育全面改革有效推进和教育健康发展的主要障碍。破除“五唯”、改革教育评价制度，将成为今后教育体制改革的重点。改革教育评价制度，确立科学的教育评价导向，一要改革学生评价制度，扭转以分数论成败、以考试成绩定优劣的片面评价，健全以德智体美劳、综合素质和能力为主要内容的学生评价机制，把学生引导到全面发展和健康成长的道路上来；二要改革学校评价制度，扭转以升学率为主要甚至唯一标准的学校评价，健全以贯彻党的教育方针、遵循教育规律、落实立德树人根本任务为主要内容衡量教育质量和办学水平的学校评价评估机制，把各级各类学校引导到以培养全面发展的人为主要职责的发展道路上来；三要改革教师评价制度，扭转以文凭、论文和帽子为主要依据的教师评价和职称评审现象，健全以理想信念、道德情操、扎实学识、仁爱之心为主要内容的教师评价机制，把教师引导到安心从教、热心从教、教书育人的道路上来。

（二）健全教育和人才培养体系，完善协同育人机制

教育体系和人才培养体系不健全、育人机制不完善严重制约了学生的全面发展和人才培养，是我国教育的突出问题。所以，必须把“努力构建德智体美劳全面培养的教育体系，形成更高水平的人才培养体系”、完善育人机制作为教育改革的重之重。一要健全教育体系，坚持德育为先，德育智育体育美育劳动教育五育并举，在坚定理想信念、厚植爱国主义情怀、加强品德修养、增长知识见识、培养奋斗精神、增强综合素质等六个方面下功夫。就目前而言，尤其要重视学生综合素质培养，补齐体育、审美与人文教育和劳动教育短板。二要健全人才培养体系，坚持以立德树人为根本任务，各级

各类教育都要把立德树人融入教育全过程，科学设计和建设学科体系、教学体系、教材体系、管理体系，把思想道德教育（或思想政治教育）工作体系建设作为重要内容贯通其中。三要完善协同育人机制，进一步明确和落实家庭、学校、政府、社会在教育中责任，构建家庭、学校、政府、社会相互协同的育人机制，就目前而言，尤其要重视家庭和社会在青少年成长成才中的责任，提高家庭教育和社会教育的能力，充分发挥家庭第一个课堂、父母第一任教师的作用和社会的支持与服务作用。

（三）全面提高教育质量，深化义务教育教学改革

提高教育质量是“十三五”时期教育改革发展的主题，近年来，学前教育、高等教育和职业教育相继出台了重大改革举措，义务教育质量的提高已经提上重要议程。2019 年 1 月 23 日，中央全面深化改革委员会第六次会议审议通过了《关于深化教育教学改革全面提高义务教育质量的意见》。围绕全面提高教育质量的义务教育教学改革将成为今后教育改革的亮点。深化义务教育教学改革，一要落实立德树人根本任务，着眼于德智体美劳全面发展，坚持素质教育发展方向，着力提高学生的综合素质和能力。二要深化课程教材教法改革，以培养和提高核心素养为导向，完善课程方案和课程标准；在推进道德与法治、语文和历史三科统编教材使用普及的同时，鼓励其他科目教材的改革；在逐步消除大班额的同时，推进小班化教学，支持教学改革创新实验。三要加强义务教育教师队伍建设，在提升教师学历水平的同时，着重提高教师教育教学能力，强化师德师风建设。四要提升均衡发展水平，坚持义务教育学校办学和管理标准，加快推进城乡义务教育一体化，加大乡村义务教育支持力度，着力提高乡村学校办学水平。五要推进教育信息化，加大信息技术与教育教学的深度融合，扩大优质教育资源覆盖面。

（四）深化办学体制和教育管理改革，充分激发教育发展生机活力

办学体制和教育管理是影响教育发展活力的重要因素，激发教育发展的生机活力必须通过深化办学体制和教育管理改革，打破制约教育发展的体制

机制束缚，发挥各类办学主体的积极性。一要进一步深化办学体制改革，充分调动社会力量和资源参与办学。继2016年和2018年两次修正的《民办教育促进法》颁布，加快出台《民办教育促进法实施条例》和完善相关激励政策，支持和规范民办学校办学，吸引社会力量通过各种途径和方式扩大教育投入和参与办学。二要改革教育管理方式，进一步推进教育放管服改革，简化和规范教育督查、检查、评审和评估，提高服务能力和水平，切实扩大学校办学自主权和减轻学校负担。完善社会监督机制，鼓励社会参与教育治理，培育和规范相关专业社会组织，发挥第三方评估作用。三要进一步推进教育法治化，完善教育法律法规和制度，为学校依法自主办学和创造性地开展教育教学改革提供良好环境和充分保障。健全教育执法机制，加大教育执法力度。四要加强教育标准化建设，加快制定和完善重点领域的标准，为教育科学和规范发展提供依据。

（五）全面总结经验教训，扎实推进考试招生制度改革

自2014年《国务院关于深化考试招生制度改革的实施意见》颁布实施以来，我国招生制度改革全面推进，取得了积极进展。但是，在改革进程中也出现了一些困难和问题。如在高等学校考试招生制度改革中，作为试点的浙江省因违规通过和执行了英语加权赋分的错误决定造成不良后果，包括教育厅长在内的相关责任人被追责；原定2018年秋季起实行新高考的18个省份，有10个省确定推迟。在已经实行新高考的省份，也出现高中综合素质评价内容不适用、高中学业成绩不被重视、自主招生加重考生负担、实行选科组合导致高中分班管理困难、师资力量和教室等教学硬件不足、考生科目选择不均衡等问题；高等职业教育院校、高中阶段学校招生考试制度改革进展相对滞后；义务教育阶段学校实现全面就近入学还存在一些问题，择校现象依然存在。考试招生制度改革事关社会公平公正，人民群众普遍关心，社会高度关注，实现2020年的考试招生制度改革目标，时间紧迫，须加大改革力度。一要在全面总结近年来考试招生制度改革的经验教训和不足的基础上加快完善改革方案，以问题为导向，制定和实施相应的配套政策；二要加

强招生考试的督查和指导，加大招生考试治理力度，杜绝违规现象发生；三要进一步明确各级政府在推进招生考试制度改革中的责任，以目标为导向，及时解决招生考试制度改革中遇到的困难，为实现既定的改革目标提供充分保障。

（六）进一步扩大教育对外开放，提高中外合作办学水平

改革开放40年，我国教育对外开放逐步扩大，与国外教育合作交流不断加强，对推动我国教育改革、提高我国教育国际影响力起到了极大的促进作用。但是，进入新时代，随着我国改革开放的深入，特别是对外开放战略的全面升级和推动构建人类命运共同体作为党和国家使命的确立，以及加快教育现代化和建设中国特色、世界水平的现代教育的需要，教育对外开放必须进一步扩大。一要增强教育对外开放对党和国家中心工作和国家重大战略的服务能力。作为对外开放事业的重要组成部分，教育对外开放必须服务于党和国家的工作大局，紧密联系和对接国家重大战略，适应我国经建设和社会发展的需要，以此制定和完善我国教育对外开放的相关政策。二要提高教育对外开放的层次和质量。要实施与我国综合国力和国际地位相匹配的高水平对外教育合作交流项目，积极引进国外优资教育资源，深度参与国际教育规则和标准制定，主动提供高质量的国际教育服务。三要提升中外合作办学水平。修订和完善《中外合作办学条例》及相关政策，加强中外合作办学监管，健全准入制度，建立质量保障机制。鼓励我国高校与国外世界一流高校开展合作办学。优化孔子学院布局，着力提高办学质量和水平。

B.12
2018年中国社会保障改革进展与展望

李志明*

摘　要： 2018年是改革开放40周年。改革开放以来，中国社会保障制度改革取得了世界上没有先例的巨大成就，总体上实现了从内生于计划经济体制的国家—单位保障制向适应于市场经济体制的国家—社会保障制的转变。2018年中国在养老保险体系建设等方面取得了较大进展，特别是社会保障管理体制得到了重大优化调整。展望2019年，中国社会保障体制改革在养老保险、医疗保险、失业保险、长期护理保险等多项社会保险制度方面有望迈出实质性步伐，社会救助和社会福利领域也有望在推进立法进程、兜底保障等方面扎实推进，划转部分国有资本充实社保基金将继续得到落实。

关键词： 社会保障制度　体制改革　改革成就

一　改革开放以来社会保障体制改革总体回眸

（一）从内生于计划经济体制的国家—单位保障制而来：改革的逻辑起点

计划经济时期，中国建立了内生于计划经济体制的以国家—单位保障制

* 李志明，中共中央党校（国家行政学院）社会和生态文明教研部副教授，主要研究方向：社会政策、社会治理与民生保障。

为核心特征的社会保障体制。其基本框架由国家保障[①]、城镇单位保障[②]、农村集体保障[③]等三大部分组成，其中：城镇单位保障因其保障全面且水平较高而成为整个计划经济时期社会保障制度的主体，国家保障与农村集体保障则构成了整个社会保障制度的两翼。计划经济时期社会保障体制最核心的特征概括起来就是国家负责、单位包办。在强调国家—单位—个人根本利益一致的前提下，国家扮演着社会保障体制的确立者、担保者的角色；国家（主要通过政府）与单位相互依存，共同承担为单位所属的社会成员提供社会保障的责任。

总的来说，在计划经济时期，社会保障、职工福利与劳动就业三者之间高度重合，国家（政府）、单位以及职工之间事实上形成了一种特殊的隐性社会契约[④]：国家为积累更多的资金统一调配使用，通过单位给个人支付低工资，并提供各项福利保障措施作为补偿；个人获得低工资并将部分保障受益权转化为国有或集体资产的一部分，以此获得无须以缴费作为对价的福利保障待遇；工作单位则变成一个个“小型福利社会”，例如，城镇企业单位不仅需要为开办劳动保险出资，而且还要为职工提供从住房福利到教育福利、从就业安置到贫困救助、从疾病医疗到职工食堂等在内的多种多样的职工集体福利，其自身生存维系则又须从国家接受各种补贴。这是社会保障体制改革的逻辑起点。

（二）向适应于市场经济体制的国家—社会保障制而去：改革的成就与问题

“文化大革命”结束后，中国各项事业逐渐进入改革开放新时代。社

① 国家保障主要包括以政府财政拨款为基础直接实施的机关事业单位工作人员社会保障、城镇居民价格补贴、军人保障、民政福利、农村救灾救济等保障项目。

② 城镇单位保障主要包括企业从其自身经营收益中直接提取经费并自行组织实施的职工劳动保险、职工集体福利。

③ 从社队集体单位统一核算中的统一提留提供经费支持的合作医疗、五保户供养及其他福利保障等。

④ 参见李志明《中国城镇企业职工养老保险制度的历时性研究》，第66页，知识产权出版社，2015。

会保障体制改革总体上朝着建立适应于市场经济体制的国家—社会保障制来进行，在经历了改革前的准备阶段（1978～1985年）、为国企改革配套阶段（1986～1992年）、为市场经济改革服务阶段（1993～1997年）、逐渐回归本源阶段（1998年以来）后，取得了巨大的改革成就，也很好地保障和维系了整个经济社会转型以及经济持续增长四十年的奇迹，起到了为改革开放保驾护航的重要作用。

1. 取得的成就：为四十年的改革开放安全护航

主要成就表现在：一是国民社会保障观念取得了根本性进步。从改革前个人"等单位、靠国家（政府）"、没有分担社会保障责任的意识，到改革后普遍认同社会保障责任应由国家（政府）、企业和个人三方共担。这种观念革新，客观上为社会保障走向责任合理分担以及制度理性发展奠定了良好的思想基础，也为制度进一步变革扫清了观念上的障碍。

二是实现了新旧体制的整体转型，新型社会保障体系得以确立。经过改革开放四十年以来的制度实践，社会保障体制已经实现从国家—单位保障制转向国家—社会保障制的历史性变革，覆盖全民、城乡统筹、权责清晰、保障适度、社会化、多层次、可持续等建制原则，已经得以确立并在实践中日益得到体现。在实现新旧体制整体转型的同时，社会救助、社会保险、社会福利、慈善事业、商业保险以及军人保障等六大部分，共同构成了新型社会保障体系的总体框架。

三是将国外经验与具体国情相结合部分实现了制度创新。在改革社会保障体制的过程中，中国重视学习和借鉴国外的经验，并将其与本国制度实践相结合进行部分政策创新，也为世界社会保障制度发展提供了新鲜的中国经验。以基本养老保险制度为例，"统账结合"的制度架构将现收现付制下的收入再分配功能和基金积累制的缴费激励功能以及能够较好应对人口老龄化的功能融合起来，构建了一种兼具现收现付制与基金积累制优势的新型制度。

四是社会保障制度化建设取得了巨大进展。计划经济时代的社会保障实践通常是按照部门规章以及规范性文件的要求来开展，现在则逐渐上升到法律、法规或者部门规章的层次，法制化建设确实取得了长足的进步。与法制建设进展同步，社会保障管理与经办体制也同样取得了长足进展。

五是社会保障体制改革的实践效果明显。这既表现在较好地化解了经济体制改革相伴而生的社会风险，先是为国有企业改革，继而是为整个经济改革发展创造了稳定的社会环境；又表现在新型社会保障制度保障了越来越多的城乡居民的基本生活权益；还表现在社会保障水平稳步提高、较好地保障了城乡居民的基本生活以及社会保险规模不断扩大、社会保障公共服务体系初步形成。

2. 存在的问题："摸着石头过河"带来的后遗症

例如，新型社会保障制度建设依然滞后于经济社会发展的需要，并且群体间、城乡间、区域间社会保障待遇差距过大。又如，从反对计划经济时期的平均主义的极端走向了过于强调效率优先的另一个极端，直接损害了社会保障制度固有的公平性；打破计划经济时代吃社会保障"大锅饭"走向过于强调自我负责的极端，连带损害了社会保障制度互助共济的本质属性。再如，渐进改革方式虽然能够避免导致全局性的重大失误，但是也存在着影响改革深化和新制度长期试而难定的缺陷，并形成对"试点先行—逐渐推广—全面实施"的渐进改革模式的路径依赖，大大增加了改革的难度。这些问题的出现，既有以往改革不到位的原因，也有建制理念不清的因素存在，还有很多制度和项目的出台是由于"头痛医头脚痛医脚"的应急性政策需求所引致。当然，也应当看到，改革开放以来的中国社会保障体制改革没有现成的经验可资借鉴，属于"摸着石头过河"的渐进性改革，因此，存在失误与问题在所难免。

二　2018年中国社会保障制度改革进展

（一）养老保险体系建设迈出重要步伐

2018 年中国在构建多层次养老保险体系上迈出重要步伐，不仅基本养老保险制度关键改革取得突破，作为补充支柱的商业养老保险试点也正式实施。

基本养老保险基金全国统筹是优化养老保险制度的关键，能够起到牵一发而动全身的作用，带动养老保险制度全面深化改革各项重点任务取得关键进展。[①] 2018 年，中国终于在实现基本养老保险基金全国统筹上迈出艰难但扎实的一步。2018 年 5 月 30 日，国务院发布《关于建立企业职工基本养老保险基金中央调剂制度的通知》（国发〔2018〕18 号），决定在企业职工基本养老保险现有省级统筹的基础上，通过实行部分养老保险基金汇集给中央统一调剂使用，均衡各个省级统筹地区间基金支付负担，作为实现养老保险全国统筹的第一步。客观来讲，以中央调剂金制度作为中间步骤是对“尽快实现”养老保险全国统筹的客观压力以及“一步到位实现”养老保险全国统筹的现实困难的折中和妥协，同时兼具倒逼各省（自治区、直辖市）尽快完善省级统筹制度、实现真正意义上的养老保险基金统收统支的功效。根据该通知，各省级统筹区域上解额与在职应参保人数（而非“实际参保人数”）、职工平均工资[②]正相关，当中内嵌了倒逼各省级统筹地区征缴扩面、充分参保的机制。

除此之外，2018 年 3 月 26 日，人力资源社会保障部、财政部印发了《关于建立城乡居民基本养老保险待遇确定和基础养老金正常调整机制的指导意见》（人社部发〔2018〕21 号），通过建立城乡居民基本养老保险待遇确定和基础养老金正常调整机制，尝试解决制约该制度功效发挥的保障水平较低、待遇确定和正常调整机制尚未健全、缴费激励约束机制不强等问题，同时也使城乡老年居民的基本养老金预期从模糊不定走向清晰化。这也是 2018 年中国在基本养老保险制度改革领域的另一项举措。

继 2017 年发布《企业年金办法》和《关于加快发展商业养老保险的若干意见》之后，2018 年中国又在构建多层次养老保险体系方面取得新进展。

① 李志明：《破解养老保险制度改革困局》，《学习时报》2015 年 9 月 10 日，第 5 版。

② 为统计部门提供的城镇非私营单位和私营单位就业人员加权平均工资。

2018 年 4 月 2 日，财政部、税务总局等五个部门联合下发《关于开展个人税收递延型商业养老保险试点的通知》（财税〔2018〕22 号），决定选择上海市、福建省（含厦门市）和苏州工业园区等区域实施个人税收递延型商业养老保险试点：允许试点地区对个人购买符合规定的商业养老保险产品的支出在一定标准内予以税前扣除，并且对计入个人商业养老资金账户的投资收益留待个人领取商业养老金时再按规定征收个人所得税。同时，为便于纳税人及时享受政策、规范纳税申报，2018 年 4 月 28 日，国家税务总局发布《关于开展个人税收递延型商业养老保险试点有关征管问题的公告》，进一步明确了相关具体操作问题。该通知和公告的发布，标志着个人税收递延型商业养老保险试点正式实施，试点后这些税收优惠政策将在全国范围内施行，多层次养老保险体系建设又有了重要的政策支撑。

（二）医疗保障领域改革继续推向深化

2018 年，中国在医疗保障领域最大的改革举措在于生育保险与医疗保险正式合并实施。2018 年 12 月 29 日，十三届全国人大常委会第七次会议通过《关于修改〈中华人民共和国社会保险法〉的决定》，通过修改《社会保险法》第六十四条第一款以及第六十六条，将基本医疗保险基金与生育保险基金合并建账及核算以及预算合并编制，从而实际上确定了生育保险与医疗保险在全国范围内合并实施。这项改革举措既为强化生育保险与医疗保险这两项制度的基金共济能力并增强财务可持续性创造了条件，也为未来生育保险可能发生的制度转变奠定了基础，即将生育保险的一部分保障待遇真正纳入基本医疗保险、另一部分保障待遇逐步转化并扩展成惠及所有生育女性的生育津贴。

当前，中国正处在脱贫攻坚决胜时期，现有建档立卡贫困人口中因病致贫比例超过 40%，因此，需要充分发挥基本医疗保险、大病保险、医疗救助等医疗保障制度在提高医疗保障水平、缓解因病致贫返贫方面的重要作用。为此，国家医疗保障局、财政部、国务院扶贫办于 2018 年 9 月 30 日联合制定并印发了《医疗保障扶贫三年行动实施方案（2018～2020 年）》，决定立足现有的医疗保障制度，重点聚焦“三区三州”等深度贫困地区以及因病致贫返贫等特殊贫困群体开展精准施策、综合保障，因病致贫返贫问题可望得到有效治理。

为进一步减轻患者治病用药负担，2018 年 9 月 30 日国家医疗保障局颁布《关于将 17 种抗癌药纳入国家基本医疗保险、工伤保险和生育保险药品目录乙类范围的通知》（医保发〔2018〕17 号），将 17 种抗癌药纳入国家基本医疗保险，并确定了医保支付标准。

此外，国家医疗保障局、国家卫生健康委、公安部、国家药监局联合开展了“全国打击欺诈骗取医疗保障基金专项行动”，还发文专门加强对定点医药机构的协议管理，确保医保基金安全。与此同时，国家发展改革委印发《关于对社会保险领域严重失信企业及其有关人员实施联合惩戒的合作备忘录》，对社保失信者予以惩戒。这一系列举措将有利于打击和制裁社会保障领域的各类违法违约违规行为，维护制度威信和基金安全。

（三）社会福利与慈善事业取得新进展

2018 年中国社会福利与慈善事业也取得了一些新进展。一是国务院于 2018 年 7 月 10 日发布了《关于建立残疾儿童康复救助制度的意见》（国发〔2018〕20 号），决定建立残疾儿童康复救助制度体系，努力实现符合条件的 0 ~6 岁视力、听力、言语、肢体、智力等残疾儿童和孤独症儿童“人人享有康复服务”。该意见的出台有助于弥补残疾人福利事业的短板，并促使这一制度向着更加积极有效的方向发展。

二是 2018 年 3 月 5 日，民政部会同人力资源社会保障部、国家卫生计生委、中国残联联合制定并印发《残疾人服务机构管理办法》，为对提供养护照料等残疾人服务的各类机构进行监管提供直接依据，促进了残疾人福利事业健康发展。

三是 2018 年 10 月 30 日中国制定并公布了首部关于儿童福利机构的管理规章——儿童福利机构管理办法，明确了儿童福利机构的服务对象，并对儿童福利机构的服务内容、内部管理提出了明确要求。

四是2018年8月6日，民政部制定并公布《慈善组织信息公开办法》。该办法应《中华人民共和国慈善法》提出的要求，规范了慈善组织的信息公开行为，与《慈善法》其他配套规章形成合力，共同维护社会公众的知情权以及增强慈善组织公信力。

（四）社会保障管理体制发生重大优化调整

2018年中国社会保障领域最为重大的改革恐怕还属管理体制的优化调整。在当年的党和国家机构改革方案中，社会保障工作获得了更高程度的重视，不仅直接负责管理社会保障事务的部门不减反增，社会保障管理体制也从过去的部门分割走向整合优化。具体表现在以下几方面。

一是在保留民政部、人力资源和社会保障部的同时，新组建与社会保障事务密切相关的退役军人事务部作为国务院组成部门和作为国务院直属机构的国家医疗保障局。其中，民政部的退役军人优抚安置职责，人力资源和社会保障部的军官转业安置职责，以及中央军委政治工作部、后勤保障部有关职责整体归入退役军人事务部；人力资源和社会保障部的城镇职工和城镇居民基本医疗保险、生育保险职责，国家卫生和计划生育委员会的新型农村合作医疗职责，国家发展和改革委员会的药品和医疗服务价格管理职责，民政部的医疗救助职责全部交由国家医疗保障局。退役军人事务部和国家医疗保障局的增设，突出地体现了社会保障在国家治理体系中的重要地位，也是党中央和国务院对社会保障高度重视的直接体现。

二是各社会保障主管部门间职责的重新调整很大程度上优化了社会保障管理体制。例如，退役军人事务部的设置，打破了原有退役官兵保障、安置及相关事务分割管理的状态，将促进退役军人间的权益公平并提高管理效能。又如，国家医疗保障局统一管理原属人力资源和社会保障部管理的城镇职工和城镇居民基本医疗保险以及原属国家卫计委管理的新型农村合作医疗，符合将同一类或关联度高的业务或事务交由同一部门统一管理的原则，中国医疗保障管理体制得以统一。再如，本轮机构改革方案将全国社会保障基金由国务院管理划归财政部管理，则更加符合该机构单纯负责基金运营、实现保值增值目标的职责定位，使该机构回归本源角色。最后，本轮机构改革方案还将基本养老保险费、基本医疗保险费、失业保险费、工伤保险费、生育保险费等各项社会保险费交由税务部门统一征收，自20世纪90年代就已形成的社会保险费交由税务部门和社会保险经办机构分散征收的管理体制得以最终归于统一。[①]

上述社会保障管理体制的重大优化调整既是中国行政体制改革的重大成果，促进了国家治理体系和治理能力现代化，又具体扫除了以往长期制约社会保障全面深化改革的管理体制障碍，使许多过去分散管理的社会保障事务得以遵循制度内在规律要求走向集中统一管理，为未来制度发展演进奠定了组织管理基础。同时，集中行使管理职权也为社会保障领域的行政问责创造了良好条件。

（五）其他相关方面改革进展

2018年2月国务院办公厅印发的《基本公共服务领域中央与地方共同财政事权和支出责任划分改革方案》（以下简称《改革方案》），明确将包括基本养老保险（城乡居民基本养老保险补助）、基本医疗保障（城乡居民基本医疗保险补助、医疗救助）、基本生活救助（困难群众救助、受灾人员救助、残疾人服务）以及基本住房保障（城乡保障性安居工程）等社会保障事务在内的8大类18个具体的基本公共服务事项纳入中央与地方共同财政事权范围，由中央财政和地方财政共同承担支出责任，并对部分基本公共服务事项按照中央分档分担办法明确了中央财政和地方财政支出责任分担的具体比例。《改革方案》是对党的十八届三中全会提出的关于“建立事权和支出责任相适应的制度”的全面深化改革举措的具体落实，对于加快建立权责清晰、财力协调、标准合理、保障有力的基本公共服务制度体系和保障机制意义重大。依据《改革方案》，国务院办公厅还于2018年8月13日发布

① 郑功成：《着力奋进新时代 社保改革再出发》，《中国社会保障》2018年第4期，第25～26页。

了《医疗卫生领域中央与地方财政事权和支出责任划分改革方案》，决定对城乡居民基本医疗保险补助支出责任实行中央分档分担办法，分五个档次安排补助资金：第一档[①]中央分担 80%；第二档[②]中央分担 60%；第三档[③]中央分担 50%；第四档[④]中央分担 30%；第五档[⑤]中央分担 10%；对医疗救助则由中央财政根据救助需求、工作开展情况、地方财力状况等因素分配对地方转移支付资金。

2018 年 11 月 6 日，住房城乡建设部、财政部印发《农村危房改造脱贫攻坚三年行动方案》，决定以建档立卡贫困户为重点，统筹推进建档立卡贫困户、低保户、农村分散供养特困人员和贫困残疾人家庭等 4 类重点对象的危房改造，并逐步探索建立农村贫困群体住房保障制度。这标志着住房保障将不再是城镇居民的专利，而开始转变为面向城乡居民的制度安排。

此外，为进一步降低企业用工成本，增强企业发展活力，2018 年 4 月 20 日人力资源社会保障部和财政部联合发布《关于继续阶段性降低社会保险费率的通知》（人社部发〔2018〕25 号），决定自 2018 年 5 月 1 日起继续阶段性降低企业职工基本养老保险单位缴费比例、失业保险总费率、工伤保险费率至 2019 年 4 月 30 日。

三　2019年中国社会保障制度改革展望

2018 年适逢党和国家机构改革，几乎所有与社会保障事务有关的中央部门都需要进行机构、职能和人员调整。紧随其后，地方各级党委政府的机构也在进行相应改革。因此，客观来讲，2018 年中国正处于机构改革期间，在

① 包括内蒙古、广西、重庆、四川、贵州、云南、西藏、陕西、甘肃、青海、宁夏、新疆 12 个省（区、市）。

② 包括河北、山西、吉林、黑龙江、安徽、江西、河南、湖北、湖南、海南 10 个省。

③ 包括辽宁、福建、山东 3 个省。

④ 包括天津、江苏、浙江、广东 4 个省（市）和大连、宁波、厦门、青岛、深圳 5 个计划单列市。

⑤ 包括北京、上海 2 个直辖市。

社会保障制度建设和变革方面并没有迈出太大的步伐。也正因为如此，可以预见，在更好地理顺管理体制之后，作为新中国成立70周年以及全面建成小康社会关键之年，2019年中国社会保障制度改革将有望迎来阶段性高峰。

（一）社会保险制度建设有望迈出实质性步伐

在养老保险方面，2019年，随着职工基本养老保险基金中央调剂金制度得到实施，各地推进基本养老保险基金省级统收统支、实现真正意义上省级统筹的步伐将得到加快，此项工作有望在2020年全面完成，为基本养老保险基金全国统筹打好基础。与此同时，由于中央调剂金制度中内嵌了倒逼征缴扩面的机制，可以预见，各省份必将加大将基本养老保险制度覆盖面扩展至中小微企业和广大农民工、灵活就业人员、新就业形态人员等群体。除此之外，笔者在《中国社会体制改革报告（2017）》中论及的养老保险制度改革总体方案中“进一步完善个人账户制度”和“推出渐进式延迟退休年龄政策”这两项近年来进展不大的改革举措也有望在2019年取得新的进展。

在医疗保险方面，已经推进整合的城镇居民基本医疗保险和新型农村合作医疗在管理职能统一交由新组建的国家医疗保障局承担后，将有望于2019年在全国范围内建立起统一的一体化城乡居民基本医疗保险制度。这意味着目前在各地由人力资源社会保障部门或卫生健康部门统一经办管理的居民基本医疗保险制度将交由国家医疗保障部门统一经办管理。与之城乡居民基本医疗保险制度相伴随，面向城乡居民的大病保险制度将走向完善和统一。此外，在2018年12月19～21日召开的中央经济工作会议上提出，2019年要“把更多救命救急的好药纳入医保”。由此，我们可以预见，2019年将有更多常见病、慢性病以及负担重、危害大疾病和公共卫生等方面的用药以及临床必需、疗效确切的药品被纳入基本医疗保险报销范围，即便无法直接纳入甲类药品也可以先纳入乙类药品。

在失业保险方面，2019年可期待的最大进展在于《失业保险条例》的修订。2017年11月人力资源社会保障部已经就《失业保险条例（修订草案征求意见稿）》向全社会公开征求意见，目前正在反馈意见的基础上对修订草案进行修改。当前，国内外经济形势较为严峻特别是中国“稳就业”任务艰巨，急切需要发挥失业保险制度预防失业、促进就业的功能。鉴于此，作为行政法规的《失业保险条例》的修订工作进度有必要加快，通过调整扩展失业保险基金支出范围，增加具有预防失业功能的技能提升补贴和稳定岗位补贴以及具有促进就业功能的职业技能鉴定补贴和创业补贴等，实现失业保险功能向稳定就业和预防失业的延伸。因此，修订后的《失业保险条例》有望在2019年颁布实施。

在探索中的长期护理保险方面，正在河北省承德市等15个城市试点中的该制度有望在2019年迎来试点总结性评估环节，为制定在全国范围内正式实施的长期护理保险制度奠定基础。2016年6月27日人力资源和社会保障部办公厅发布的《关于开展长期护理保险制度试点的指导意见》提出，力争在“十三五”期间基本形成适应我国社会主义市场经济体制的长期护理保险制度政策框架。因此，这项重要制度的试点工作有望在2019年进入收官总结。与之相配套，面向失能人群的长期护理服务体系建设也将于2019年纳入重要议事日程，这在2018年12月19~21日的中央经济工作会上已有明确部署。

（二）社会救助与社会福利领域紧扣重点扎实推进

2019年社会救助领域值得期待的进展在于《社会救助法》立法工作有望重新启动。由于各方分歧较大，2014年各界期盼的《社会救助法》草案最终未能通过最高立法机关的审议，取而代之的是颁布施行由国务院制定的行政法规——《社会救助暂行办法》，用以作为全面统筹各项社会救助事务的基本法律规范。作为《社会救助法》正式出台前效力最高的法律规范，《社会救助暂行办法》实施以来取得了较好的实践效果，社会救助工作成效显著，社会救助立法的时机已经成熟：社会救助制度及其实施、救助管理机制、救助信息平台、基层经办工作模式等方面都已经有了很多有益探索和经验；学术界对于社会救助法的研究日益深入，也为立法工作提供了理论支撑。未来的《社会救助法》需要着力解决家庭财产及收入核查问题、社会救助体系涉及的多个主管部门之间的协调问题、社会救助与社会保险等制度的衔接问题、社会救助法与商业银行法的衔接问题等。

除了立法，2019 年社会救助制度将在脱贫攻坚中发挥更大的作用。2015 年底起全面打响的脱贫攻坚战进行到现在时间已经过半，所剩最艰巨的脱贫任务集中在以“三区三州”为代表的深度贫困地区以及老人、病人、残疾人等特殊贫困群体上，并且越往后占比越高。面对这种情势，继续实施开发式扶贫固然重要，但是保障性扶贫手段的重要性将越来越高，包括最低生活保障、特困人员供养、医疗救助、教育救助、住房救助、就业救助、临时救助等在内的社会救助制度都将发挥重要功效，对建档立卡贫困人口起到兜底保障作用。

在社会福利方面，2019 年中国将在建立困难残疾人生活补贴和重度残疾人护理补贴标准动态调整机制和深化殡葬制度改革等方面取得进展。2015 年 9 月 25 日国务院发布了《关于全面建立困难残疾人生活补贴和重度残疾人护理补贴制度的意见》，为社会中最弱势的困难残疾人和重度残疾人提供了必要的生活和护理保障，但是补贴标准动态调整机制一直没有建立起来，这一建制要求在 2019 年有望实现。近年来，农村殡葬制度改革正在全国范围内推进，2018 年民政部也已就《殡葬管理条例》（修订草案）公开征求意见，对实践中暴露出的许多问题亟须深化改革。

（三）划转部分国有资本充实社保基金继续得到落实

2017 年 11 月 9 日，国务院印发《划转部分国有资本充实社保基金实施方案》，要求划转部分国有资本充实社保基金专项用于弥补企业职工基本养老保险基金缺口。该实施方案提出，将按照“试点先行、分级组织、稳步推进”的原则完成划转工作。根据计划，2018 年及以后将在总结部分中央企业和省份试点经验的基础上，分批划转其他符合条件的中央管理企业、中央行政事业单位所办企业以及中央金融机构的国有股权。2019 年中央经济工作会议也明确提出，要继续划转部分国有资本充实社保基金，可见此项工作在 2019 年将有比较大的实际推进。

B.13

2018年社会养老服务发展回顾与展望

叶响裙*

摘　要： 2018年是改革开放40周年。改革开放以来我国养老服务先后经历了初步探索、体系构建、全面发展和快速推进等发展历程，社会养老服务政策支撑体系日益完善，养老服务能力显著提升。2018年，面对人口老龄化的挑战，我国持续加强养老服务供给，创新社区居家养老服务模式与服务方式，不断提升养老院服务质量，全面放开养老服务市场。展望2019年，要进一步明确政府的核心职能，重点保障兜底性养老服务的供给，建设完善社区居家养老服务设施，促进养老服务业持续健康发展，加强对养老服务市场的监管。

关键词： 养老服务　人口老龄化　社区

人口老龄化是贯穿我国21世纪的基本国情，是深刻影响我国社会经济发展的重大问题。我国人口老龄化具有规模大、速度快、任务重等特点。加快现代养老服务体系建设是积极应对人口老龄化的重要举措。目前我国养老服务发展取得明显成效，同时仍然存在诸多挑战和困难，亟待加大建设力度，进一步促进养老服务体系的完善。

---

* 叶响裙，中共中央党校（国家行政学院）公共管理教研部教授。

一　改革开放以来养老服务发展历程

在我国传统社会中，养老基本上属于个人和家庭事务。新中国成立后，政府为城市“三无”人员修建福利院，为农村“五保”人员修建敬老院，着力解决这些特殊困难老年人的基本生活照料问题。改革开放以后，我国加大社会养老服务体系建设力度，不断提升养老服务供给能力。根据不同时期养老服务发展特点，可以将改革开放以来我国社会养老服务的发展划分为以下三个阶段。

（一）第一阶段：社会养老服务初步探索（20世纪80年代到1999年）

改革开放后，计划经济时期建立的单位福利体制被打破，国家开始进行社会福利制度的改革。1984 年，在全国民政社会福利工作会议上，民政部首次提出了社会福利社会化的构想。[①] 随着市场经济体制改革的深入进行，“单位人”逐步变为“社会人”，养老服务社会化的需求急剧增长，老年人社区服务随之出现。

1994 年，《中国老龄工作七年发展纲要（1994～2000）》发布，提出坚持家庭养老与社会养老相结合的原则，增加老年人福利设施，扩大社会化服务范围。1996 年，《中华人民共和国老年人权益保障法》颁布实施。[②] 自此以后，我国老龄工作进入法制化轨道。1998 年，民政部选定 13 个城市进行社会福利社会化试点工作。[③]

总的看来，这个时期老龄问题已进入国家视野，国家解决老龄问题的视

① 韩艳：《中国养老服务政策的演进路径和发展方向——基于 1949～2014 年国家层面政策文本的研究》，《东南学术》2015 年第 4 期。

② 马岚：《改革开放四十年我国社会化养老服务的政策演进和发展趋势》，《重庆社会科学》2018 年第 12 期。

③ 韩艳：《中国养老服务政策的演进路径和发展方向——基于 1949～2014 年国家层面政策文本的研究》，《东南学术》2015 年第 4 期。

角由家庭逐步转向社会。但养老服务的对象比较有限，主要面向生活困难的孤寡老人。服务的内容也比较单一，仅限于日常生活照料和简单的护理服务。2000 年，中国正式进入人口老龄化阶段，老龄化的快速发展使得养老服务的需求强劲增长，由此推动一系列养老服务发展的政策出台。

（二）第二阶段：社会养老服务体系建构（2000～2012年）

2000 年，《中共中央、国务院关于加强老龄工作的决定》颁发，该文件正式提出建立和完善老年社会服务体系，是进入 21 世纪后对我国养老服务做出的总体规划。2005 年民政部出台《关于支持社会力量兴办社会福利机构的意见》，启动全国养老服务社会化示范活动。

2006 年颁发的《国民经济和社会发展第十一个五年规划纲要》对“养老服务”进行了专门部署，“养老服务”首次被纳入国家发展纲要。同年第二次全国老龄工作会议提出，建立“以居家养老为基础、社区服务为依托、机构养老为补充”的中国特色养老服务体系。2012 年 12 月《老年人权益保障法》经重新修订后颁发实施，第一次在国家法律层面规定“国家建立和完善以居家为基础、社区为依托、机构为支撑的社会养老服务体系”。①

在这一阶段，我国已正式进入人口老龄化阶段，原有的家庭、单位以及社会福利设施难以满足日益增多的老年人口的需要，迫切需要发展社会化的养老服务。面对新的社会需求，我国不断出台促进社会养老服务发展的政策，政府在养老服务领域的职能日益强化。社会化的养老服务体系从无到有逐步建立起来，为社会养老服务的全面发展奠定了良好的基础。

（三）第三阶段：社会养老服务全面发展和快速推进（2013年至今）

随着我国人口老龄化进程日益加快，如何积极有效应对人口老龄化，已

① 民政部社会福利和慈善事业促进司：《为了夕阳红满天——老年人福利与养老服务 40 年发展历程与成就》，《中国民政》2018 年第 24 期。

成为国家发展战略层面的重大问题。以习近平为总书记的党中央高度重视养老服务发展，党的十八大报告中明确提出“要积极应对人口老龄化，大力发展老龄服务事业和产业”，表明了新一届政府应对老龄化的态度和决心。2013 年，《国务院关于加快发展养老服务业的若干意见》（国发〔2013〕35 号）颁发。该文件吹响了快速推进我国社会养老服务业发展的号角，自此以后，我国政府全面部署加快推进养老服务业发展，社会养老服务发展迎来黄金时期。

2015 年，《国务院办公厅转发卫生计生委等部门关于推进医疗卫生与养老服务相结合指导意见的通知》，全面部署推进医养结合工作。医养结合是实现健康养老的重要途径，也是积极应对人口老龄化战略的重要部署。随着老龄化程度快速加深，老人对医疗护理的需求也会急剧增长，以生活照料为主的养老服务体系，远远不能满足老年人健康养老的需求，推进医养结合，促进养老资源和医疗、护理资源的有效整合，是大势所趋。

2016 年《国务院办公厅关于全面放开养老服务市场提升养老服务质量的若干意见》颁发。2017 年，民政部等部门又联合印发《关于加快推进养老服务业放管服改革的通知》。这两个文件的出台，旨在推进养老服务业“放管服”改革，[①] 在发挥政府主导作用的同时，营造公平竞争的市场环境，激发社会力量和民间资本参与养老服务业的积极性。

党的十八大以来，养老服务发展速度明显加快，社会养老服务体系建设进入了全面展开、加速发展的阶段。此阶段在增加养老服务供给总量、优化养老服务供给结构的同时，着力推进养老服务供给方式创新以及养老服务质量提高，着力建设多元化、多层次、专业化的社会养老服务体系，从而更好地满足广大老年人多样化的养老服务需求。

① 民政部社会福利和慈善事业促进司：《为了夕阳红满天——老年人福利与养老服务 40 年发展历程与成就》，《中国民政》2018 年第 24 期。

二　2018年养老服务发展现状与成效

（一）积极应对人口老龄化，加强养老服务供给

我国人口老龄化发展态势迅猛，对社会养老服务发展提出了迫切的要求。从现阶段看，我国人口老龄化具有以下特点：一是规模大。到2018年底，全国60周岁以上老年人口达2.5亿，占总人口的比例提升到17.9%。二是速度快。以65周岁以上老年人口比重从7%增加到14%所需的时间看，法国用了115年，美国、英国用了40多年，而我国只用了23年。三是任务重。我国老龄化与少子化并存，加剧了未来人口老龄化的严峻形势。从老年人健康状况看，我国老年人口健康水平普遍偏低，失能、半失能老年人超过4000万。与先期进入人口老龄化的发达国家相比，我国人口老龄化进程超前于经济社会发展，属于比较典型的“未富先老”“未备先老”国家，而且老龄化问题与转型发展中的问题相互交织、相互重叠，使我们面临的挑战更大，应对的任务更重。

快速发展的人口老龄化，对社会养老服务发展提出了迫切要求。2018年，我国加大养老服务发展力度，进一步健全法规政策体系，加强养老服务供给。《老年人权益保障法》完成修订工作，国务院出台推进养老服务的意见，发改委、民政部等有关部门编制《国家积极应对人口老龄化中长期规划》。民政部统计数据显示，目前我国各省份均已建立高龄津贴制度，30个省份建立服务补贴制度，29个省份建立护理补贴制度，20个省份建立留守老年人关爱服务制度，基本实现老年人高龄津贴、服务补贴和护理补贴制度的全国覆盖。享受高龄津贴、服务补贴和护理补贴的老年人分别达到2680万、354万和61万人。[①] 全国注册登记养老机构2.98万个，机构床位392.8万张。[②]

---

① 《2018民政事业成果丰硕》，《中国民政》2019年1月15日。

② 韩秉志：《“五星级”养老院初露端倪》，《经济日报》2019年2月26日。

（二）创新居家社区养老服务模式与服务方式，不断提升居家社区养老水平

到2018年底，民政部已连续在90个地区开展了3批居家与社区养老服务改革试点，各地不断拓展居家社区养老功能，完善运行管理机制，创建了各具特色的居家社区养老模式和行之有效的服务方式，探索出不少具有推广价值的实践经验。

“嵌入式”养老服务模式。此模式创新性地将养老机构“嵌入”老年人居住的社区，使养老机构与社区环境融为一体，老年人不必离开熟悉的生活环境和人际关系，在社区甚至在家就可享受养老服务。入驻社区的养老机构尽管规模小，投入门槛低，但却能提供专业化高质量的护理服务。社区养老服务机构不仅提供日间“托老”服务，而且能提供全天候服务；不仅能满足老年人基本养老服务需求，而且还能充分利用各种社会资源，增强老年人对社区的归属感。上海市部分区镇设立的“长者照护之家”即是该模式的典型代表。

虚拟养老院模式。对养老服务对象实行会员制客户管理，利用现代信息技术，搭建养老服务信息平台。在主动获取老人需求信息之后，快速编制计划，及时组织服务供给，并对服务质量和满意度等进行有效监督，为服务对象提供个性化与专业化服务。在苏州市沧浪区试点建设的“虚拟养老院”，老年人只需打一个电话，就可获得6大类53项服务。“虚拟养老院”依托现代信息技术，采用市场化的运作手段，搭建居家养老的社区服务平台，有效满足了老年人的多样化服务需求。①

“应急服务”模式。许多地方在社区建成养老信息化网络，为独居、空巢老人配置安装“居家助理”“一键通”等居家呼叫系统。② 当老年人有服务需要时，拨打呼叫平台电话，坐席人员会及时调取老人的基本信息，快速

① 张艳：《快速老龄化背景下苏州市社区养老服务体系建设研究——以沧浪区“邻里情”虚拟养老院为例》，《社会保障研究》2010年第9期。

② 张建平：《全面推进江苏省社区居家养老服务》，《中国民政》2012年5月8日。

地向老年人提供有针对性的生活照料、家政料理、床位护理和精神慰藉服务，确保老年人在紧急情况下能够得到及时援助。目前武昌区已初步形成了区级平台协调调度、街道居家养老服务中心监督管理、社区工作站和加盟商落实服务的三级服务管理体系。

推进省级示范性社区居家养老服务中心建设。一些地区注重以点带面，促进社区居家养老服务水平整体稳步提升。如浙江省于2018年出台《示范型居家养老服务中心基本规范（试行）》，明确六大功能及服务对象、服务内容、服务要求和收费方式。截至2018年底，全省共建成兼具日间照料与全托服务功能的示范型居家养老中心2.36万个。[①]

推进社区老年人助餐点建设。合肥市出台针对老年人的助餐补贴和运营补贴政策，建立政府补贴、企业让利、街道社区支持的“大助餐”体制机制，营造人人参与、人人共享的助餐配餐服务格局。截至2018年底，合肥市助餐点主要有公办公营、公私合营、企业或社会组织自营三类模式，企业自营已成为“主力”。在政府和社会力量的共同推动下，目前合肥的社区助餐点已发展到211家，城市社区助餐服务覆盖率达到65%，初步形成遍布全市的助餐网络。[②]

（三）取消养老机构设立许可，全面放开养老服务市场

2018年可谓我国养老服务市场扩大开放之年。2018年7月，国务院常务会议决定取消养老机构设立许可等17项行政许可事项。2018年12月29日，新修改的《中华人民共和国老年人权益保障法》颁发。自新修改的《老年人权益保障法》发布之日起，各级民政部门不再受理养老机构设立许可申请。[③]

取消养老机构设立许可，是国家深化养老服务业“放管服”改革、营

---

① 《居家无忧养老距离我们有多远——2019年地方“两会”代表委员关注居家养老》，《中国社会报》2019年3月6日。

② 《居家与社区养老服务不断升级 让老年人未来可期》，《中国社会报》2019年3月8日。

③ 《取消养老机构设立许可 加强事中事后监管》，《中国社会报》2019年1月4日。

造公平竞争市场环境的重大决策部署，是回应民众迫切关心的重点难点问题、进一步激发养老服务业创新活力的重要举措。

2018 年是养老服务市场全面放开的关键年。为进一步开放养老服务市场，各地积极进行试点探索，进一步对民营、外资等社会资本放开，精简审批手续，降低准入门槛、鼓励国内社会资本和外资加大对养老服务市场的投入。如北京市鼓励民营和外商投资企业在京设立社区养老服务驿站、医养结合服务机构，提供多元化养老服务。贵州省提出，全面放开养老市场，积极鼓励民营资本进入养老服务市场，放宽外资准入，并明确享受同等优惠政策。辽宁省也推出有关政策提出对外资全面实行准入前国民待遇加负面清单管理制度，全面放开养老等领域。① 各地还因地制宜，出台相关政策，鼓励社会力量参与公办养老院改革，运用独资、合资、合作、联营、参股、租赁等方式，促进养老服务市场主体多元化发展，以不断满足民众多样化的养老服务需求。

三　养老服务展望与建议

（一）保障兜底性养老服务供给，建立基本养老服务制度

明确政府的职责范围，界定政府与市场、社会的功能与边界，是持续推进养老服务发展的内在要求。在养老服务发展过程中，保障兜底性养老服务供给、建立基本养老服务制度是政府的核心职能。

《“十三五”推进基本公共服务均等化规划》对于基本养老服务有明确的界定。“国家建立完善基本社会服务制度，为城乡居民提供相应的物质和服务等兜底帮扶，重点保障特定人群和困难群体的基本生存权与平等参与社会发展的权利。”② 由此可见，政府要发挥托底救急的作用，基本养老服务

① 闻之：《养老服务市场迎扩大开放年——有利于促进国内养老服务质量提升》，《劳动保障世界》。

② 甄炳亮：《抓住新机遇迎接新挑战 推进新时代养老服务业发展》，《中国社会工作》2018 年第 1 期（中）。

重在兜底线、救急难，养老服务保障的重点对象是失能失智老年人，尤其是经济困难的失能、半失能老年人。我国目前失能半失能老年人为4000万人，其中重度失能失智老年人接近1000万，他们是最迫切需要养老服务的群体。目前国家对“五保”和“三无”等经济困难的老年人，是有相应的政策支持的。而事实上，许多失能老人虽然与家人同住，但家庭的支持能力是不足的，也迫切需要得到政府和社会的支持。① 政府要切实履行在养老服务中兜底线、救急难的职责，完善养老服务补贴制度，扩大长期照护保险试点，通过多种方式，确保经济困难的失能老人的基本养老服务需求得到满足。

面对人口老龄化的严峻形势，政府要加快建立基本养老服务制度。就我国现阶段而言，按照《老年人权益保障法》的规定，基本养老服务主要是面向失能失智老年人的，服务内容包括“生活照料、紧急救援、医疗护理、精神慰藉、心理咨询等”，同时政府根据其经济状况，给予相应的服务或护理补贴。

事实上，基本养老服务的内涵、范围与标准并不是固定不变的，而是会随着社会经济的发展而变化。面对当前我国急速增长的养老服务需求，政府亟待加强养老服务的顶层设计，建立与我国社会经济发展条件相适应的、覆盖全体老年人的基本养老服务制度，进一步明确基本养老服务的范围和标准，在发挥家庭和个人作用的基础上，尽早实现各类老年人“人人享有基本养老服务”的目标。②

（二）建设完善社区居家养老服务设施，整合社区居家养老服务资源

要进一步落实国家关于推进居家养老服务工作的政策，在总结近几年各地试点经验的基础上，细化社区居家养老服务的支持政策，提出一揽子切实有效的政策措施。从实际出发，根据本地经济发展状况和居民消费水平，做

① 李珍：《完善养老服务体系的思考与建议》，《中国人口报》2018年12月14日。

② 王延中、龙玉其：《我国养老服务体系建设的进展、问题与对策》，《中国浦东干部学院学报》2018年第2期。

好社区养老服务设施建设的统筹规划，有效解决社区养老服务机构建设运营中面临的实际困难，加大力度培育社区居家养老服务机构，完善社区居家养老服务设施网点布局。

大力推进基层社区医养结合，将健康管理融入居家社区养老服务中。医疗与养老服务资源的整合需要适当的平台，在推进“医养结合”改革过程中，社区发挥了关键性作用。基层医疗卫生机构是离老人最近的医疗服务机构，具有地理位置优势。要切实发挥医疗卫生机构对养老事业的医疗支撑作用，提高基层医务人员提供健康管理服务的积极性，广泛推广家庭医生签约服务。组织辖区内老年人定期进行体检和健康状况评估，为老年人建立健康档案，开展健康教育、健康指导和预防保健活动，为老年人提供在社区和上门的医疗和康复护理服务。

制定家庭内部养老照护服务的支持政策。家庭成员的养老照护不仅可以降低服务供给的成本，而且有利于增强照护者与被照护者之间天然的情感联系，极大提升老年人的满意度和幸福感，这是社会化的和市场化的照护服务难以实现的。要借鉴国内外有益经验，制定合理可行的激励措施，鼓励家庭成员为老年人提供生活照料和护理服务。如通过购房减税等优惠政策，鼓励子女和父母同住或就近居住；对提供长期护理服务的家庭成员进行所得税减免或社会保障降费，还可提供喘息服务或者直接发放服务津贴；允许医务人员上门服务，解决家庭长期护理中最急迫的需求，① 从而为家庭内部养老照护服务提供实现可能。

加强社区、家庭与养老机构之间的协作。为更好地回应广大老年人就近养老的现实需求，可借鉴上海等地实践经验，在中心城区，建设推广嵌入式社区养老服务机构，实现居家、社区、机构养老的融合。在郊区农村，发展睦邻互助点，以农村自有住宅、闲置房屋为依托，推动农村老人“不离乡土、不离乡邻、不离乡音、不离乡亲”的互助式养老。

---

① 李珍：《关于完善老年服务和长期护理制度的思考与建议》，《中国卫生政策研究》2018 年第 8 期。

（三）进一步完善政策支持体系，促进养老服务业发展

政府在保障基本养老服务供给的同时，还要做好统筹规划，发挥好在健全制度、引导投入、规范市场等方面的主导作用，营造良好的发展环境，充分利用市场、社会等多方面资源，推动社会力量和民间资本发展各种业态的养老服务业，满足不同人群多样化、差异化的养老服务需求。

推进养老机构改革，实现各类养老机构公平竞争。目前，公办养老机构属于事业单位，隶属于行政等级化体系，受到行政性管理机制的制约，具有明显的“行政化”特征，易出现多头管理、权责不明、运行低效等问题。如一些公办养老机构收养完全能自理的活力老人，却享受高额的财政补贴，造成养老服务市场价格扭曲。因此，要按照“政事分开、管办分离”的原则，改革公办养老机构管理体制和运行机制，营造公平竞争的市场环境，促进各类服务机构平等竞争。当前最迫切的，是理顺政府和公办养老机构的财政补偿关系，完善现行财政补贴政策，建立公平的补贴机制，对公办机构和民办机构一视同仁。现阶段应将财政支出的政策由补供给方转向以补需方为主，实现“钱随人走”，由需求来创造供给而不是供给创造需求，充分发挥财政资金对民间资本的引导作用。老年人对养老服务的需求是多样化的，他们自主选择适合个人偏好的养老服务，也可以使财政资金得以发挥更大效用。

推进养老服务专业人才队伍长效机制建设。将社会工作、护理、康复、营养等养老服务专业人才队伍建设纳入经济和社会发展总体规划，将养老服务人员的专业化程度作为对养老服务机构进行评估的重要指标，并将其作为政府购买服务的重要条件。加强养老服务人才培训，实施养老护理人员培训计划，逐步完善覆盖全国的养老服务培训与继续教育网络。建立健全养老服务专业人才激励保障政策，逐步提高养老服务专业人才整体薪酬，对于急需紧缺的优秀养老服务专业人员，在落户、住房、子女教育等方面依规享受相关优惠和补贴。①

① 梁丽霞：《加快建设养老服务体系》，《光明日报》2019 年 2 月 15 日。

（四）加强对养老服务市场的监管，提升养老服务质量

长期以来，养老机构普遍存在监管难的问题。国家全面放开养老服务市场、取消养老机构设立许可之后，对养老机构的事中事后监管提出了更高的要求。

第一，按照新修订的《中华人民共和国老年人权益保障法》，调整完善养老服务事中事后监管法律条款，及时修订完善与许可管理直接相关的配套政策，确保行政审批制度改革后，相关政策制度平稳过渡。①

第二，明确养老服务监管职责，完善养老服务监管体制。养老服务体系的发展涉及多个部门，《老年人权益保障法》提出“县级以上人民政府民政部门负责养老机构的指导、监督和管理，其他有关部门依照职责分工对养老机构实施监督”②。基于此，要进一步明确民政部门指导、监督、评价等责任，发挥其在养老服务管理中的枢纽作用，同时要明确房屋、消防、卫生等专业部门监管职责，健全政府部门监督制度，建立部门之间的协调机制，使相关职能部门既各司其职、权责一致，又相互协调。

第三，创新养老服务监管机制。完善政府绩效评估机制，将养老服务业发展状况与成效作为重要内容，纳入政府部门责任清单和绩效管理，及时发现和解决问题。建立养老服务信用评价制度，对服务质量好、诚实守信的服务机构给予支持激励，对服务质量差、经营中存在失信问题的服务机构进行惩戒。充分发挥行业组织、社会媒体、老年人及其家属等多元主体的监督作用，搭建社会监督平台，健全第三方评估，建立养老服务行业黑名单制度和市场退出机制，以多种形式对养老服务业规划和相关政策执行情况进行督查评估，向社会公开督查评估结果，以促进养老服务机构规范管理和服务提升。③

---

① 民政部：《各级部门不再受理养老机构设立许可申请》，《新京报》2019 年 1 月 3 日。

② 甄炳亮：《抓住新机遇迎接新挑战 推进新时代养老服务业发展》，《中国社会工作》2018 年第 1 期（中）。

③ 王建军：《加快推进现代养老服务体系建设》，《中国社会工作》2018 年第 9 期（中）。

B.14
2018年我国就业扶贫的进展、问题与展望

刘　芳*

摘　要： 就业扶贫是实现2020年脱贫目标的重要途径。通过就业帮扶不仅能让有劳动能力的建档立卡贫困人口增加收入，而且能建立持久的反贫困体系，有效解决扶贫脱贫可持续问题。近年来我国就业扶贫工作取得了突出成效，但同时也在把握贫困劳动力切身需求、提供强有力的政策资金支持、增强贫困人口脱贫内生动力等方面存在诸多困难。今后要进一步突出问题导向，优化贫困劳动力就业政策供给，全力保障就业扶贫成效，为打好精准脱贫攻坚战、决胜全面建成小康社会做出最大努力。

关键词： 就业扶贫　精准扶贫　贫困劳动力

打好精准脱贫攻坚战，是以习近平同志为核心的党中央做出的一项重大决策部署，对于决胜全面建成小康社会具有决定性意义。其中通过开展就业扶贫，促进农村贫困劳动力就业，不仅有利于直接增加贫困家庭收入，而且有利于鼓励和激发其内在动力，变“输血”为“造血”，从而建立持久的反贫困体系，有效解决贫困代际传递等问题。在过去几年精准扶贫的实践探索

* 刘芳，中华慈善总会办公厅主任。

中，中央和地方针对贫困劳动力（16 周岁以上、有劳动能力的建档立卡贫困人口）的就业扶贫政策逐步完善，实效日渐凸显，成为推进我国精准扶贫的重要举措。本文将对我国就业扶贫工作的现状、主要问题和发展趋势进行简要的分析。

一　我国就业扶贫工作的进展

党的十八大以来，党中央全面打响精准脱贫攻坚战，经过各方的共同努力取得了决定性进展，其中就业扶贫工作功不可没。主要体现在以下几方面。

（一）就业扶贫政策体系逐步完善

作为扶贫战略的重要措施之一，就业扶贫受到国家的高度重视。2015 年 11 月底，《中共中央　国务院关于打赢脱贫攻坚战的决定》提出到 2020 年要确保我国现行标准下农村贫困人口实现脱贫，其中“引导劳务输出脱贫”成为实施精准扶贫的重要方略之一。2016 年 11 月，国务院印发《“十三五”脱贫攻坚规划》，专章部署转移就业脱贫工作，并提出了劳务协作对接行动、重点群体免费职业培训等 6 项专项行动。12 月，人社部等多部委《关于切实做好就业扶贫工作的指导意见》中提出，要围绕实现精准对接、促进稳定就业的目标，通过开发岗位、劳务协作等措施，带动促进 1000 万贫困人口脱贫。2017 年 1 月，国务院印发《“十三五”促进就业规划》，提出要通过精准对接、劳务协作和政策扶持推进就业扶贫。进入 2018 年，就业扶贫政策更加积极。6 月，党中央、国务院部署《关于打赢脱贫攻坚战三年行动的指导意见》，提出鼓励贫困地区发展生态友好型劳动密集型产业、开发公益岗位、实施专项脱贫行动等，提高劳务组织化程度和就业脱贫覆盖面，全力推进就业扶贫。8 月，人力资源社会保障部、财政部提出进一步加大就业扶贫政策支持力度，确保完成带动 300 万贫困人口增收脱贫的目标任务。此外，民政部、全国总工会等相关部门也相继出台了有关促进政策。各地方积极贯彻中央关于就业扶贫的重要部署，因地制宜，推出了各具特色的执行方案。如河北省人力资源和社会保障厅、扶贫办等6部门联合打出政策组合拳，出台了“1+9”就业扶贫政策体系，覆盖贫困劳动力各类对象和就业创业各环节。作为全国6个重点扶贫省份之一，四川省针对深度贫困地区专门出台了支持彝族群众转移就业的八条措施，鼓励企业吸纳、组织技能培训，支持自主创业，2016年以来为88个贫困县安排就业扶贫专项资金8亿元，保障政策落实。

（二）贫困劳动力就业公共服务更加有效

一是大力开展对贫困劳动力信息收集与管理。准确把握贫困劳动力的基本情况和动态变化，做到底数清、情况明，是开展就业扶贫工作的基本前提。各地根据中央要求，下大功夫采集贫困户的详细信息，了解和掌握他们的就业状况、培训需求和就业意愿，力争精准识别、精准施策。四川省通过进村入户、全面对比复核等方式，摸清全省深度贫困地区贫困劳动力和年度计划脱贫贫困劳动力底数，在45个深度贫困县的3993个贫困村统一建立贫困劳动力基本信息和就业信息名单，安排专项工作经费及时更新，做到了“家底清、去向明”。新疆以精准化的信息平台为支撑，建立农村劳动力培训就业管理服务系统，对转移人员的基本情况、能力素质、就业去向、工资收入做到全面掌握和精准实时维护，建立起前方带队干部、后方工作人员、输入地的三方联动机制。二是全面开展对贫困劳动力劳动技能培训。各地坚持就业导向和精准方略，持续开展贫困劳动力职业技能培训，落实职业培训补贴，提升贫困人口就业创业能力。人社部实施技能脱贫专项行动和技能脱贫千校行动，制定了增强贫困地区职业技能培训供给能力等一系列措施，力争达到“培训一人、就业一人、脱贫一户”的效果。2017～2018年9月底，全国开展贫困劳动力培训325万人次，上千所技工院校招收贫困家庭子女9.9万人、开展贫困劳动力职业培训25.5万人次。除了开展培训提升贫困劳动力的就业能力以外，各地着力加强对贫困人口的就业服务，积极践行“精准施策”的理念，采取针对性的就业援助行动，帮扶就业困难人员实现就业。

（三）促进就地就业和转移就业成效更加显著

针对有劳动能力和就业意愿的农村贫困劳动力，各地积极拓宽当地就业渠道，组织转移就业，吸纳贫困劳动力就业。一是设立扶贫车间，将劳动密集型产业引入乡村。山东省鄄城县董口镇立足本镇深度贫困的现状，依据“车间驻村、居家就业、群众脱贫、集体增收”的思路，将闲置民宅、村小学旧址等废弃场所改造成扶贫车间，通过选好用好乡村能人、小老板，引导青年返乡创业等方式，吸引了发制品、服装加工、户外家具、电子配件等劳动密集型的产业向车间“放活儿”，共吸纳2000余名贫困人口，辐射带动5000余名当地群众稳定就业。此类经验在山东省迅速推广，全省已建扶贫车间6126处，帮助43万名小农户实现就业，带动9.8万名贫困人口脱贫。二是开发公益性岗位。各地根据贫困村情况与村民实际，通过政府购买服务，开发生态保护、环境卫生、村庄道路维护及集体自然资源管护等多种类型的公益性岗位，在实现贫困人口的就业和增收的同时，也增加了当地的公共服务供给。河南省洛宁县结合当地公路养护、天然林保护、河道管理、水利设施管理、村级卫生保洁的实际情况，在全县建档立卡贫困户中选聘农村公路养护员、卫生保洁员、水利管理员、河道管理员和生态护林员。从事这些公益性岗位的贫困户每人每年能获得3000～6000元的劳务报酬补贴。三是鼓励农民工和农民企业家返乡，鼓励各方面人才下乡创业，以创业带动当地发展和当地贫困劳动力就业。以四川省眉山市为例，作为劳务输出大市，全市350万人口中，常年外出务工的就有110万人，其中在省外务工的有50万人左右。眉山市在北京等12座城市成立“眉山市驻外创业就业服务站”，通过提供金融信贷等服务，支持农民工和农民企业家返乡创业。在利好政策的引导下，该市近年已有近8万名在外人员返乡创业，创办服务、建筑等各类企业1.8万余家、家庭农场600多家、乡村客栈120多家，带动当地30多万人就业。四是组织劳动力转移就业。各地积极拓展劳务基地，开展劳务对接，输转富余劳动力，促进贫困地区农民转移就业。作为人社部确定的全国贫困人口劳务协作工作试点县，湖北省郧西县与广州、深圳、北京平谷区等地建立劳务协作关系，举办专场招聘会，2016、2017 年两年组织输出贫困劳动力 4 万余人，就业稳定率 80% 以上，外出就业贫困劳动力年均收入 3 万元。新疆围绕党中央治疆方略，特别是社会稳定和长治久安总目标，强化区内劳务协作，推动就业扶贫。2018 年 1 月，制定南疆四地州深度贫困地区就业扶贫三年 10 万人规划，目前有组织转移 22 个深度贫困县建档立卡贫困家庭劳动力 8.2 万人，其中，签订 6 个月以上劳动合同 7.5 万人，稳定就业率达 92%。2018 年 4 月，广东、湖南、湖北劳务协作脱贫试点工作正式启动，按照“政府推动、市场主导、有限目标、逐步拓展”的原则，围绕“实现精准对接、促进稳定就业”总体目标，范围涵盖三省和试点市县的几十万贫困劳动者，试点工作取得较好成效。

（四）贫困劳动力就业规模进一步扩大

截至 2018 年 9 月，全国累计帮扶 859 万名贫困劳动力实现就业。其中湖北省全省建档立卡的 156.68 万名贫困劳动力还未脱贫的有 80.13 万人，通过岗位推送、劳务协作、技能培训等方式帮助 50.96 万名贫困劳动力实现了就业。河北省建档立卡贫困劳动力 30.84 万人，实现就业 21.01 万人，其中通过“贫困车间吸纳、返乡创业带动、有组织劳务输出、公岗安置”四个渠道就业 5.45 万人，分别完成国家三年目标任务的 175.08%、136.25%，就业稳定率在 60% 以上；培训 10.62 万人次，实现有培训意愿贫困劳动力全覆盖。江西 31.6 万名本省户籍未脱贫贫困劳动力，实现就业 22.7 万人，占比达 71.8%；深度贫困村的 2.75 万名本省户籍未脱贫贫困劳动力，已有 1.67 万人实现就业，占 60.7%。甘肃省共完成建档立卡贫困劳动力培训 24.7 万人，输转建档立卡贫困劳动力 37.2 万人。

二　我国就业扶贫中存在的问题

党的十八大以来，我国就业扶贫工作进展顺利、成效显著。到 2020 年，要确保实现促进 100 万贫困劳动力就业、带动 300 万贫困人口脱贫的目标任务。如何进一步找准穷根、明确靶向，紧贴贫困劳动力实际需求，开展就业扶贫，阻止贫困代际传递，特别是将就业扶贫与乡村振兴结合起来形成长效机制，其中的困难和问题不容忽视。

（一）贫困劳动力转移就业难度加大

当前我国经济进入新常态，市场就业需求增速放缓，对脱贫减贫的带动效应也相应降低。沿海地区企业受经济转型、产业结构转型升级等因素影响，市场用工需求下降，企业对于普通劳动力的招聘意愿持续减弱，贫困地区向外转移就业的难度加大。然而与市场日益增长的高素质、技能型劳动力需求相对应的，是农村贫困劳动力文化水平和劳动技能水平偏低，与市场需求不能很好地匹配。以云南省为例，多数进城务工的农民只有小学或初中文化，受过专业技能培训的不足三成，有的在语言交流、技术学习等方面还存在一定障碍，目前仍以从事建筑、搬运等低端服务业为主，收入和稳定性都不高。部分贫困劳动力存在“等、靠、要”的思想，因自身文化素质等因素，对外出就业存在顾虑。很多贫困地区交通闭塞、信息化水平低、缺乏有效的公共就业服务，贫困劳动力难以自主获取及时有效的劳务信息，主要靠亲友介绍或自发转移，外出务工具有很强的盲目性和随意性，在就业过程中处于劣势，切身利益得不到有效保障。部分地区政府在探索组织化、规模化的贫困劳动力转移的过程中，也存在劳务输出品牌意识不强、劳动力技能不高等问题。

（二）针对贫困劳动力就业服务的精准化程度和实效性有待提升

一是未充分考虑贫困劳动力的差异化和实际需求。有的贫困人口自身虽然有劳动能力，但由于家庭成员中有老、弱、病、残等情况，无法外出或从事全日制、长期的常规工作。而这些特殊困难往往也是其家庭陷入贫困的重要原因，仅从就业的角度很难帮助其实现脱贫的目标。二是对贫困劳动力的劳动技能培训效果有待提升。针对贫困地区劳动力文化素质和技能水平偏低、与市场需求脱节等问题，各地开展了多种形式的技能培训。然而在实践过程中，有些地方缺乏对市场的敏感度以及深入细致的调研，以致培训内容老套、课程设置单一、实用性不强，与用工需求不能很好地匹配；有些地方将培训视为政治任务，导致部分贫困劳动力认为参加培训是走过场、帮助村里完成任务，参加培训的积极性和主动性不高；有些地方只注重培训任务的完成情况，缺少相应的反馈评价跟踪机制和对贫困劳动力就业状况的跟踪反馈机制，不能将培训与就业脱贫有效地结合起来，制约了培训效果的进一步提高。在针对贫困家庭子女开展职业教育方面，有的技工院校不能将培训与就业脱贫有效结合，培训模式较为单一，培训内容较为老化、偏理论性，实用性和操作性不高，而且难以充分考虑学生自身关于就业择业的发展需求，不能很好地保证学生的长远发展。

（三）推进就地就业和返乡创业在实践中存在不足

一是贫困地区原有就业机会有限。贫困地区由于受到自身地理位置、发展理念、经济条件等方面的限制，在引入投资和企业入驻方面存在较大困难，缺乏一定的工业企业，贫困劳动力现有的就业机会不多。二是就地扶贫项目存在“形象工程”“面子工程”的问题。当前，扶贫车间等各类扶贫项目已在我国很多贫困地区建立起来。然而一些地方为完成当前的考核指标，只重视扶贫项目的立项和建设，不重视后期的运营管理和监督工作，导致无法保证扶贫项目的质量，取得的成效较低，直接浪费了国家发放的扶贫资金。三是创业担保贷款政策对小微企业的支持力度不大。小微企业由于其灵活多样、劳动密集型等特点，在吸纳贫困劳动力就业方面发挥了独特、积极的作用。但是由于现有的创业担保政策门槛较高、条件过多，小微企业融资难、融资贵仍是创业和发展过程中最大的拦路虎。贫困劳动力在自主创业发展过程中，也存在找项目难、找担保人难、找房产抵押难等问题。

（四）基层政府就业扶贫资金支持和公共服务保障力度不够

一些特困地区贫困人口基数大、经济基础薄弱，随着中央和地方政府一系列就业扶贫政策的推进，就业专项资金的缺口很大，无法满足实际工作开展的需要。有些地方上级财政下拨的就业资金，仅够用于支付公益性岗位等基础性工作，由于地方财政困难，所能给予的配套资金十分有限，也无法真正激发创业、就业活力。此外由于经费不足、人手不够、专业化不强等因素，贫困地区对贫困劳动力的公共就业服务大多体现为一些宣传活动日、就业扶贫招聘会等短期性、临时性活动，缺乏长期、稳定的就业服务保障，不能有效发挥基层公共就业服务机构在贫困劳动力就业方面的引导和服务作用。

三 对于我国就业扶贫工作的展望

根据党中央、国务院关于打赢脱贫攻坚战三年行动的部署以及人力资源和社会保障部、财政部等相关部门安排，下一步要继续加大对就业扶贫的政策支持力度，确保完成带动300万贫困人口增收脱贫的任务。针对现有的情况和存在的问题，需要着重做好以下几方面工作。

一是加强劳务协作，完善贫困劳动力劳务输出体制。贫困地区地方政府要充分认识劳务经济的重要作用，通过宣传政策、组织培训、对接岗位等方式，提高劳务输出组织化程度。与劳务输入地建立协同工作机制，发展订单式劳务派遣，推进区域间和区域内劳务协作。实施家政、护工等专项劳务对接扶贫行动，打造贫困地区劳务输出品牌。建立外出劳动力服务机构，帮助外出劳动力实现稳定就业。

二是完善基层公共就业服务体系，提高对贫困劳动力就业服务的质量。通过争取和保障经费、加强基层信息化建设、建立基层就业服务中心、充实基层就业服务队伍等方式，完善基层公共就业服务体系。通过组织上门服务、定点服务等方式，将就业创业扶持政策落到实处。充分发挥基层平台作用，深入了解贫困劳动力就业意向和用人单位需求信息，及时提供政策咨询、职业介绍服务，动态掌握贫困劳动力的就业情况，推动就业意愿、就业技能与就业岗位精准对接，促进贫困劳动力与用人单位对接。

三是将开发式扶贫作为脱贫基本途径，推进就地就业和返乡创业。各地应结合供给侧改革的发展形势，将供给侧基本特征与当地就业扶贫联动结合起来，选取符合本地发展状况的就业扶贫基地，重点扶持生态友好、劳动密集型、就业门槛低、产业增收效果好、发展稳定的产业，让贫困劳动力在家门口就可以实现就业脱贫。完善创业担保贷款政策，加大创业服务力度，通过岗位补贴、场租补贴等方式，支持农民工和农民企业家返乡创业，支持贫困劳动力自主创业，推进农民工创业园建设，推动创业带动就业。鼓励开发保洁、治安等多种形式的公益岗位，吸纳贫困劳动力就业。

四是充分发挥技能培训的作用，提升贫困劳动力的就业能力。要统筹整合各类培训资源，在深入了解市场用工需求的基础上，开展针对性和操作性强的技能培训，并将培训与就业率、就业收入、稳定性挂钩，充分发挥技能培训的实效。在人口密集、产业需要的贫困地区建设中等职业学校、职业技能实习实训基地，促进职业技能教育。将扶贫与扶志扶智充分结合起来，强化贫困群众自力更生的意识，注重提高贫困地区和贫困人口自我发展能力。

总之，在今后两年多的时间里，要进一步突出问题导向，努力打造贫困劳动力劳务输出体制，完善基层公共就业服务体系，提升贫困劳动力的就业能力，促进贫困地区开发式扶贫工作，不断夯实贫困劳动力就业脱贫的基础、拓展其就业脱贫的渠道，为打好精准脱贫攻坚战、决胜全面建成小康社会做出最大努力。

B.15
2018年医药卫生体制改革总体趋势与展望

胡 薇*

摘 要： 改革开放以来，中国的医药卫生体制改革经过了以“市场化”和“国家主导”为主要特征的两个重要的发展时期，取得了令人瞩目的成就。2018 年的改革呈现巩固攻坚、重点突破、联动改革的特点，在现代医院管理制度、医保谈判与支付改革、互联网医疗等多个方面取得重要进展。随着新时代的来临特别是全民医保时代的到来，医药卫生体制改革进入提质增效的改革新阶段。

关键词： 改革开放 40 年 医保谈判 互联网医疗 绩效考核 高质量发展

2018 年的医药卫生体制改革呈现巩固攻坚、重点突破、联动改革的特点，在现代医院管理制度建设、药品集采、医保谈判与支付改革、互联网医疗等多个方面取得了重要进展。最大的改革变化来自国家机构改革，新组建成立国家卫生健康委员会与国家医疗保障局，相关职责进一步调整集中，凸显“以健康为中心”的战略转变和“三医联动”的协调性。总体来看，2018 年的改革具有相当大的延续性，同时又有局部突破：一方面延续

---

* 胡薇，博士，中央党校（国家行政学院）副教授，研究方向：社会保障与社会政策。

了以降低药价为主要目标的取消药品加成和医药分开政策，另一方面也采取了以药品集采、医保谈判和降税减税为手段的新举措；既延续了以均衡配置医疗资源为主要目标的医联体、分级诊疗和家庭医生政策，同时又集中出台政策鼓励互联网医疗发展并加强对医联体的绩效考核；既延续了以建立现代医院管理制度为主要目标的加强党的建设、完善医院内部管理制度和外部治理体系的政策，又出台意见在全国 148 家医院开展建立健全现代医院管理制度试点，并于 2019 年初出台意见加强对三级公立医院的绩效考核。

一 中国医疗卫生体制改革主要成就

2018 年是中国改革开放 40 周年，而 2019 年则是新中国成立 70 周年，更是新医改的 10 年，总结并回顾中国卫生事业的发展，既带有致敬过去、展望未来之意，也是整装出发的必要之举。

新中国成立以来，中国一直坚持构建有自身特色的医疗卫生体系，曾创造出以赤脚医生、三级卫生保健站和农村合作医疗为主的“三位一体”的农村医疗卫生服务体系，被世界卫生组织誉为“发展中国家解决卫生经费的唯一范例”。在城市则依靠省、地、县三级卫生网络和劳保与公费医疗，以较低的投入实现了较为广泛的健康保障。数据显示，卫生事业费支出从“一五”时期占国家财政支出的 1.08%，发展到 1980 年的 2.49%。[①] 人民身体素质全面提高，人均寿命从新中国成立前的 35 岁提高到 1981 年的 67.9 岁，婴儿死亡率从新中国成立前的 200‰下降到 1981 年的 34.7‰。[②] 但是随着经济社会的发展，计划经济时期所形成的这套卫生体系逐渐暴露出大量问题，主要是政府管得太多、太死，服务的质量和效率不高，医疗资源的浪费现象比较严重。

---

① 中华人民共和国国家卫生健康委员会编《1996 年中国卫生统计提要》，http://www.nhfpc.gov.cn/mohwsbwstjxxzx/s7967/201307/0bef3281325040f7b55d854f5f69dc2a.shtml。

② 同上。

改革开放以来，中国医药卫生体制改革主要经过了两个重要的改革期，一是1978～2009年，即新医改之前，以“市场化”为主要特征的时期；二是2009年以来，以“国家干预”为主要特征的新医改时期。2015年以来，随着“健康中国”战略的提出，医改进入一个新的历史阶段，正在朝向全面建成小康社会和建设现代化强国的目标迈进。改革开放40年来，中国一直在探索用自己的办法破解医改这一世界性的难题，尽管有曲折和争辩，但改革的总体目标和方向是明确的，改革的步伐逐渐稳健，共识也不断增强，基本以“中央把控方向，地方试点推进”为主要特征，卫生事业取得了稳步发展，人民健康水平也得到了较大提高。

改革开放以来，我国对卫生事业的投入逐年增长，尤其是党的十六大以来，卫生投入的增长速度非常明显。数据显示，2017年底，我国卫生支出为1.52万亿元，占财政支出的比重从1990年的6.07%增至7.48%，政府支出占卫生总费用的比重也从1990年的25.06%上升至28.91%，政府责任日益凸显（见图1）。①

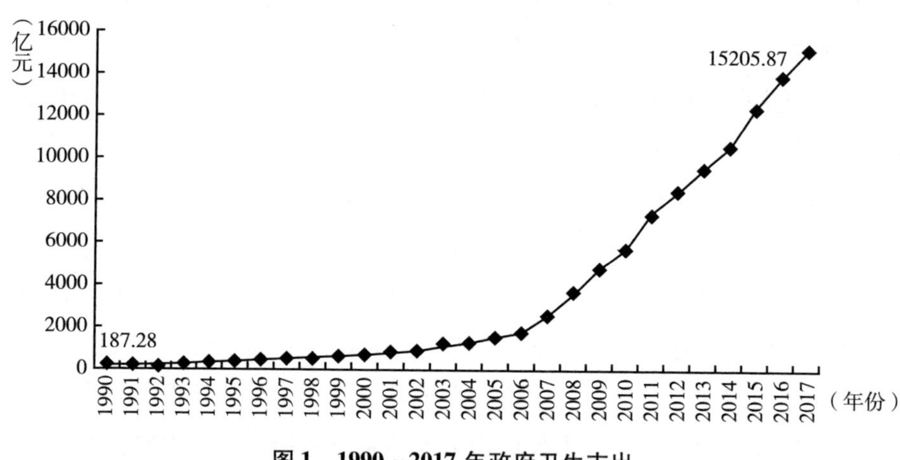

图1　1990～2017年政府卫生支出

资料来源：国家卫生健康委员会编《中国卫生健康统计年鉴2018》，中国协和医科大学出版社，2018。

① 国家卫生健康委员会编《中国卫生健康统计年鉴2018》，中国协和医科大学出版社，2018。

在政府投入不断加大，各地改革创新不断推进之下，人民从医改中的获益日益明显。数据显示我国医疗服务资源的增长非常明显，医疗机构床位数从1980年的218.44万张增长至2017年的794.03万张（医疗卫生机构包括医院、基层医疗卫生机构、专业公共卫生机构和其他医疗卫生机构）[①]，其中医院的增长体量非常大，特别是新医改以来，增长速度非常明显（见图2）。与1981年相比，婴儿死亡率从34.7‰降低至2017年的6.8‰，人均预期寿命从67.9岁增长至76.7岁。[②] 2016年，每千人口拥有医生数和床位数分别为2.3人和5.4张，分别较2010年增长了27.8%和50%。[③]

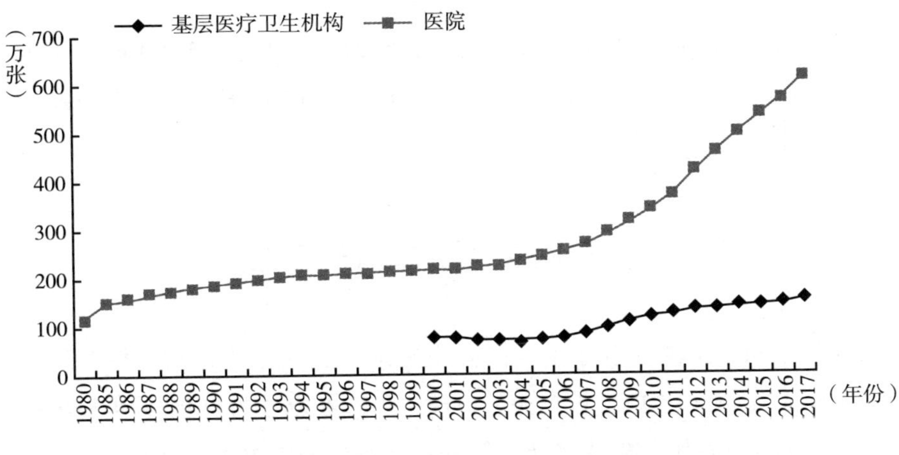

图2　1980～2017年主要年份医疗机构床位数增长情况

资料来源：国家卫生健康委员会编《中国卫生健康统计年鉴2018》，中国协和医科大学出版社，2018。

新医改以来，个人的医疗负担不断减轻，门诊病人次均药费比重从2010年的50.7%下降至41.5%。[④] 个人卫生支出占卫生总费用的比重在2001年达到顶点59.97%之后，逐年迅速下降，2017年底已降至28.8%（见图3）。

① 国家卫生健康委员会编《中国卫生健康统计年鉴2018》，中国协和医科大学出版社，2018。

② 国家卫生健康委员会编《中国卫生健康统计年鉴2018》，中国协和医科大学出版社，2018。

③《新闻办就深化医改和改善医疗服务有关情况答记者问》，http：//www.gov.cn/xinwen/2018-02/12/content_5266198.htm#1。

④ 国家卫生健康委员会编《中国卫生健康统计年鉴2018》，中国协和医科大学出版社，2018。

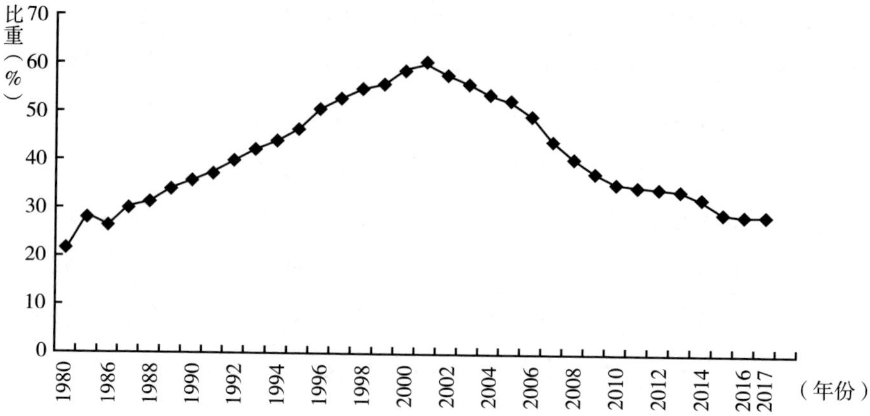

图3　1980～2017年主要年份个人卫生支出占卫生总费用的比重

资料来源：国家卫生健康委员会编《中国卫生健康统计年鉴2018》，中国协和医科大学出版社，2018。

二　2018年医药卫生体制改革总体趋势

2018年初，全国卫生计生工作会议提出了扎实推进以持续深化医药卫生体制改革为主的10项重点工作。目前来看改革确实按计划任务持续推进，在医保控费、医疗服务提质增效、药品改革等方面取得了突破性进展，改革的延续性较强。但另一方面，一些重点领域的改革进展却依然不明显，如公立医院薪酬制度改革。分析医改政策的具体举措无法脱离对社会发展总体形势的判断，以及国家医改政策的基本走向。

（一）"大健康"时代来临

2018年医改的最大影响来自国家卫生健康委员会和国家医疗保障局的组建。根据中办与国办印发的《国家卫生健康委员会职能配置、内设机构和人员编制规定》，国家卫健委的具体职能新增、强化与调整了多项，并入老龄化政策制定、职业安全健康监督管理等职责，强化了组织拟定国民健康政策等职能。卫健委的职能将更加注重以预防为主和健康促进、更加注重工作重心下移和健康促进、更加注重提高服务质量和水平、协调推进深化医药卫生体制改革等。

对医药卫生体制改革而言，卫健委的机构改革与职能调整释放出强烈的政策信号。首先，“健康”一词进入部委名称，预示健康中国建设进入大发展时期，“大卫生”“大健康”的理念要求未来改革将重点以促健康、转模式、强基层、重保障为着力点；其次，卫健委职能的转变表明我国卫生行政管理部门的职责将更多向政策制定、战略规划、行业监管等方面转移，相应则会减少对医疗服务行为的具体干预，而更多依靠监管、考核等手段推进改革。此外，规定特别强调了要“加大公立医院改革力度，推进管办分离，推动卫生健康公共服务提供主体多元化、提供方式多样化”，预示未来公立医院管办分离、社会办医、互联网医疗等迎来重要的改革机遇。

（二）“新医保”时代到来

最近十几年，中国的医疗保障体系建设进入飞速发展期。数据显示，2017 年底我国基本医疗保险已覆盖超过 13.5 亿人[①]，参保率在 95% 以上，基本已实现全民医保。但全民医保的实现和报销水平的不断提高却没有给患者带来显著获得感，凸显医保对医疗费用控制的乏力。如何更好地发挥医保作用，实现对医疗行为的调控成为最近几年学界和医界关注的焦点。

2018 年，国务院机构改革新组建成立国家医疗保障局，将城镇职工和居民医疗保险、生育保险、新农合、药品和医疗服务价格管理、医疗救助等多项职能整合，组建“超级”医保局。许多人认为，国家医保局的设立将深刻影响中国医疗界及中国医改的走向。首先，三保统一管理，大大强化了医保的谈判能力，这意味着所有参保医院将面临有史以来的一个最大的单一购买方，有望进一步降低医疗价格；其次，医保管理与药品和医疗服务价格管理职责的整合，打通了“三联动”的脉络，可进一步促进医疗服务的规

---

① 《新闻办就深化医改和改善医疗服务有关情况答记者问》，http://www.gov.cn/xinwen/2018-02/12/content_5266198.htm#1。

范化，严控不合理的医疗费用支出，从而实现医疗资源的高效利用；此外，医保支付方式改革、跨省异地就医结算、基金预算改革等一系列的新变化，也将给医院带来更大的控费压力，迫使医院改变现有的运营模式，向医疗精细化管理和成本控制过渡，医院的利益机制和链条将会逐渐发生变化。如政策衔接与支撑有力，这一切获益都将最终传导给患者。

全民医保在带来利好的同时，也面临着基金可持续的巨大压力。从2013年左右开始，全国已有超过200个统筹地区的职工医疗保险统筹基金出现当期收不抵支，医保基金的支出增速已高于收入增速，加之老龄化、慢性病增多等各种复杂原因，控费和降价已经成为当期医保改革的重要任务。改革所用手段可谓多管齐下，包括推进医保支付方式改革如DRGs付费、加大医保谈判力度、打击骗保、调整个人账户的保障功能等，这些措施都将传导至医疗机构，越早应对的医疗机构将越早在医疗服务市场占据先机。

（三）“全面提质增效”的压力逼近

首先，“医疗控费”开始从突击走向常态，全面控费时代来临。2017年，通过取消药品加成和调整医疗服务价格，公立医院开始了一场疾风暴雨式的控费运动，国家要求所有公立医院医疗费用的增长幅度都要力争降到10%以下，公立医院开始大幅度压低成本，甚至出现了以减少服务病患、推迟手术的方式来争取完成指标的情况。2017年底卫计委官网发布《关于做好2018年元旦春节期间医疗卫生服务工作确保医疗服务质量的通知》，明确指出要根据各地经济社会发展不同情况，科学设定控制医疗费用不合理增长目标，不搞“一刀切”。按照国家发改委的要求，下一步会进一步取消医用耗材加成，2018年已有北京、天津、广东、新疆等十多个省份划定全面取消医用耗材加成时间表。取消医用耗材加成无疑有助于降低医疗费用，但另一方面也挤压了医院的利润空间，将迫使医院进一步向提高医疗服务质量、优化内部管理转变。

其次，“高质量发展”成为改革的重头戏。改革开放40年来，我国医疗卫生事业面临的主要矛盾已发生了重要的转变，医疗服务供给严重不足的问题得到一定程度的缓解，随之而来的则是医疗服务质量与效率不高和资源配置不均衡的问题。因此，如何进一步改进医疗服务管理、提高医疗服务质量、改善群众看病就医的感受逐渐成为医改的重头戏。

2015 年我国首次启动“进一步改善医疗服务行动计划”，2018 年继续实施《进一步改善医疗服务行动计划（2018～2020 年）》，并于 10 月发布《关于印发进一步改善医疗服务行动计划（2018～2020 年）考核指标的通知》，对医疗机构进行包括预约诊疗制度、远程医疗制度、临床路径管理制度、医务社工制度等 12 个一级指标的考核。8 月发布《关于坚持以人民健康为中心推动医疗服务高质量发展的意见》，要求从提升医疗服务质量和效率、关心关爱医务人员两个方面出发推动医疗服务高质量发展。除此之外，通过《医疗纠纷预防和处理条例》《关于对严重危害正常医疗秩序的失信行为责任人实施联合惩戒合作备忘录》等文件着重改善医患关系，2019 年初又印发《关于加强三级公立医院绩效考核工作的意见》，推动三级公立医院在发展方式上由规模扩张型转向质量效益型，在管理模式上由粗放的行政化管理转向全方位的绩效管理。以上所有改革政策和举措都表明，以往重数量、重扩张的发展阶段正在逝去，医疗卫生事业将迎来高质量发展的新阶段。

三　2018年医药卫生体制改革主要亮点

（一）降药价

继 2017 年降低药占比、药品零差率销售之后，2018 年通过进口抗癌药零关税、医保谈判、药品集采、调整医保目录等手段使药品价格特别是部分抗癌药价格实现大幅度降低。

1. 减税降税

2018 年 5 月 1 日，国家对进口抗癌药实施零关税政策，同时对进口抗癌药品减按 3% 征收进口环节增值税。2018 年底，国务院关税税则委员会发布通告，自2019年起多种抗癌药罕见药原料试行零关税。2019年2月11日，国务院常务会议部署加强癌症早诊早治和用药保障的措施，决定自3月1日起，对首批21个罕见病药品和4个原料药，减征3%增值税。会议同时要求加快境内外抗癌新药的注册审批，满足患者急需。零关税和降低增值税的政策对降低药价特别是境外抗癌新药的价格具有重要影响，但税收优惠对企业压缩药品利润空间的影响力有限，而价格优惠传导到销售终端也需要一定的时间，可能会在半年甚至1年以上。药品降价的操盘手还是在于医保部门，在于其医保谈判的能力。

2. 医保谈判

2018年5月国家医疗保障局挂牌成立，6月即组织专家对医保目录外的抗癌药进行了专项医保谈判，并于10月印发《关于将17种药品纳入国家基本医疗保险、工伤保险和生育保险药品目录乙类范围的通知》，最终将17种药品纳入医保目录乙类范围，并确定了医保支付标准。这是继上年36种药品纳入医保目录后的另一大动作。新的通知规定，各地医保主管部门不得将谈判药品调出目录，也不得调整限定支付范围。17种药品均为临床必需、疗效确切、参保人员需求迫切的肿瘤治疗药品，纳入目录后平均降幅达到56.7%，大部分药品的支付标准低于周边国家或地区的市场价格，平均低36%[①]，凸显医保谈判的重要作用。

医保谈判与调整医保目录对降低药品价格，减轻群众负担具有切实明显的作用。除抗癌药的谈判之外，罕见病药物纳入医保也逐渐提上日程。2016年“十三五”卫生与健康规划明确要求扶持低价药、儿童药与孤儿药的生产。国务院常务会议也多次强调加强对罕见病药品的研发支持，简化审批和上市要求等。2018年6月，国家卫生健康委员会等五部门联合发布《第一批罕见病目录》，涵盖121种疾病，为罕见病药物纳入医保奠定了重要的基础。2019年2月11日的国务院常务会议曾指出，中国将加快医保目录调整频率，把更多救命救急的抗癌药等药品纳入医保，同时明确自3月1日起，

① 《17种抗癌药纳入医保报销，有人欢喜有人“愁”》，http://www.iyiou.com/p/83171.html。

对首批21个罕见病药品和4个原料药，在进口环节减按3%的比例征收增值税。

抗癌药与孤儿药的降价与入医保是政策利好，但要从根本上解决昂贵药品的问题，仍需进一步加强自主药品的研发、创新和审批，加快上市和仿制药一致性评价的速度，缩短政策利好的传导距离，让群众尽快获益。

3. 带量采购

药品集中采购是压低药品价格的重要手段，也是医保谈判的重要方式。新医改以来，药品集采一直是重要的政策手段。2015年后，药品集采进入密集发展阶段，主要与《关于完善公立医院药品集中采购工作的指导意见》、《关于落实完善公立医院药品集中采购工作指导意见的通知》和《关于进一步改革完善药品生产流通使用政策的若干意见》有关。改革中，各地积累了一些药品集中采购的经验，如东莞市的跨区域联合采购、上海的带量采购等。

2018年，医保局的成立为药品集采创造了新的机遇。11月14日，中央深改委审议通过了《国家组织药品集中采购试点方案》，目标是在集中采购的基础上进一步推进“带量采购”，以求进一步压低药品价格，并鼓励药品创新发展。11月15日，国家医保局同意上海阳光医药采购网正式发布《4+7城市药品集中采购文件》，11个地区将根据2017年同品种的药品进行带量采购，采购量按照60%~70%的比例核算。2019年1月国办印发《国家组织药品集中采购和使用试点方案》，选择北京、天津、上海等11个城市开展试点工作，方案明确采购品种从通过质量和疗效一致性评价的仿制药对应的通用名药品中遴选，以跨区域联盟集中带量采购为主，根据每种药品入围的生产企业数量采用不同的采购方式。医保支付在本次试点中发挥重要作用，首先对同一通用名不同商品名的药品将按照相同标准支付，并设立过渡期，可引导参保人合理用药；其次对医疗机构预付30%的药款，降低了药企资金风险；此外对药品的总额预算不做削减，医疗机构降低药价的收益可用于薪酬改革，调动医疗机构和医务人员的积极性。

4. 一致性评价

自2015年起，我国开始启动仿制药一致性评价工作，要求在化学药品新注册分类实施前批准上市的仿制药，均需开展一致性评价，其中2007年10月1日前批准上市的化学药品仿制药口服固体制剂，应在2018年底前完成一致性评价。仿制药一致性评价应坚持与原研药质量和疗效一致的评审原则，逾期未完成评价的将不再予以注册。数据显示，截至2019年2月，已完成126个品种的评价,[①] 应该说进度滞后较多。有鉴于此，2018年12月，在新的《国家基本药物目录（2018年版）》出台后，国家药品监督管理局发布《关于仿制药质量和疗效一致性评价有关事项的公告》，督促各企业加快仿制药的一致性评价，再次强调基药目录将优先纳入通过一致性评价的品种，未通过的品种将逐步被调出目录，但2018年的截止时间则被弹性拉长，即“企业经评估认为属于临床必需、市场短缺品种的，可向所在地省级药品监管部门提出延期评价申请”。大限虽然延期，但依然存在，随着三保统一管理和医保谈判力度的加大，特别是医保对仿制药“带量采购”的开始，无法通过一致性评价无疑将意味着药企市场份额丢失。

（二）进一步均衡配置医疗资源

2018年，医联体建设和社会办医稳步推进，而互联网医疗则迎来新的机遇。

1. 互联网医疗

2018年4月，伴随《关于促进“互联网+医疗健康”发展的意见》的出台，互联网医疗在短暂的低迷期后进入了飞速发展的一年。此后，《互联网诊疗管理办法（试行）》《互联网医院管理办法（试行）》《远程医疗服务管理规范（试行）》等配套改革文件相继出台，明确了互联网医疗的各种疑问。该意见明确表达了促进互联网+医疗健康事业发展的态度，但也明确了

① 国家药价监督管理局药品评审中心，http：//www.cde.org.cn/news.do? method = news_index_ yzxpj。

互联网诊疗行为必须依托医疗卫生机构和禁止首诊的基本原则。互联网医院借助现代互联网技术，可发挥医疗服务的长尾效应，在均衡配置医疗服务资源特别是分级诊疗方面具有重要作用，同时创造处方外流的重要市场空间，对医务技术资源的自由流动也大有帮助。据媒体统计，2018 年我国约有 80 家互联网医院建立。①

但是另一方面，当前互联网医院也面临一些难以跨越的政策限制，如必须依托实体医疗机构、禁止初诊和短期无法打通医保等。依托实体医疗机构的原因主要在于对机构的监管更易于对医生个人行为的监管，是出于医疗安全和质量的考虑，但这必将造成对公立医院特别是三甲公立医院的依赖，可能会进一步增强其虹吸力。而禁止首诊则会大大压缩互联网医疗获取患者的空间，使互联网医疗平台仅仅成为咨询、预约挂号、复诊或检查平台，在诊断上发挥的作用相当有限；医保政策暂时无法延伸至互联网医疗主要在于对互联网服务项目的收费标准尚不明确和信息化手段不足。2018 年乌镇互联网医院被纳入基本医保定点医疗机构，而广东也发布相关计划，探索将符合条件的互联网诊疗服务纳入医保支付范围。相信随着医改的深入推进，这一问题将会得到缓解。

2. 医联体考核

医联体是解决分级诊疗的重要手段。2017 年是医联体建设全面发展的一年，所有三级公立医院全部参与到医联体建设当中。2018 年则是医联体建设的加速期，权威数据显示截至 2018 年底，全国共组建城市医疗集团、县域医疗共同体、跨区域专科联盟和远程医疗协作网 13099 个，1728 家社会办医机构加入医联体。② 为有效激励医联体建设，8 月卫健委发布《关于进一步做好分级诊疗制度建设有关重点工作的通知》，明确要求加快推进医联体建设，通过绩效考核、信息化建设、人才队伍建设和医保支付方式改革等协调推进分级诊疗。同月，卫健委发布《关于印发医疗联合体综合绩效

① http://www.iyiou.com/p/91652.html.

② 中国卫生网，http://mp.weixin.qq.com/s/ECBqNH4huxlkVnaLtlGMIA。

考核工作方案（试行）的通知》，明确提出要逐步建立绩效考核结果公示制度和与绩效考核相挂钩的奖惩制度，甚至要将考核结果作为人事任免的重要依据，正式掀开医联体考核的大幕。

医联体建设在全国范围内大面积铺开与政府的强力推动密不可分，是在现有条件下快速提升基层医疗机构服务能力、实现有效上下转诊的重要手段，但其效果如何却需要实践验证。医联体考核非常有必要，一方面有助于明晰牵头单位和成员机构在医联体建设中的责权利关系，避免成员单位"搭便车"与牵头单位"做大做强"，切实推动各单位投入医联体建设当中；另一方面也有助于发现医联体建设的成效与短板，促进医联体建设目标向公益性回归、向提升基层服务能力回归。

但医联体的考核并不容易。一方面医联体的建设时间还不长，多数医联体都在磨合阶段，难以拿出实际的绩效成果；另一方面则是因为考核一个复合型医疗联合机构尚属首次，且是一项非常复杂的工作。首先，考核复合型医疗联合机构远不同于考核单一医疗机构，涉及对牵头单位、成员单位和其整体绩效的考核，指标设计复杂，需要根据不同模式和地方情况进行因地制宜的调整。其次，医联体考核的许多指标难以定量化，许多工作如管理、培训、代教、指导等很难衡量，现有指标体系中含有大量定性指标，许多工作还主要以"做没做"，"有没有文件"来衡量。

（三）不断激发医务工作者积极性

自 2016 年在全国卫生健康大会上，习近平总书记指出要着力发挥广大医务人员积极性、营造全社会尊医重卫的良好风气之后，社会对医务人员的重视，对医患关系的态度发生了较大改变。医改进入深水区之后，越来越多人意识到，医务人员的参与是影响医改成败的关键，近几年，医改在调动医务人员的积极性上出台诸多文件，许多地方也在探索从提高待遇如薪酬制度改革、调整医疗服务价格方面，从改善执业环境如编制改革、多点执业和构建和谐医患关系方面入手，综合施策激发医务工作者的积极性。

1. 薪酬制度改革

2018 年薪酬制度改革的主要特点是试点范围的扩大，但具有突破性的改革举措较少。2017 年 1 月人社部等四部门印发《关于开展公立医院薪酬制度改革试点工作的指导意见》，要求上海等 11 个综合医改试点省份各选择 3 个市（州、区），其他省份（除西藏外）各选择 1 个公立医院综合改革试点城市进行为期 1 年的薪酬改革试点。2018 年 1 月，四部门再次印发《关于扩大公立医院薪酬制度改革试点的通知》，要求非试点的其他城市都要至少选择 1 家公立医院开展薪酬制度改革试点。实践中，一些地方探索实行院长年薪制、协议工资制、项目工资制、工资总额制等，积累了大量经验，但并未提升至国家政策层面，可复制性也较低。

总体而言，2018 年薪酬制度改革的成就并不凸显，除了其本身牵涉利益分配难度较大之外，主要原因在于从 2017 年开始医院的控费压力就比较大。一方面药品和耗材的盈利空间被压缩，另一方面则是医疗服务价格调整的力度不大，而医保支付改革也对医院施加了越来越大的压力，医院根本没有精力和能力去主动调整医务人员的薪酬。

2. 医患关系改善

激发医务人员的工作积极性，除了使其收入与其技术价值相挂钩之外，还必须从改善医生的从业环境入手，提升其职业尊严，营造全社会尊医重卫的氛围。最近几年，有关医患矛盾的事件频发，其中既有媒体炒作、医闹横行的原因，更多的则是医疗行为不规范、医患沟通不畅的原因。有研究显示，2018 年医疗损害责任纠纷案件中，纠纷高发科室为妇产科和骨科，从医方败诉的原因来看，占比最高的是“未尽告知义务”，竟然高达 42%。[①] 而一项有关广州的地方研究也发现，近几年判决认定医方存在过失的情况主要体现为未尽告知说明义务、诊疗行为不符合当时的医疗水平以及病历不规范等。[②]

① 《2018 年全国医疗损害责任纠纷案件大数据报告》，https：//www. cn - healthcare. com/articlewm/20190131/content - 1045461. html。

② 《广州 2015 ~ 2017 医疗纠纷诉讼情况大数据分析》，https：//www. cn - healthcare. com/articlewm/20190128/content - 1045295. html。

可见，随着社会的发展，公众医疗知识和权益意识普遍提高，对医疗服务的要求也越来越向高质量发展，特别是对知情权日益重视，而现有的医疗服务环境和条件却并未对此有充分的准备。

2018 年 10 月 1 日，《医疗纠纷预防和处理条例》正式实施，该条例对医疗机构及其医务人员、患者、政府各部门和新闻媒体在医疗纠纷中的责任义务进行了说明。指出要建立完善医疗风险分担机制，发挥保险机制在医疗纠纷处理中的第三方赔付和医疗风险社会化分担的作用。9 月，国家发改委等 28 个部门联合发布《关于对严重危害正常医疗秩序的失信行为责任人实施联合惩戒合作备忘录》，对倒卖医院号源等破坏、扰乱医院正常诊疗秩序的涉医违法犯罪活动进行跨部门的联合惩戒，惩戒措施包括限制招录为公务员或事业单位工作人员、限制补贴性资金支持等。此外，2018 年还有一个重要举措就是对“医务社工”的重视。在《进一步改善医疗服务行动计划（2018～2020 年）考核指标》中，尽管“妥善化解医疗纠纷，构建和谐医患关系”一项没有明确提及，但“医务社工制度”新增为考核的一级指标，同时新增患者心理疏导情况的考核指标。可见对医疗秩序、医患关系的考核正变得更加细致化与可操作化。

四　2019年医药卫生体制改革展望：走向高质量发展

2018 年底，有几项重要的改革任务跨年开展，包括“建立健全现代医院管理制度试点”“医联体绩效考核”“三级公立医院绩效考核”“改善医疗服务效果评估”等。“绩效考核”与“效果评价”已成为改革的关键词。此外，对医患关系的重视、对护理行业的重视，以及对医生积极性和医疗服务质量的重视也可以部分窥见医疗卫生事业的发展正在从重数量、重扩张的阶段向更加注重高质量发展的阶段转变。这既是新时代实行健康中国战略的重要要求，也是应对医疗服务领域矛盾变化的必然趋势。因此，2019 年医药卫生体制改革的总体趋势将是适应新时代“大健康”和“大卫生”的要求，适应新医保时代来临后医疗格局重构的要求，更加注重医药卫生事业高质量发展的一年。

在2019年全国卫生健康工作会议上，李克强总理、孙春兰副总理批示强调，2019年要坚持三医联动、聚焦群众看病就医“烦心事”、进一步调动广大医务人员积极性。会议也强调，要聚力“抓重点、补短板、强弱项，不断增强群众健康获得感”。因此，2019年的工作总基调将是进一步注重医改的联动性、注重医疗服务的提质增效、注重增强医患双方的改革获得感。具体而言如下。

（1）医保的作用将进一步彰显。通过医保谈判、带量采购、支付制度改革和动态调整医保目录，药价有望进一步降低，医疗费用的增长速度可得到进一步控制。

（2）药品领域改革将持续深化。随着医保作用的发挥、医疗质量的改善和公立医院综合改革的深入推进，特别是全面控费的压力，药品的利润空间将被进一步压缩。受药品新政如关于仿制药一致性评价、基药目录调整、带量采购和中美贸易摩擦、疫苗事件的持续影响，药品生产企业将会面临新一轮的大洗牌。

（3）公立医院综合改革深入推进。随着建立健全现代医院管理制度试点的开展，全国148家公立医院将在14项重点任务上进行改革。综合各因素考虑，加强党的建设、薪酬制度改革、医院收入结构优化等任务有望获得明显进展。

（4）互联网医疗迎来重要机遇。鉴于2018年一系列有关互联网医疗新政的颁布和资本对互联网领域的青睐，2019年互联网医疗有望获得重大发展。但仍需警惕定位不准、依赖实体医院和“优质医生”获取难的问题。

参考文献

薛云等：《我国典型地区公立医院薪酬改革进展比较研究》，《中国医院管理》2018年第4期。

王虎峰：《我国医联体的功能定位与发展趋势——以罗湖医疗集团为例》，《卫生经济研究》2018 年第 8 期。

方鹏骞、谢俏丽、胡天天：《论互联网与医疗服务的关系》，《中国卫生政策研究》2016 年第 1 期。

郑曦等：《互联网医疗综述：回顾、现状与监管》，《中国卫生法制》2018 年第 7 期。

朱恒鹏、彭晓博：《医疗价格形成机制和医疗保险支付方式的历史演变——国际比较及对中国的启示》，《国际经济评论》2018 年第 1 期。

现代社会组织体制篇

Section on Modern Social Organization

B.16

政府购买社会服务政策下沉的现状、问题与建议

——基于参与北京市政购的148家社会组织的调查

赵小平 *

摘　要： “政购下沉”是地方政府进一步落实和推进中央政府购买政策的重要举措。通过对北京市B系统政府购买148家社会组织服务的调查发现，政购下沉在激发基层活力、动员基层资源、提升公众获得感和满意度上具有重要而积极的意义。不过，也存在招投标过程透明度和公正性降低，社会组织不能跨区、跨级申报项目等问题。对此，建议政府优化政购政策，一是建立分级购买的政策体系，明确不同层级政府的购买侧重；二是打破地域限制，鼓励跨区申报，建立优胜劣汰的选

* 赵小平，非营利管理博士，北京七悦社会公益服务中心副研究员，北京师范大学国际NGO与基金会研究中心兼职研究员。

择机制；三是建立政购信息平台和社会组织征信体系。

关键词： 政购下沉　分级政购　跨区购买　信息平台　征信体系

一　调查背景

（一）调查缘起

政府购买社会力量服务是我国创新社会治理的重要手段①。通过政府购买，一是有利于让政府职能转移有一个社会基层的承载体系；二是有利于有效激发社会创新活力、提升专业服务水平；三是有利于向社会传播友善、互助、尊重、关爱等温暖的价值取向；四是有利于让社会公众逐渐获得参与社会治理的能力②。

我国政府购买的政策尝试始于20世纪90年代，在党的十八大后得到快速发展，不仅中央层面的顶层设计不断健全，而且政策落地也在全国各地各级政府展开。在此过程中，“政府购买社会服务政策下沉”（以下简称“政购下沉”）是一个值得重点关注的现象。

政购下沉是指政府购买政策不断向基层下沉落实的政策过程，是许多地方政府落实中央政策的常见路径。最开始，在中央相关政策和实践（如《中央财政支持社会组织参与社会服务示范项目》）的指导下，省级层面实施政府购买；经过一段时间的实践积累，政购逐渐下沉到市区层面，然后再向街镇一级下沉。

---

① 王丛虎：《政府购买公共服务与行政法规制》，《中国行政管理》2013年第9期；詹国彬：《需求方缺陷、供给方缺陷与精明买家——政府购买公共服务的困境与破解之道》，《经济社会体制比较》2013年第5期。

② 赵小平、陶传进：《从培育到择优：近五年来政府购买社会力量服务的政策路径解读》，载龚维斌、赵秋雁主编《中国社会体制改革报告》，社会科学文献出版社，2018。

政购下沉是政府购买政策不断向纵深发展的重要标志，一是汇集的范围更大，群众的获得感更高；二是对基层政府和社会组织的激活作用更明显，社会活力（尤其是基层）不断增强。

正如习近平同志所言，“我们的事业越是向纵深发展，就越要不断增强辩证思维能力，既要看到有利的一面，也要看到不利的一面”。在政购下沉的过程中，我们也看到政策操作不公开、不公正，出现区域隔阂加深、劣币驱逐良币等问题。

为了更好地扬长避短，进一步提升政府购买政策向基层落地的质量，增进社会公众的获得感，北京七悦社会公益服务中心于 2018 年 5 月，对参与北京市 B 系统政购的 148 家参与社会组织就“政购下沉”进行了专题调查，从服务承接方的视角来展示和分析当前的政策现状、问题并提出相关建议。

（二）调查方法

1. 调查对象与方法

本次调查主要针对参与北京市 B 系统的 148 家社会组织。调查采用两种方法：一是深度访谈和焦点组座谈，邀请了 20 家社会组织，就 B 系统政府购买下沉对社会组织的影响进行了深度挖掘；二是问卷调查，通过网络问卷的形式，借助政府购买社会组织交流微信群，向约 200 家社会组织发送了问卷，回收有效问卷 148 份。

2. 调查对象基本信息描述

被调查的 148 家社会组织，基本信息如下。

从机构类别来看，民非为 121 家，占总量的 81.76%；从服务领域来看，基础社会服务类（如解决受益对象的基本的衣食住行问题）41 家，占 27.7%，卫生健康 30 家，占 20.27%，教育领域 23 家，占 15.54%，综合业务 32 家，占 21.62%；从成立时间看，2 ~ 5 年 55 家，占 37.16%，5 ~ 10 年 50 家，占 33.78%，10 年以上为 34 家，占 22.97%；2017 年机构的总经费规模（1 个缺失值），20 万元以下为 42 家，占 28.57%，20 万 ~ 50 万元为 35 家，占 23.81%，50 万 ~ 100 万元为 31 家，占 21.09%，100 万 ~ 500 万元为 32 家，占 21.77%，500

万元以上7家，占4.76%；从业务饱和度来看（1个缺失值），一般饱和为67家，占45.58%，比较饱和与非常饱和为46家，占31.29%，不太饱和与很不饱和为34家，占23.13%。

二　北京市B系统政府购买下沉的现状与问题

（一）政购下沉的政策现状

1. 市级政府购买阶段（2013~2016年）

北京市是国家的直辖市之一，政府购买无论从时间还是力度上都相对其他省份较为靠前。B系统是北京市的一个部门，真正开始政府购买的时间不早，但发展速度较快。2013年，B系统在市级层面出台了政府购买的文件，于2014年正式开始了政府购买服务。所有项目由社工部统筹管理，包括项目征集、项目评审、过程监测、项目结项和资金拨付等各个环节。2014年，投入政府财政资金1301.63万元，共购买60个社会服务项目；2015年，投入政府财政资金3048.75万元，共购买90个社会服务项目；2016年，投入政府财政资金6812.5万元，共购买129个社会服务项目。

2. 市级购买下沉区县购买（2017年至今）

从2017年开始，北京市B系统对政府购买政策进行了调整，将市级政府购买正式下沉到区县。政府购买中诸如项目征集、监测、验收等具体工作全部由各区级B部门独立完成，政购资金（包括部分市级转移支付经费）也经由各区财政拨付给各区B部门。市级层面不再统一进行政购项目的管理监测，只负责督导工作。2017年，共十个区县的B部门开展了政府购买项目，共投入财政资金8853万元，购买了285个项目。

（二）政购下沉的积极意义

政购下沉意味着更具个性化、惠民性的公共服务不断走向基层，不仅让社会公众有更强的获得感，而且有利于激活各个参与服务的基层治理主体，具有重要而积极的意义。

1. 政购下沉有利于增强基层政府的工作动力

政购下沉，不仅是任务下沉，更重要的是资金和自主运作的空间也下沉给了基层，这对提升辖区内老百姓的受益度、满意度，提升基层政府的工作经费、绩效和公信力都有好处，因而有利于增强基层政府参与的动力。调查表明，被调查的社会组织中，有 62. 58% 的机构认为“政府购买越往下沉，基层政府（区或街道）的积极性越高”，其中 27. 21% 非常认同，35. 37% 比较认同（见图 1）。

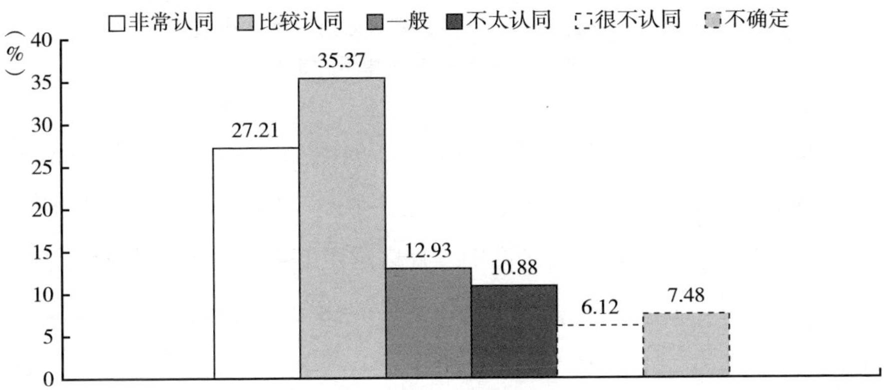

图 1　对“政府购买越往下沉，基层政府（区或街道）的积极性越高”的认同度

2. 政购下沉更容易调动基层政府的资源

相对于其他基层治理主体，政府公共服务中掌握的资源是最为丰富的。当政购下沉后，对应层级的政府部门才会真正将其视为自己的工作，承担起牵头人的角色，而不是仅仅配合完成上级交办的任务。因此，政购下沉其实也是一个责任主体意识下沉的过程，将更有利于激发基层政府动用自身的资源（除了资金，也包括人才、场地和关系协调）来提升社会服务的数量和质量。在调查中，有 65. 3% 的机构认为“政府购买越往下沉，基层政府（区或街道）的资源越容易被调动起来”，其中非常认同占比 27. 89%，比较认同占比 37. 41%（见图 2）。

3. 政购下沉有利于更好地动员社会或社区资源

虽然在公共服务中，政府提供的资源是不可或缺的，但在当前中央倡导

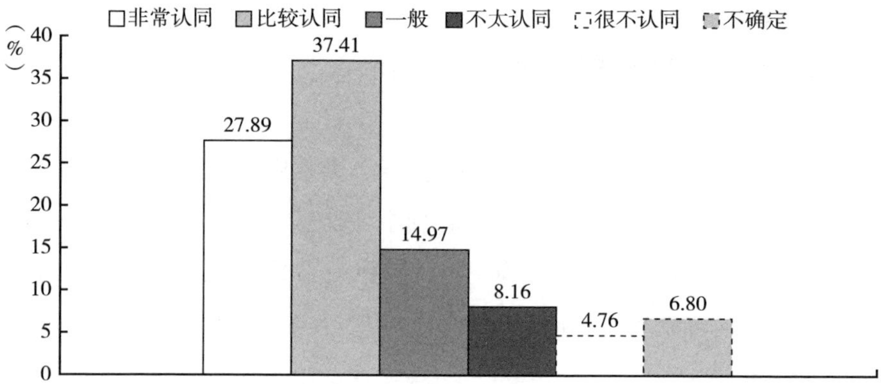

图 2　对“政府购买越往下沉，基层政府（区或街道）的资源越容易被调动起来”的认同度

打造共建、共治、共享的社会治理格局下，社会资源的动员也是非常重要的：一是可以弥补政府部分资源数量不足、种类不够、灵活性不强的缺点；二是有利于激活爱心企业、社区商铺、社区居民等参与公益服务的热情，向社会传递正能量；三是有利于形成一张基层的社会关系网络，提升基层社会或社区的服务能力和治理能力。在调查中，61.9%的社会组织认为，“政府购买越往下沉，当地社会或社区的资源越容易被调动起来”，其中非常认同占比27.21%，比较认同占比34.69%（见图3）。

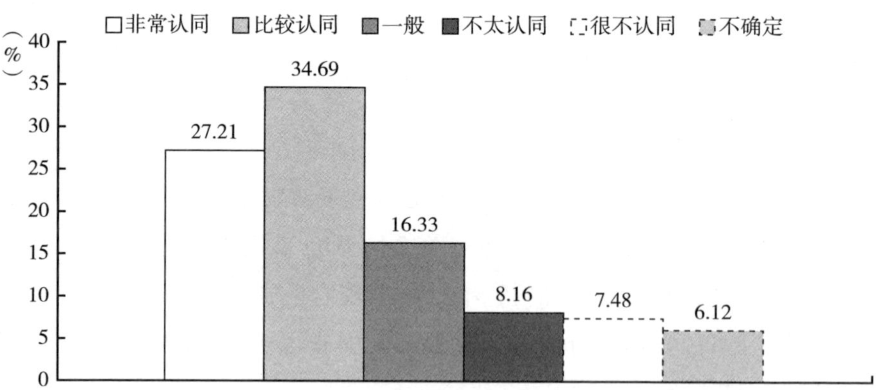

图 3　对“政府购买越往下沉，当地社会或社区的资源越容易被调动起来”的认同度

（三）政购下沉后遇到的问题

新生事物的发展也可能伴随着问题，是不断优化的过程，政购下沉也不例外。自 2017 年，B 系统开始实施“政购下沉”以来，部分社会组织也反馈有一些问题需要改进，主要包括以下几个方面。

1. 招投标过程可能存在透明度、公正性降低等问题

政购下沉后，由于部分基层政府部门在管理过程中存在规范不足、监督不够，更有甚者故意暗箱操作，导致招投标过程出现透明度和公正性不足的问题，有的甚至有滋生寻租腐败的风险。在调查中，有 38.1% 的社会组织认为“政府购买越往下沉，‘靠关系’拿项目的情况越严重”，其中非常认同占比 23.13%，比较认同占比 14.97%，不认同这个说法的社会组织比例仅有 27.21%（见图 4）。

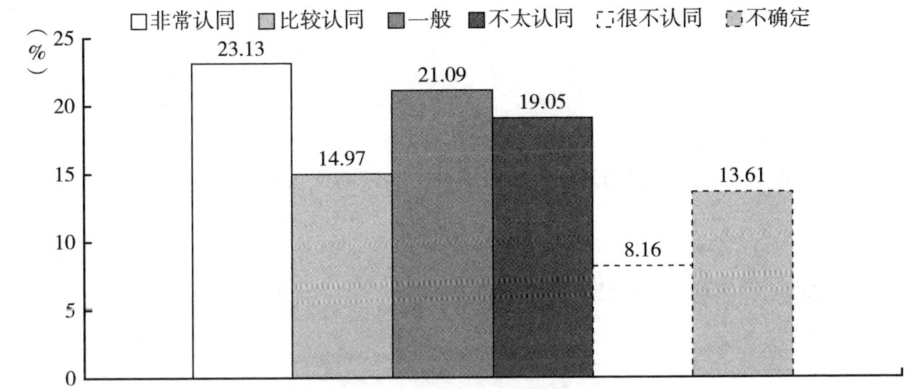

图 4　对“政府购买越往下沉，‘靠关系’拿项目的情况越严重”的认同度

2. 社会组织申报项目可能遭遇行政区域的樊篱，政社沟通成本上升

政府购买越往下沉，自主牵头操作政府购买的区域就越多，在增加了基层政府自主性的同时，也可能滋生地方保护主义，造成行政区域之间的樊篱。比如，一些区县虽然资金较为充裕，但只面向本辖区登记注册的社会组织，于是在其他区域注册但业务上更为优秀的机构却难以进入。这样一来，不仅让业务较强的组织难以得到发展，而且损害了政购资金的使用效率，降

低了社会公众的获得感。

事实上，大多数机构（74.83%）都表示愿意参加承接跨区的政购服务项目（见图5）。但调查表明，确实有部分社会组织遭遇了区域限制：有36.06%的社会组织认为“政府购买越往下沉，不同行政区域（区或街道）之间的隔阂就越明显”，其中非常认同占比16.33%，比较认同占比19.73%（见图6）。

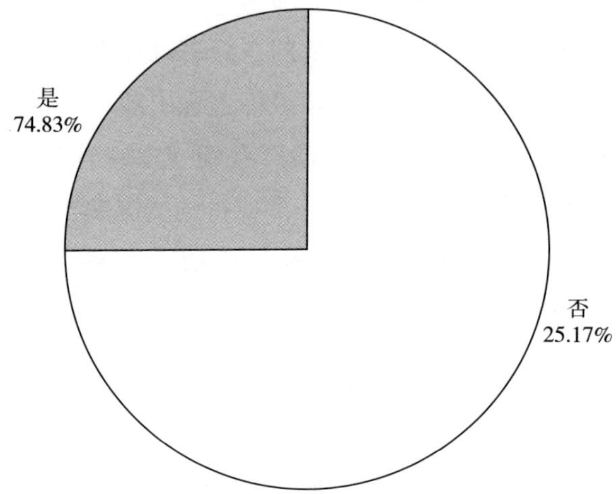

图5 对“贵机构是否愿意承接跨区的政购服务项目”的调查

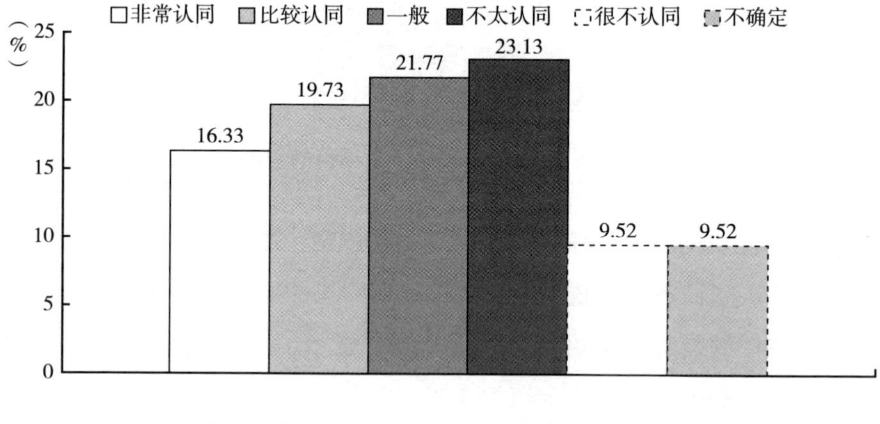

图6 对“政府购买越往下沉，不同行政区域（区或街道）之间的隔阂就越明显”的认同度

对于跨区申报政购项目的主要障碍，被调查的社会组织认为是“区级政府部门对本区社会组织实施‘地方保护主义’”是最主要原因，占比24.22%；其次是“区级政府部门对外区的组织不熟悉，不知道是否能完成工作，所以合作风险相对较高”，占比22.92%；再次是“社会组织跨区需要投入更高的成本，比如构建新关系、熟悉新社群、人员需跨区通勤等”，占比22.66%（见图7）。

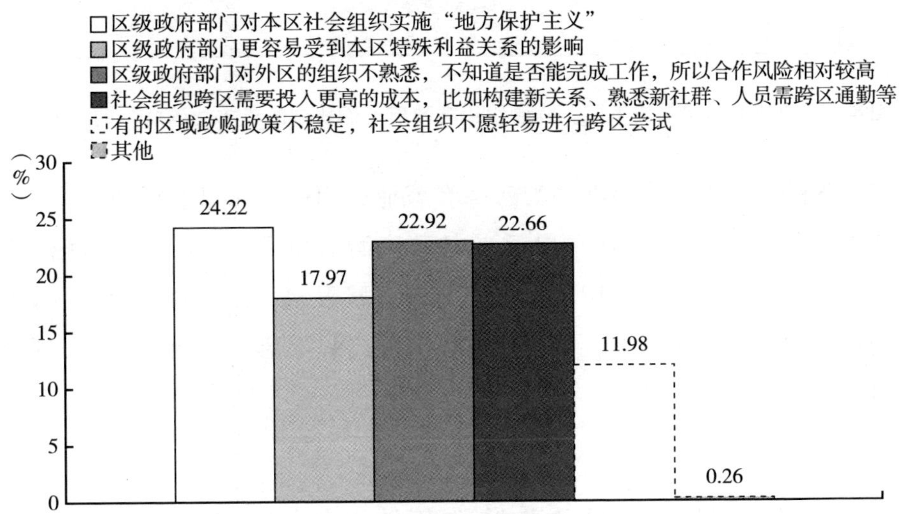

图7　对“跨区申报政购项目的主要障碍”的调查

正是基于上述原因，政购下沉后，部分社会组织（尤其是外区的或与区级政府部门联系不够紧密的社会组织）感到参与政府沟通的成本上升了，在调查中的占比约为34.02%（见图8）。

3. 部分市级注册的社会组织难以获得项目机会

B系统在实施政购下沉时，是将所有项目都下沉到区县，并没有在市级层面有所保留。由于信息不畅、渠道不通，再加上部分区县实行地方保护主义，一些市级层面登记注册的社会组织从一开始就失去了项目申请的机会，而其中不乏专业服务水平较高的机构。比如，XQD服务中心和XHE基金会都是市级层面的助残社会组织，一个在脊髓损伤者自主生活重建方

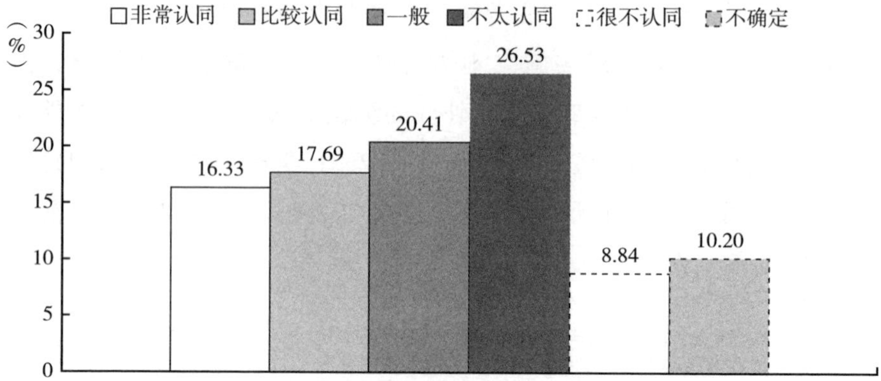

图 8　对“政府购买越往下沉，社会组织与政府沟通协调的成本就越高”的认同度

面有极强的专业性，一个在心智残障者就业方面的工作卓有成效，但它们在 2017 年均没有机会去申请 B 系统的政府购买项目。在访谈中，他们的负责人都表示，希望各区域之间能够打破地域限制，让不同地域和注册层级的机构都可以公平竞争，同时在市级层面应当保留一些面向全市的示范项目。

三　建立分级政购的政策体系的调查与思考

（一）纵向：按照社会需求特征，形成分级购买的政策体系

1. 绝大多数社会组织要求建立分级政购的政策体系

调查表明，在当前政购下沉区县的背景下，绝大多数社会组织认为有必要保留市一级政购项目，占比 81.63%（见图 11）。

对于保留市级政购的原因，被调查社会组织认为：一是市级政购可以更好地推动政策创新，占比 30.51%；二是有些项目更适合在市级开展，如全市范围内的调研、政策试点等，占比 30.15%；三是市级层面的购买在公开公正公平等方面更加规范，占比 26.10%；四是部分市级注册的社会组织，难以获得区级政府的购买机会，占比 12.13%（见图 10）。

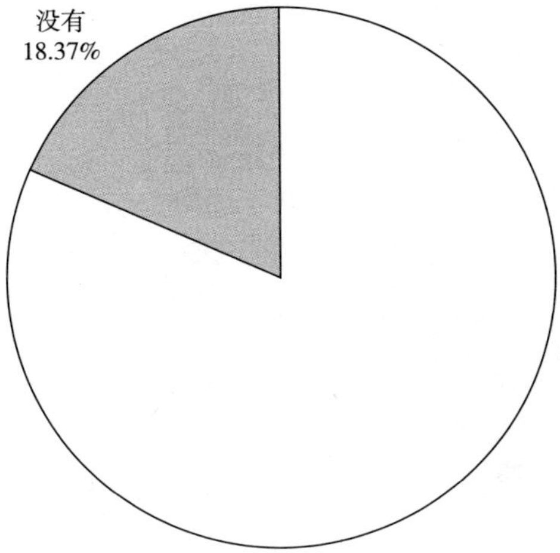

图9　对“市级政府部门是否有必要保留政购项目”的调查

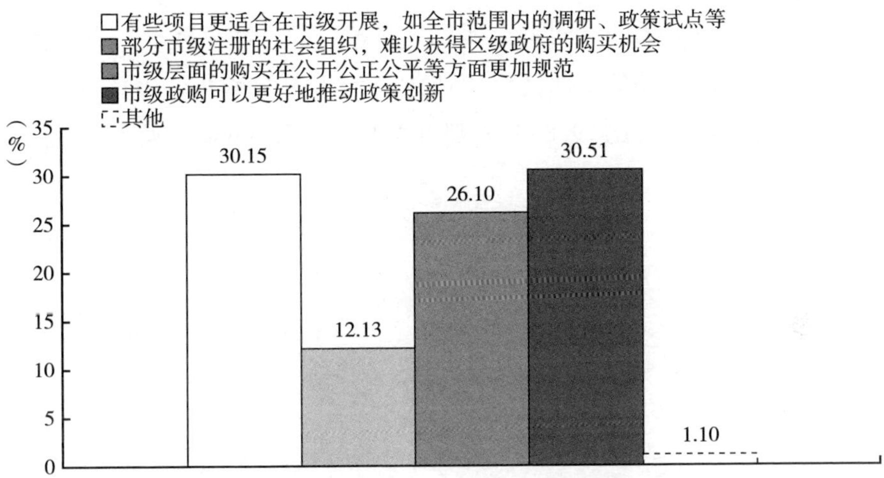

图10　对“有必要保留市级政购项目的原因”的调查

2. 市区两级政府购买的侧重点

（1）市级政府购买应当侧重购买的项目

第一，调查研究类（通过调查研究，总结经验、制定标准、出台政策）：多数被调查社会组织认为应该市一级购买，占比 59.50%；区一级购

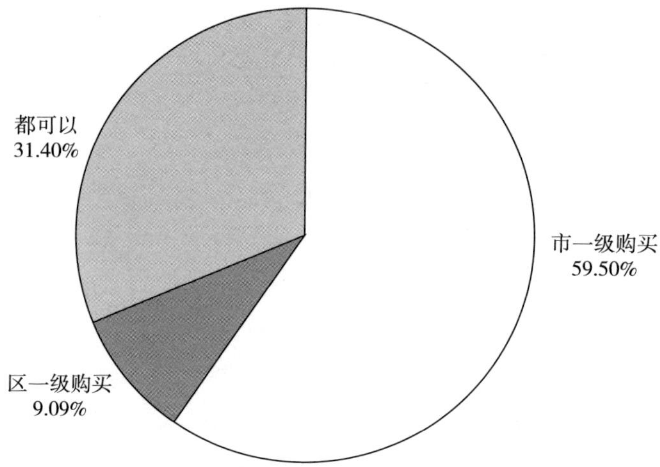

图 11 对“调查研究类服务项目购买的意向”调查

买占比 9. 09%；都可以占比 31. 40%。

第二，创新试点类（通过调查研究，总结经验、制定标准、出台政策、推广模式）：多数被调查的社会组织认为应当市一级购买，占比 47. 11%；认为应区一级购买，占比 19. 83%；都可以的占比 33. 06%（见图 12）。

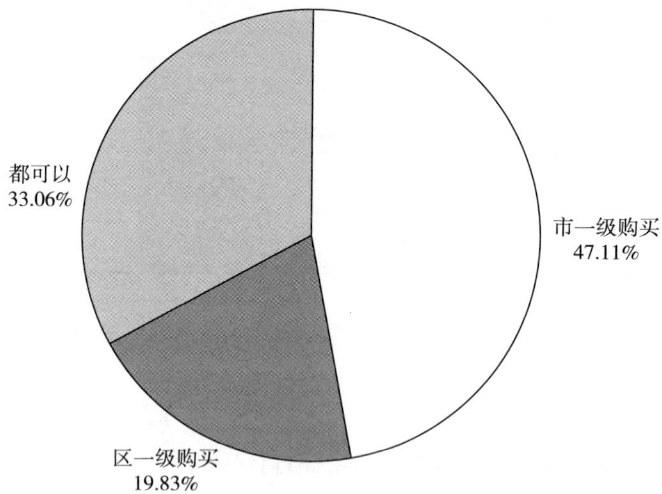

图 12 对“创新试点类服务项目购买的意向”调查

第三，特殊受益人类（特殊受益者的人数较少，需跨区才能找到足够数量）：市一级购买占比 55. 37%；区一级购买占比 14. 88%；都可以占比 29. 75%（见图 13）。

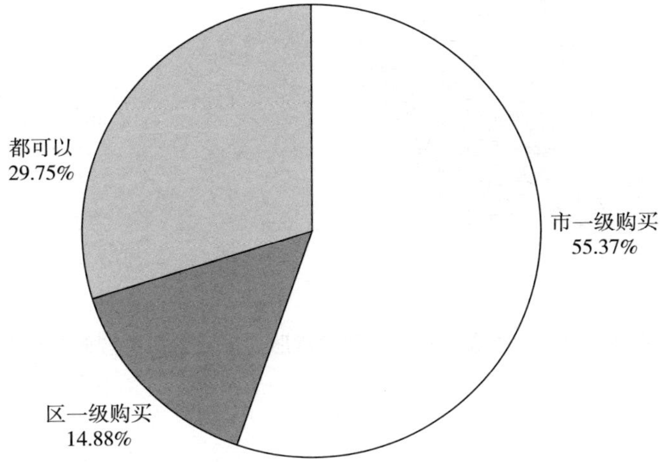

图 13　对“特殊受益人类服务项目购买的意向”调查

第四，实施条件有特殊要求类（在市级层面才能找到满足项目要求的软硬件条件，比如场地、器材等）：多数被调查的社会组织认为应当市一级购买，占比 59. 50%；认为区一级购买的占比 11. 57%；都可以占比 28. 93%（见图 14）。

第五，补位型统筹项目（对受益人很重要，但区级尚没有列入购买计划的项目）：多数被调查的社会组织认为应当市一级购买，占比 57. 02%；认为区一级购买的占比 15. 70%；都可以占比 27. 27%（见图 15）。

第六，培训 A 类（提升全市范围政购服务能力和质量的培训）：多数被调查的社会组织认为应当市一级购买，占比 56. 20%；认为区一级购买的占比 14. 88%；都可以占比 28. 93%（见图 16）。

第七，培训 B 类（全市范围内政购项目普遍存在或非常重要的培训主题）：多数被调查的社会组织认为应当市一级购买，占比 56. 20%；认为应区一级购买的占比 14. 88%；都可以占比 28. 93%（见图 17）。

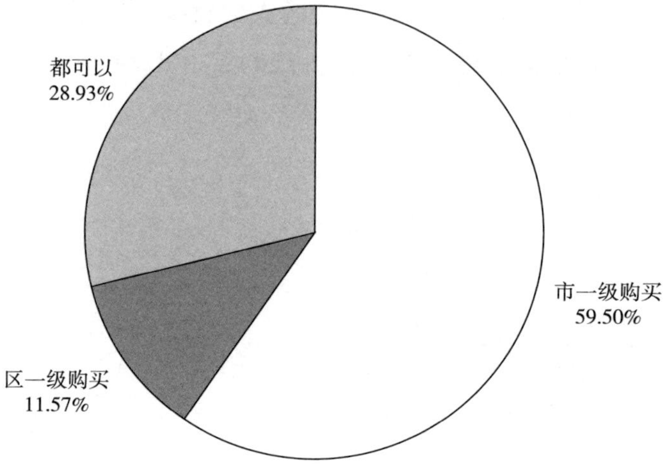

图 14　对“实施条件有特殊要求类服务项目购买的意向”调查

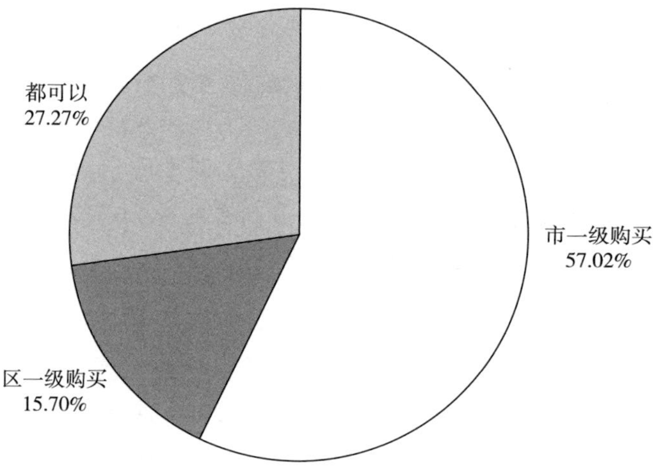

图 15　对“补位型统筹项目购买的意向”调查

第八，资源对接类（帮助市级注册社会组织和各区政府购买部门建立联系，为合作打基础）：多数被调查的社会组织认为应当市一级购买，占比 57.85%；认为区一级购买的占比 9.92%；都可以占比 32.23%（见图 18）。

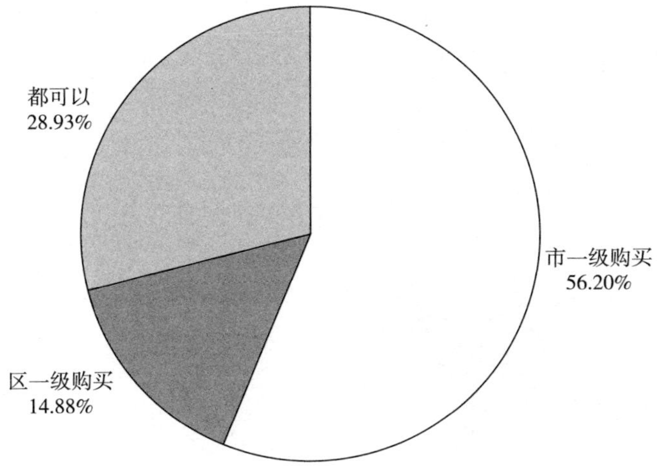

图 16　对“培训 A 类服务项目购买的意向”调查

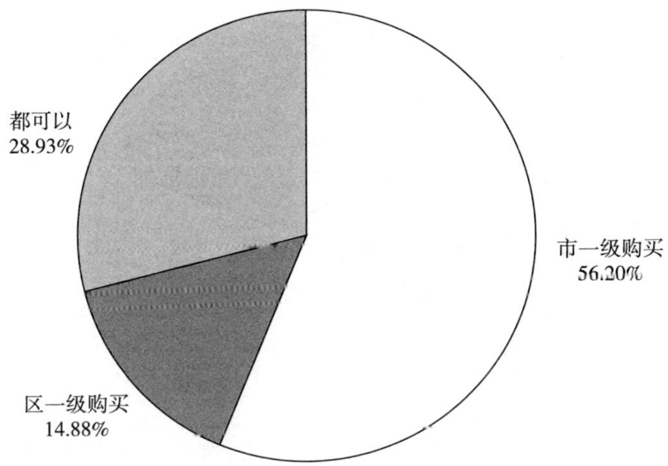

图 17　对“培训 B 类服务项目购买的意向”调查

（2）区级政府购买应当侧重购买的项目

第一，常规基础性需求服务（为受益人提供诸如家政、送餐、种收、代购、助行等常规基础服务）：多数被调查的社会组织认为应当区一级购买，占比 47. 11%，认为市一级购买的占比 19. 01%；都可以占比 33. 88%（见图 19）。

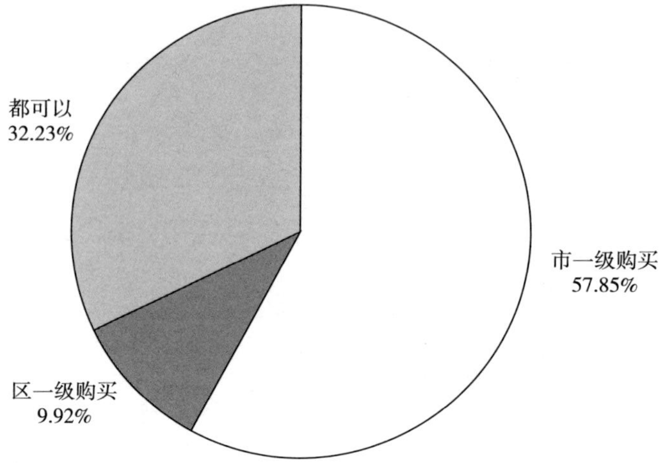

图 18　对“资源对接类服务项目购买的意向”调查

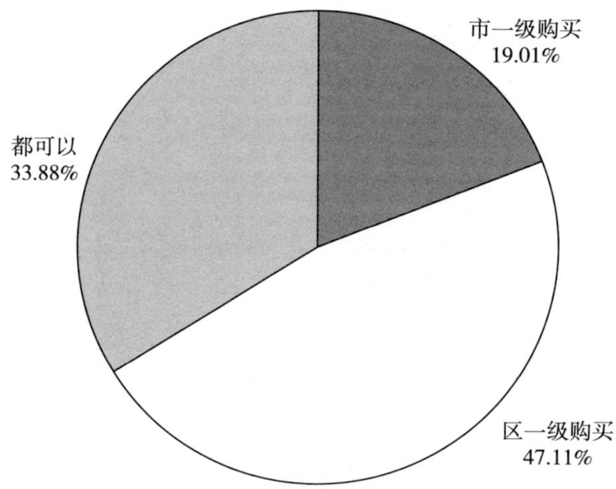

图 19　对“常规基础性需求服务项目购买的意向”调查

第二，常规入户服务类（进入城乡社区为受益人上门服务，需要社区工作人员或社区专干的协同配合）：多数被调查的社会组织认为应当区一级购买，占比 49. 59%；认为市一级购买的占比 14. 05%；认为都可以占 36. 36%（见图 20）。

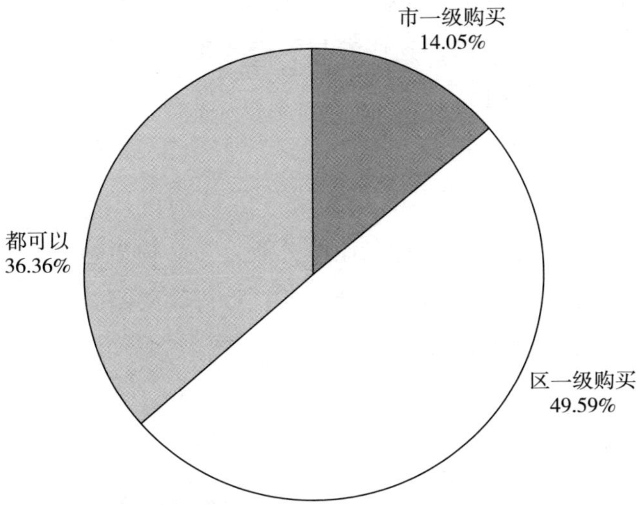

图 20　对“常规入户服务类项目购买的意向”调查

（二）横向：打破政购地域限制需要政府和社会组织共同努力

事实上，大多数机构（占 74.83%）都表示愿意参加承接跨区的政府服务项目，可见打破政购的地域限制是广大社会组织的共有心声。对此，需要政府和社会组织的共同努力。

首先，政府相关部门要有主动打破地域限制的意识和举措。对市级政府而言，应当要求区级部门在选择服务承接机构时把握好择优购买和本地机构孵化培育的平衡，不能以培养本辖区社会组织为由大行地方保护主义。事实上，打破行政区划的樊篱，利用其他区域优质社会组织的带动作用，既能提升政购资金的使用效率，也能够推动本地社会组织的发展。比如，北京市 CY 区就主动打破申请环节中的行政限制，主动向市级和其他区县的优秀社会组织抛出橄榄枝，不仅有效地提升了政购项目实施的专业水平，而且通过组织同行之间的交流提升了本区社会组织的能力。此外，外来优质机构的引入，也提升了社会组织的竞争程度，迫使本地社会组织努力提升专业服务能力。

其次，打破政购的地域限制，也需要社会组织自身的努力。事实上，尽管不少社会组织遭遇了地域限制，但也有 25.00% 的机构表示承接过跨区①的政购服务项目（见图 21）。这些参与了跨区政购项目的机构，“区政府部门主动邀请”占比 30.61%，“受市级政府部门的推荐”占比 24.49%，“机构主动去区政府相关部门协商、参与竞标”占比 36.73%，此外，“在不同的区成立新的社会组织以获得准入资格”的机构占比 8.16%（见图 22）。这两组数据表明，社会组织自身专业服务能力、品牌影响力以及积极主动与区级政购部门沟通的意识和能力是助力其打破行政限制的两个重要因素，这为其他社会组织的努力提供了较好的经验参考。

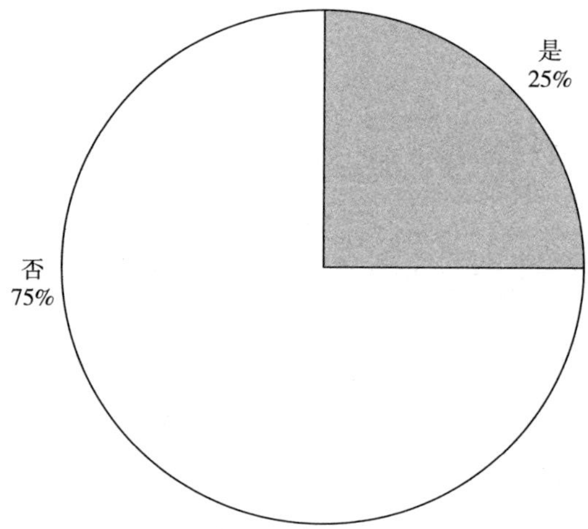

图 21　对“机构是否承接过跨区的政购服务项目”的调查

（三）建立政购信息发布平台和社会组织的征信体系

政购下沉后，除了地域限制外，政购信息获取不及时不全面、政购过程中的“暗箱操作”，都是社会组织可能遇到的问题。于是，96.62% 的被调查机构认为，需要建立一个平台来全面搜集和发布各类政府购买信息（见图 23），消除信息不对称的问题。

---

① 跨区包括区级注册组织在不同区申请项目或市级注册组织在不同区域服务。

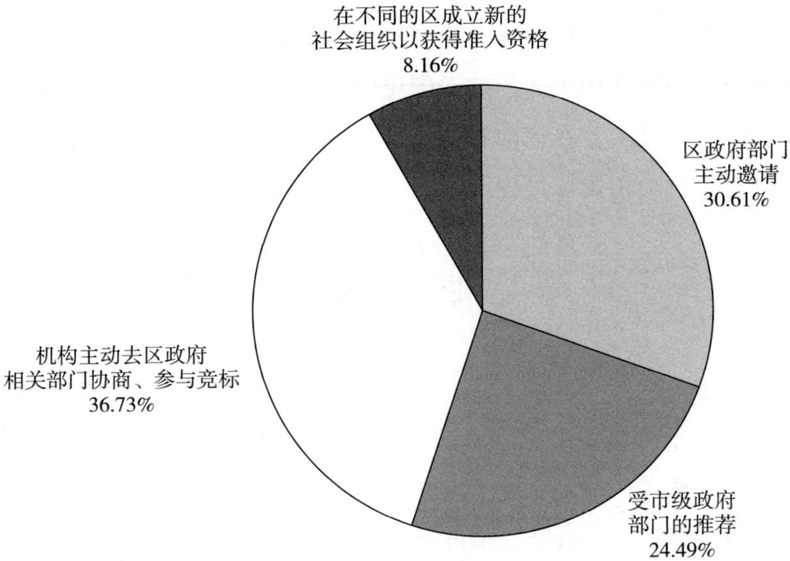

图 22　对“机构获得跨区购买项目的承接资格的途径”的调查

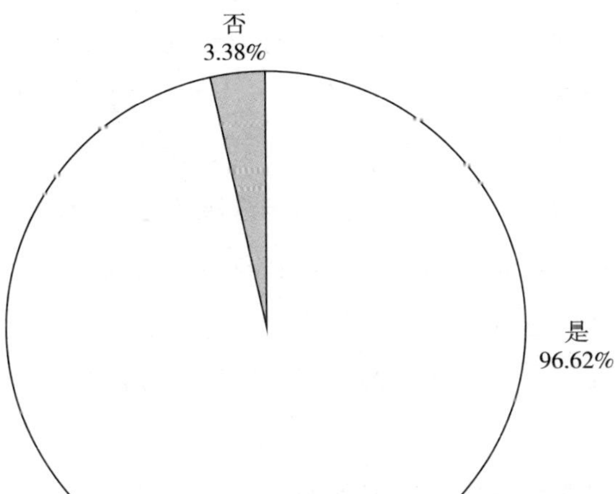

图 23　对“是否需要一个平台来全面搜集和发布各类政府购买信息”的调查

此外，政府需要借助第三方专业机构，逐渐建立起向社会公开的社会组织参与政府购买的征信体系，并将其纳入各区每年政府购买的入围评审中。这样一来，如果还有相关部门的干部想要“暗箱操作”或“徇私舞弊”，那么将冒着极大的风险，在当前我国纪检监察空前加强的大背景下尤其如此，因而从机制上解决招投标过程不公开、不公正甚至寻租的问题。

四　小结

综上所述，本次“政购下沉”专项调查可以得到如下结论与建议。

（1）政购下沉是地方落实和推进中央政府购买政策的重要举措，具有重要而积极的意义：一是有利于增强基层政府的工作动力；二是更容易调动基层政府的资源；三是有利于更好地动员社会或社区资源。在此基础上，社会公众的获得感和满意度也能随之增强。

（2）政购下沉的过程中，也可能遭遇如下问题：一是招投标过程可能出现透明度、公正性降低，寻租舞弊增多的现象；二是社会组织申报项目可能遭遇行政区域的限制，社会组织与政府沟通成本上升；三是部分市级注册的社会组织（即便是专业能力较强的机构）也难以获得项目申请的机会。

对此，为了让政购下沉能扬长避短，建议政府在政策层面上予以优化：一是在纵向上，按照社会需求特征，形成分级购买的政策体系，明确不同层级政府的购买侧重；二是在横向上，打破政府购买的地域限制，鼓励跨区申报，建立优胜劣汰的选择机制；三是建立信息全面、更新及时的政购信息平台；四是利用专业第三方力量，构建社会组织的征信体系并将其嵌入项目入围和评审环节中。

同时，解决政购下沉中可能遇到的问题，不仅需要政府的政策优化，也需要社会组织自身的努力，一是要努力提升自身专业服务水平，打造品牌项目、形成品牌影响；二是要努力提升与政购相关部门主动联络的意识，增强与政府部门沟通协调的能力。

B.17

社区基金会在社区治理机制中的角色与功能

李春燕*

摘　要： 中国社区基金会已走过10年历程，截至2018年底，已成立147家社区基金会，成为全球社区基金会增速最快的国家，总量仅次于美国、德国、加拿大。中国社区基金会根植于社区治理环境，对于社区治理创新具有推动作用。但是，中国社区基金会尚处于初期发展阶段，面临资源不足、能力建设弱、社区参与程度低等困境。在社区治理政策推动之下，社区基金会作为公共基金会，中国社区基金会在社区治理机制中有巨大发展空间。

关键词： 社区基金会　社区治理　公共基金会

一　中国社区基金会十年发展历程

1. 中国社区基金会十年增长迅速

1914年全球第一家社区基金会克利夫兰社区基金会成立，2008年我国第一家以支持社区发展的基金会“桃源居公益发展基金会”（以下简称“桃基会”）成立，桃基会是我国社区基金会最早的本土实践，2009年我国第一

* 李春燕，深圳国际公益学院社会政策研究中心高级分析员。

家以社区基金会命名的广东省千禾社区公益基金会成立。2014 年被媒体称为社区基金会元年，在这一年，深圳和上海的政府都不约而同地推出鼓励扶植社区基金会发展的政策，引发了中国社区基金会快速增长浪潮。发展成熟的国家，比如美国、德国、加拿大等国家，社会对社区基金会有明确的认知和界定，甚至形成社区基金会国家标准，通过认证制度界定社区基金会。中国社区基金会已经走过十年历程，还没有形成统一的概念界定，但对社区基金会的理解逐渐清晰，有一个较为宽泛的概念，社区基金会是指筹集资金、资助特定地域范围、回应社区需求的基金会。为了明确研究对象，本文的社区基金会是指以“社区公益（慈善）基金会”命名、服务于特定地域、回应社区发展需求的基金会。

根据此定义，截至 2018 年 12 月 31 日，我国社区基金会已有 147 家，① 原始基金资金 3.649 亿元，社区基金会占基金会总量占比为 2.37%。在地域分布上，上海和广东两地社区基金会数量位居前列，所占比例分别为 52.14% 和 20%，后发城市为南京、北京、苏州和成都。可见，我国社区基金会主要分布于珠三角、长三角等经济发达地区，中部地区以成都、重庆为增长点（见图 1）。从成立时间看，2014 年后成立的社区基金会有 133 家，中国成为社区基金会全球增长最为快速的国家，社区基金会总量仅次于美国、德国、加拿大（见图 2）。

2. 中国社区基金会发展阶段

回顾中国社区基金会十年发展历程，作为新成员，社区基金会增速超过基金会年度增长率，也超过社区基金会全球增长率，中国社区基金会的快速增长正是因应社区治理需求而兴起。

（1）早期探索阶段：社会发起社区基金会

深圳桃源居社区是一个开发小区，在 1997 年第一批业主入住的时候，桃源居社区附近是垃圾填埋场，政府没有派出单位进驻社区，水、电、治安

① 资料来源于基金会中心网以及行业采集数据，以“社区基金会”主题搜索，剔除不符合本研究报告界定的基金会，http://www1.foundationcenter.org.cn/Search/Index? kws = 社区基金会#，最后访问日期为：2019 年 1 月 20 日。

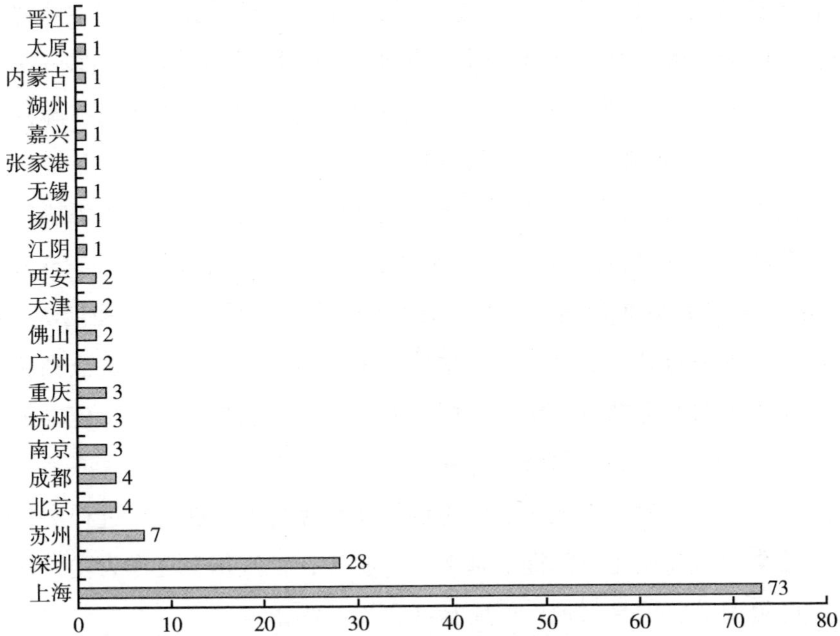

图 1　中国社区基金会地域分布

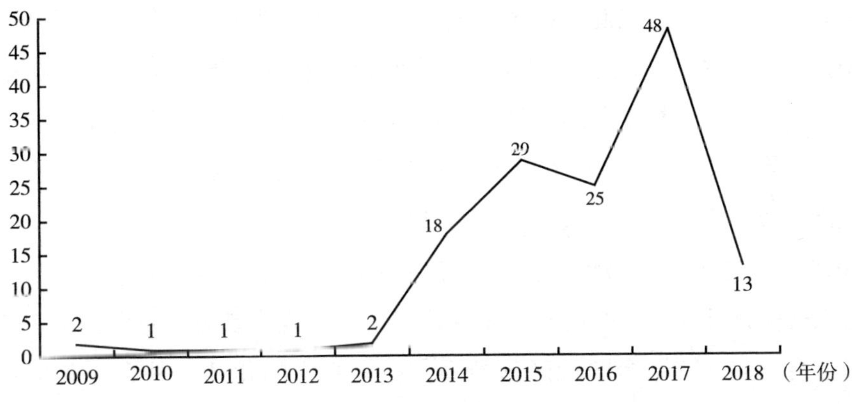

图 2　2009 ~ 2018 年社区基金会年度新增数量

等基本生活需求都没有保障。于是，业主自己组织了义警队，并与开发商联合起来向政府反映诉求。在这过程中，开发商与业主结下情谊，并主动承担起社会责任，在土地出让合同之外自己出资增建了公建设施。2006 年 7 月，桃源居开发商成立桃源居社区公益事业发展中心，开发商直接捐赠草根社区组织，以回应桃源居社区建设需求。2008 年 7 月，桃源居开发商捐资 1 亿元，正式注册了“桃源居公益事业发展基金会”，2012 年，深圳桃源社区发展基金会成立，专注深圳桃源居社区的发展。全国性的桃基会为各地桃源居的社区组织提供资金，同时支持全国各地在建的社区基金会，深圳桃基会则专注于深圳地区的桃源居社区。在桃源居公益体系中社区基金会的角色是“输血者”和“风险投资者”，通过资本运作使公益资本保值增值。[①] 当单位制体制逐渐被打破之后，相应的附属于单位的社区公共服务也被剥离，社区中出现了公共服务缺位的情况，而政府的基层管理机构——街道办事处及其居委会又没有足够的资源来弥补缺口或协调有关方面，因此，在街居体制之外，城市社区的发展需要新的资源供给者和参与者。在这一过程中，开发商、物业公司为商业化小区提供基本公共服务，社区基金会作为代表社区公共利益的资源筹集工具出现，回应社区建设的需求。

2009 年，首家以社区基金会命名的广东省千禾社区公益基金会（以下简称“千禾基金会”）成立，为广东省民政厅注册的非公募基金会，由企业家和学者共 5 人联合发起。社区基金会一般以地域为基础，但是千禾基金会在成立之初，并不专注于珠三角地区，它以“社区发展”为使命，在全国范围内开展项目，推动各地的社区发展，所谓“千禾”，意在培养更多推动社会进步的“小禾苗”，促进更多小的组织、社区参与到公共事务中去。千禾基金会做社区发展的切入点是支持社区内成长中的草根组织和个人。[②] 直至 2015 年，千禾基金会将项目扶持聚焦在教育和环保两个领域。千禾基金会还积极探索社区基金会的本土发展模式，它联合南都公益基金会、正荣公益基金会发起“禾平台”社区基金会支持计划，孵化社区基金会和培育社区公益领袖。

---

① 王晓筠、朱健刚：《社区基金会案例研究：美国经验与中国路径》，载《中国公益慈善发展报告（2014）》，第 118 ~ 119 页。

② 王晓筠、朱健刚：《社区基金会案例研究：美国经验与中国路径》，载《中国公益慈善发展报告（2014）》，第 114 页。

（2）快速增长阶段：以深圳、上海为代表，地方政府推动社区基金会

2014 年，深圳市把社区基金会作为创新社区治理的重要举措加以支持，将社区基金会列入《2014 年全市社会建设工作要点》，深圳市民政局出台《深圳市社区基金会培育发展工作暂行办法》。几年来，深圳市社区基金会如雨后春笋般兴起。截至 2018 年 12 月，28 家社区基金会注册成立。深圳市政府推动社区基金会是基于以下三点考虑：首先，希望通过社区基金会改善社区治理机制。自 2005 年以来，深圳市投入大量资源加强社区建设，政府在每个社区设立社区工作站和社区服务中心，并通过政府购买服务，为每个社区服务中心配备社工。但是，社区中社会力量没有充分调动，居民参与不足，也缺少能支持居民自发成立的民间组织的机构。因此，政府希望通过设立社区基金会，使“社会力量和社区居民在基层社区治理中真正发挥主体作用，让慈善真正成为一种巨大的社区建设力量，同时也为全国改进社区治理方式、增强社区发展活力、提高社区治理水平发挥示范带动作用”。其次，政府希望社区基金会能够丰富社区慈善资源，将慈善资源留在社区。深圳市拥有丰富的慈善资源，全国知名的基金会，如壹基金、万科基金会、腾讯基金会都位于深圳，但是大量的慈善资源并没有留在社区，市政府希望通过社区基金会让慈善资源回馈社区。另外，社区慈善机构、民间组织缺乏长期稳定的资金支持，而这些社区慈善组织能够直接帮助社区中的贫困、弱势群体，社区基金会可以为这些机构提供必要的资金支持。最后，市政府认为，社区基金会有助于培育社区的慈善文化。深圳是一个移民城市，尤其需要“平等、互助、博爱、共享”的慈善文化，而社区基金会是帮助每个居民实现慈善理想的平台。①

上海市也十分重视社区基金会在创新社区治理中的作用，将社区基金会作为上海市基层改革的配套措施。2014 年 12 月，上海市委的“一号课题”《关于进一步创新社会治理加强基层建设的意见》明确指出“在街道、乡镇

① 王晓筠、朱健刚：《社区基金会案例研究：美国经验与中国路径》，载《中国公益慈善发展报告（2014）》，第 125 页。

层面探索设立社区发展基金（会），为社会资金支持社会力量参与社区治理创造条件”，社区基金会作为社会组织参与社会治理“组合拳”中的重要一拳，是社区最接地气的爱心平台。2015 年 6 月，上海市民政局出台《上海社区基金会建设指引（试行）》，规范社区基金会的建立和发展。截至 2018 年底，上海市有 73 家社区基金会，原始基金总量已经达到 1.6 亿余元，净资产总额超过 2 亿元，累计开展公益项目 600 余个，公益支出 2000 余万元。

除了深圳、上海外，南京市、北京市紧随其后推动社区基金会发展。2015 年 6 月，南京市民政局发布《关于推动南京市社区型基金（会）发展的实施方案（试行）》。截至 2018 年底，南京市注册成立 10 家社区基金会。北京市把社区基金会作为社区社会组织培育发展，以“不干预、不制定指标”培育原则，鼓励社会组织、市场、社区居民、企业单位自发成立社区基金会，北京已成立 4 家社区基金会。

（3）全面发展阶段：中央政策助推发展社区基金会

深圳、上海的试点经验，社区基金会写入中央社区治理政策文件。2017 年 6 月，中共中央、国务院《关于加强和完善城乡社区治理的意见》明确提出“鼓励通过慈善捐赠、设立社区基金会等方式，引导社会资金投向城乡社区治理领域”。2017 年 12 月，民政部《关于大力培育发展社区社会组织的意见》提出“鼓励有条件的地方设立社区发展基金会，为城乡社区治理募集资金，为其他社区社会组织提供资助”。一系列政策的出台使得社区基金会正在成为中国社区治理创新的新抓手。成都、广州、顺德、苏州等多个地区相继成立社区基金会的实验，仅 2017 年 7 月以后全国新成立 31 家社区基金会。

在此阶段，除了政府推动成立的社区基金会，还出现了慈善信托支持的社区基金会。广东省德胜社区慈善基金会（以下简称“德胜社区基金会”）成立于 2017 年 5 月 16 日，其发起背景是何享健先生捐赠 5 亿元设立了目前中国最大的慈善信托“顺德社区慈善信托”，委托人为美的控股有限公司，受托人为广东省和的慈善基金会和中信信托有限责任公司，执行人为广东德胜社区慈善基金会。德胜社区基金会定位于资助型、支持性的社区慈善基金会，理事会由顺德各界领袖组成，资助人为理事成员之一，理事会成员是熟悉顺德的各界代表，理事会独立运作，设立秘书处并聘用专业团队运营，顺德社区基金会更接近社区基金会的运作模式。

二　中国社区基金会十年探索中在社区治理的角色与功能

中国社区基金会在十年发展历程中，出现了不同形态的社区基金会，其中以政府推动发起的社区基金会占主体，同时还有地产开发商、集体经济、慈善信托、居民发起的社区基金会。虽然时间不长，但是，我国社区基金会在社区治理中扮演着重要的角色，发挥积极的功能。

1. 资源筹集平台

中共中央、国务院《关于加强和完善城乡社区治理的意见》以及民政部《关于大力培育发展社区社会组织的意见》，明确提出社区基金会是资源筹集的工具，资助社区社会组织。从深圳、上海社区基金会的运营情况看，社区基金会确实在这方面发挥了重要的资源筹集作用。

截至2016年底，深圳市26家社区基金会原始基金总量达到5535万元，社区基金会净资产总额为8646万元。社区基金会捐赠收入11188万元，捐赠收入占总收入的80%以上，可见社区基金会成为社区资源筹集的重要途径（见图3）。

上海把社区基金会打造为汇聚各类社区资源的平台，政府引导社区基金会积极与社区居民、社区企业、社区社会组织、社区学校等各种爱心资源对接，筹集资金、物资、志愿服务，合理配置宝贵的社区公益爱心资源，资助解决社区最需要解决的困难和问题。截止到2017年底，上海72家社区基金会的原始基金总量已经达到1.6亿余元，净资产总额超过2亿元；累计开展公益项目600余个，公益支出2000余万元，服务社区群众50万人次以上。

2. 社区基金会有效回应社区服务需求

2016年，深圳市社区基金会共计资助或运作社区公益项目81项，其中

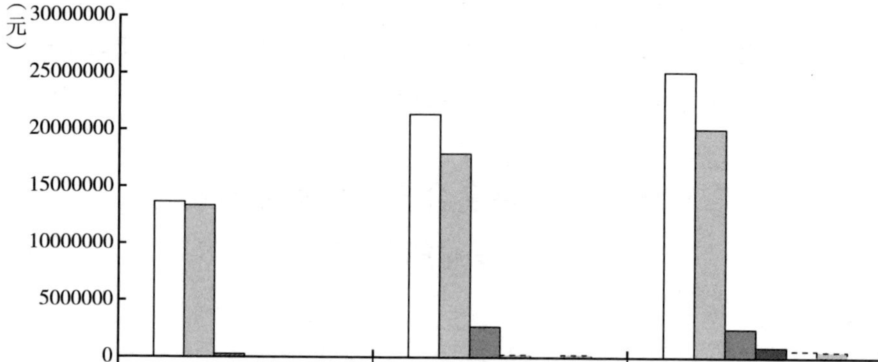

	2014年	2015年	2016年
□总收入	13703319.66	21337173.00	25238564.00
捐赠收入	13540205.80	18097025.00	20276963.00
政府补贴	100000.00	2700190.00	2585804.00
投资收入	0	179718.00	1034704.00
服务收入	0	0	730583.00
其他收入	0	360240.00	610510.00

图3　深圳市社区基金会年度收入情况（2014～2016年）

资助型项目54项，运作型项目19项，混合型8项。从项目类型来看①，专项服务项目最多（27%），其次是社区关怀项目（21%）、文化体育项目（17%）、帮扶救助项目（12%）、社区发展项目（11%）（见图4）。从项目支出金额来看，除社区发展项目支出金额占比较少外，其他类型项目支出金额都大体相当，向社区特定群体给予直接资金或物资支持的帮扶救助和社区关怀项目占支出总额的三成（见图5）。

社区基金会熟悉社区，能够快速、灵活性地回应社区居民需求，包括居民大病救助、弱势人群生活救助、社区足球运动俱乐部、社区篮球赛等。社区的需求是多样化，包含着不同人群的、多元化的发展需求，有些社区议题

① 备注：帮扶救助（指面向低保家庭、重疾家庭、困难职工等群体的资金或物资支持）；社区关怀（指面向社区弱势群体的节庆慰问、特定群体的表彰与奖励等）；基础设施（指社区基础设施建设和修缮项目）；文化体育（指社区文化、社区体育项目）；教育领域（包括素质教育、家庭教育、自然教育等）；社区服务（包括面向老年人、企业员工、青少年、儿童、妇女、残疾人等开展的专项基础性服务和志愿服务）；社区发展（包括孵化培育和资助社区社会组织、营造社区公益慈善文化、政策倡导及社区营造等发展性活动）。

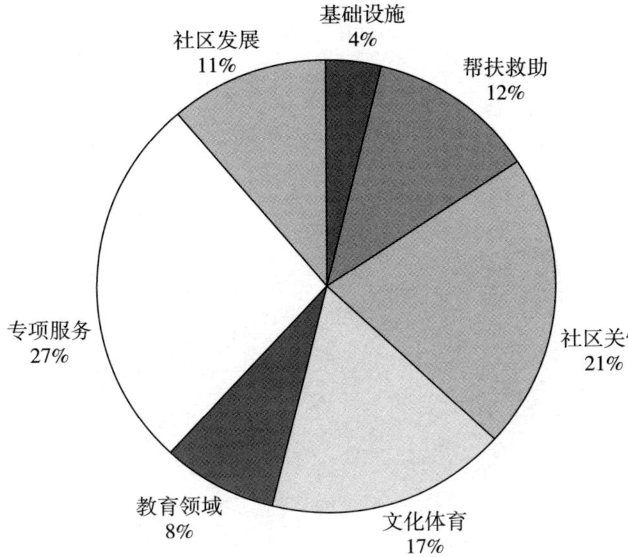

图4　深圳市社区基金会开展项目数量分布（2016年）

超出了政府公共资金资助的范围，社区基金会的天生优势有效回应了社区服务需求，成为社区治理体系的重要补充力量。

3. 社区基金会调动多方力量参与社区治理

2018年，德胜社区基金会公布“美好社区”资助计划。基金会耗时一年做社区需求调研，以顺德205个村居的社区问题和居民需求为出发点，资助教育发展、社区照顾、文化保育、社区发展和行业支持等五个领域公益行动，资助内容包含幼儿园改造、幼师培训、长者助餐、精神残障人士社区照顾服务、古旧建筑修缮、社区文化保育活动。德胜社区基金会资助内容既回应社区服务需求，又调动了社会资源、居委会、社区社会组织参与到社区治理。

党的十九大报告提出“打造共建共治共享的社会治理格局”，明确了党委领导、政府负责、社会协同、公众参与、法治保障的社会治理体制，鼓励和支持充分发挥专业化社会组织、城乡社区群众自治组织的作用，使各种社会主体广泛参与到基层社会治理中。我国社区正在致力于建立一核多元的社

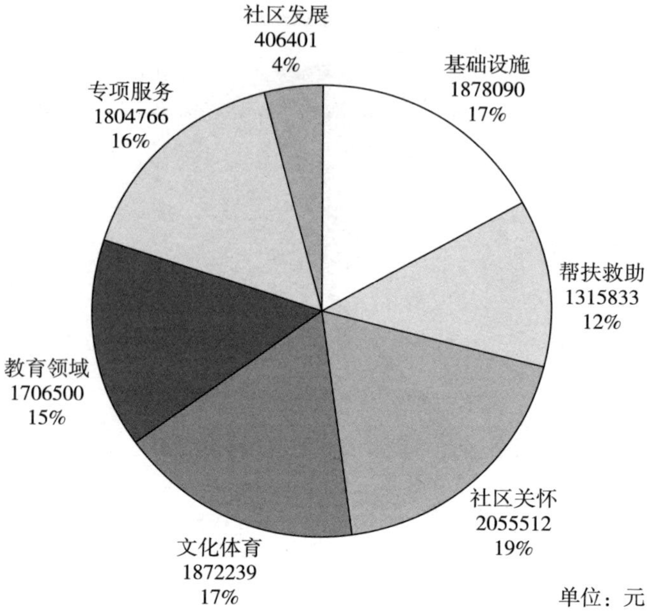

图 5　深圳市社区基金会项目支出分布（2016 年）

区治理体系，各级政府在社区治理中投入了大量资金，但是有时资金未能真正落实到社区和居民所需要的地方，居民自治的活力没有充分发挥出来，多元的社区需求不能得到有效满足。社区治理体系的现代化需要社区基金会的平台支撑，社区基金会作为社区治理体系的资源驱动，资源捐赠引导社区居民参与到社区治理，并把社区资源用于社区居民需要的地方。

三　中国社区基金会发展空间

相比百年社区基金会发展历程，中国社区基金会仍处于组织发展初期，从组织发展规律看，社区基金会受到社会需求、慈善捐赠、政策的驱动，有一个良好发展空间。

1. 社会服务需求

社会服务是社区治理的关键内容之一，养老需求、儿童服务需求、精准扶贫等社会服务需求尤其明显，但是全国社区服务机构覆盖率不够。根据

2016年国家统计局数据，我国各地社区服务机构覆盖率差异大，贵州省达到社区服务机构全覆盖，北京、江苏、广东、海南的社区服务机构覆盖率超过75%，天津、上海、浙江覆盖率超过30%，其余22个省份覆盖率低于30%，社区服务机构数量配比不足。社会组织是社会服务功能的基本载体和志愿服务的最有效组织架构，社会组织是社区社会服务的重要供给方，又是推动居民参与社区治理的重要媒介，现阶段我国社区社会组织数量存在巨大缺口。民政部《关于大力培育发展社区社会组织的意见》提出一个指标，到2020年我国社区社会组织数量将要达到381.5万个，据不完全统计2016年我国社区社会组织数量为30万个，仅仅达到不足10%的总任务比例。

2. 资源供给

在资源供给方面，根据2016年国家统计局数据公布的各省社会服务事业费用，总体上看，各省政府公共资金投入抚恤、社会救助、自然灾害的支出占各地GDP比例区间为［0.37%，2.27%］，其中，广东省社会服务事业费用占GDP的0.37%，与社会服务程度高的地区相比，中国香港社会福利支出占GDP的2.6%左右，中国台湾社会福利支出占GDP的2.7%左右，我国社会服务资源供给整体还不够。到2020年，381.5万个社区社会组织的运营资金体量大，社会服务需求紧逼，社会服务资源供给不足矛盾突出。并且，社会组织资源依赖政府资金，将不利于社会组织发展，社区社会组织应充分调动本地资源，积累社区资本，社区社会组织才能持续发展。

北师大中国公益研究院公布的《中国捐赠百杰榜》报告中，2017年百杰捐赠总额为232.90亿元，2011~2017年，《中国捐赠百杰榜》累计有504人上榜，累计捐赠1464.91亿元，累计捐赠1亿元以上捐赠人共148位，捐赠10亿元以上捐赠人19位。其中，广东、北京、上海、福建、浙江是大额捐赠者涌现的省份。有关大额捐赠去向，哈佛大学肯尼迪政府学院艾什民主与创新中心公布的《中国最慷慨的百名慈善家》指出，我国的大额捐赠大多都发生在本地，并流向单一的捐赠领域，每10元捐赠中就有6元（57.2%）捐向了捐赠人公司总部所在省级行政区。社区基金会接收本地大额捐赠已有先例，慈善家何享健先生捐赠5亿元设立社区慈善信托，成立广东德胜社区慈善基金会，慈善信托投资收益支持广东德胜社区慈善基金会资助各类社区公益项目；陕西省神木县民生慈善基金会接受当地企业家的捐赠，用以资助社会组织开展养老、健康、助幼、扶残、义工等社区服务项目。捐赠人更倾向资助所在社区或者亲缘社区，引导社会资源参与社区治理领域，社区基金会是一种有效的资源筹集方式。

四　社区基金会发展面临的问题及对策

社区基金会有其组织发展规律，社区基金会仍处于初期发展阶段，资源、人力、能力建设是其面临的主要挑战。除了组织发展规律外，社区基金会的内生力不足、行政化严重、专业人才能力建设的问题制约了社区基金会的发展。

1. 着力解决内生动力不足

社区基金会的注册金额较小，128 家社区基金会的注册资金为 400 万元以下，获得公开筹款资格的社区基金会仅为少数，并且缺少后续发展资金。财务资源紧张导致人力资源紧缺，以深圳社区基金会为例，48% 社区基金会没有全职工作人员，35% 社区基金会有 1 名全职工作人员，8% 社区基金会有 2 名全职工作人员，9% 社区基金会有 3 名全职工作人员，只有两家社区基金会有全职秘书长，其他地区的社区基金会存在同样问题。资源不足和专业人才紧缺问题，导致了社区基金会初期发展的内生动力不足。

除了资源不足和人才紧缺外，作为新生事物，社区基金会还没有嵌入社区治理体系中，但若把社区基金会功能简单定位为资源筹集平台，社区基金会较难撬动资源。社区基金会是“社区”的基金会，筹集资源需要建立社区信任度和捐赠人圈，社区基金会为社区增值比筹资更为重要。在社区基金会发展初期，把增值社区作为社区基金会工作策略，深度研究社区需求，根据社区需求，制定有效的解决方案，调动居民、企业、社会组织参与进来，社区建设得更好了，社区基金会的信任度和影响力就能建立起来。

2. 着力较正治理行政化

中国社区基金会发起方式有政府推动发起、企业发起、居民发起以及慈善信托等，其中政府发起的社区基金会数量居多，深圳、上海、南京、苏州、成都的社区基金会主要由政府推动发起。深圳国际公益学院跟踪各地社区基金会发展状态，发现社区基金会治理行政化严重，存在民政干部或者社区干部兼任社区基金会秘书长现象，理事会成员由捐赠发起方组成，理事会没有独立运作导致社区基金会运营工作陷入困局。社区基金会的注册资金来源于公众，来自个人、企业或政府资金，全国 147 家社区基金会注册资金累计 3.649 亿元，这是一笔巨大公共资金，社区基金会理应运营起来。政府推动发起的社区基金会的初始运作资金来源于公共资金，公共资金使用有严格的程序和流程，治理行政化严重的根源在此，破除社区基金会行政化需要从公共基金使用合理合法考虑。以下提出国内外社区基金会运营经验，以供借鉴。

美国、英国提出了社区基金会认定的国家标准，加拿大提出了社区基金会指导原则，都提到社区基金会是独立的公共基金会。其中，美国基金会理事会提出了社区基金会国家标准，其长期目标是：建立由许多独立捐助者建立的永久性组成基金，以履行其慈善利益；支持广泛的慈善利益并使特定地理区域的居民受益。社区基金会运营的核心要素为：理事会是独立的管理机构，确保社区基金会反映并服务于社区的广度和多样性；社区基金会资金来源为公共性，至少有三分之一的收入来自公众；社区基金会的理事会负责制定基金会的使命、战略方向和政策。这三点确保了社区基金会运营的合理合法性，也确保了社区基金会运营独立性。

中国香港社区投资共享基金是香港特区政府拨款成立的公共基金，成立基金目的是借资助社区组织推行社区改善计划，调动各界社会资源以积累社会资本，弹性回应传统社会服务的不足部分。香港社区投资共享基金对于资金使用有着严格的要求，为了兼顾调动社会资源，其组织架构兼顾公共资金监管与社会参与。社区投资共享基金的决策机构是基金委员会，委员会的成员由代表社区、福利、教育、商界、医务及学界等的非官方委员和代表政府部门的委员组成，政府代表仅占少部分委员席位。基金委员会设立评审及评估小组委员会、推广及发展小组委员会，为基金委员会提供决策意见，这两个小组委员会成员由各界社会人士担任。社区投资共享基金设立秘书处，由资金主办机构劳工及福利局雇佣专业人士组成，以协助基金之运作。

3. 着力提升专业人才能力

社区基金会组织架构清晰、独立后，还需要一支专业的运营团队，才能把社区基金会真正运作起来。社区基金会运营有其运作逻辑，执行团队需要协助理事会治理、社区问题精准分析、设计社区问题解决方案、调动社区参与力量，同时还具备筹资、公共关系维护、大众传播等专业技能。根据全球社区基金会导航的数据，平均每家社区基金会有7.8名受聘员工，社区基金会是一个精干型基金会，已成立三年的百慕大社区基金会有3名全职员工，成立接近九年的布鲁克林社区基金会也只有9名全职员工。根据社区基金会职员全球平均数，中国至少需要147名专业能力强的社区基金会职业经理人；另外，至少需要1000名社区基金会运营管理的其他专业人才，包含筹资官员、捐赠人关系官员、传播官员、项目管理官员等专业人才。目前，中国社区基金会极其缺乏专业人才，人才缺口非常大，社区基金会专业人才能力建设是影响社区基金会发展的要素。每个国家的社区慈善土壤不一样，国外社区基金会运营经验有其慈善发展环境基因，应该建构中国社区基金会知识体系及专业人才培养体系，培养高素质的实用型社区基金会专业人才。

B.18
中国社会组织参与国际发展合作：趋势与挑战

卢玮静*

摘　要： 近年来，中国社会组织开始积极“走出去”，进入国际发展合作的轨道上。中国社会组织能开展国际合作、积极承担国际责任、主动参与国际公共产品的供给、尝试推动全球治理体系的变革，是我国第三部门整体发展到一定阶段的自然体现。本研究基于当前中国社会组织参与国际发展合作的背景、当前现状进行分析，梳理了中国社会组织“走出去”过程之中的趋势与格局，呈现当前中国社会组织在“走出去”过程之中的各方面挑战，最终提出相关的政策建议。

关键词： 社会组织　国际发展合作　“一带一路”　国际化

一　全球化下的合作背景和中国政策

随着中国的快速发展与国家崛起，随着“一带一路，民心相通”和“构建人类命运共同体”倡议的提出，国际社会对中国社会参与发展中国家援助的期望越来越高，而在中国企业“走出去”之后，中国的社会组织也开始行动起来。近年来越来越多的中国社会组织开始走出国门，积极探索并

* 卢玮静，中国矿业大学（北京）文法学院讲师。

参与国际发展合作。

事实上，伴随全球化在世界范围的扩展，人类社会早已进入全球治理的时代。作为独立于市场、政府的第三部门代表，社会组织是参与全球治理不可或缺的主体之一。随着我国综合国力的增强和国际地位的上升，国际社会对我国承担国际责任的期待越来越高。在这样的背景下，中国社会组织能开展国际合作、积极承担国际责任、主动参与国际公共产品的供给、尝试推动全球治理体系的变革，是我国第三部门整体发展到一定阶段的自然体现，也符合全球治理对多元主体参与的期待，符合我国现阶段的国家利益。

在国家发展战略和相关政策层面，已经可以看出中国社会组织“走出去”已经成为势不可当的一种趋势。

2016 年 8 月，由中共中央办公厅、国务院办公厅发布了《关于改革社会组织管理制度促进社会组织健康有序发展的意见》，第一次正式地在政府政策体系中提出：引导社会组织有序开展对外交流，参加非政府间国际组织，参与国际标准和规则制定，发挥社会组织在对外经济、文化、科技、体育、环保等交流中的辅助配合作用，在民间对外交往中的重要平台作用。

2016 年 9 月，商务部就《南南合作援助基金项目申报与实施管理办法（试行）》征求意见，在这一管理办法中，已经明确地将社会组织纳入申请项目的主体。这是目前中国援外机制中的一次破冰尝试，社会组织第一次拥有了获得国家资源开展海外项目的身份和机会。虽然《南南合作援助基金项目申报与实施管理办法（试行）》提供了相关的机会，但迄今为止，社会组织还没有大范围获得该基金的支持，大规模申报工作在 2018 年上半年刚刚启动。

2017 年 10 月，国务院国新办发布的《中国的减贫行动与人权进步》白皮书显示，新中国成立以来共向 166 个国家和国际组织提供了近 4000 亿元人民币的援助。尤其近年来，中国在对外援助上再度大幅提升。习近平主席在当年“一带一路”国际合作高峰论坛中提出，中国将在未来三年向参与“一带一路”建设的发展中国家和国际组织提供 600 亿元人民币援助，建设更多民生项目。

2018 年 3 月，十三届全国人大一次会议表决通过了关于国务院机构改革方案的决定，组建中华人民共和国国家国际发展合作署，国家国际发展合作署作为国务院直属机构，将商务部对外援助工作有关职责、外交部对外援助协调等职责整合，统筹协调援外重大问题并提出建议。

二　当前中国社会组织“走出去”现状概要

自改革开放以来，中国社会组织获得了长足发展，不仅在数量上快速增长，在内部治理和社会动员等方面的能力也大幅提升，赢得了社会的信任，影响力日益扩大。在其中，有一些社会组织有着强烈的“走出去”开展国际交流和合作的愿望，但进行长期行动或者大规模投入的组织事实上比较少。

国内的社会组织已经开始有了初步的国际化征程的尝试。在 2004 年之前，主要是社团和民非开展一些国际交流与合作，例如社团主要是提供专业技术方面的输出，等等。其中，中国民间组织国际交流促进会（简称中促会）是过去二十多年中“走出去”的中国社会组织一个联合体，有 265 家团体会员，其中 36 家具有联合国经社理事会咨商地位。

2004 年之后，基金会开始崭露头角，展现出巨大的“走出去”潜力：2006 年，中国儿童少年基金会首次探索在英国成立其分支机构，主要目的是争取海外捐赠；2007 年，中国扶贫基金会第一次在机构层面开始思考并且提出国际化战略；2008 年，中国的企业家冯仑等人在新加坡成立世界未来基金会，开始了相关的行动；2010 年，中国青少年发展基金会开始了“希望工程走进非洲”项目，并获得广泛关注；2011 年，华民慈善基金会在美国罗格斯大学设立华民慈善研究中心；2015 年，尼泊尔发生 8.1 级强震，包括扶贫、壹基金、蓝天救援队在内的多个中国社会组织迅即响应，以各种形式支援尼泊尔灾区，此后中国扶贫基金会在当地设立国家办公室；2018 年 5 月，中促会协调 20 家中国社会组织应邀赴柬埔寨访问，与当地社会组织交流对接并签署一系列合作协议；2018 年 7 月，中促会与尼泊尔社会福利委员会联合举办了中尼民间组织民生项目对接会，25 家中国民间组织与 34 家尼泊尔民间组织就教育、扶贫等领域进行合作对接。

从阶段划分上看，中国社会组织“走出去”大体上可以划分为四个阶段。

（1）自我封闭阶段（1949～1980 年）：该阶段本身没有太多的社会组织，或者零星的社会组织也主要是政府发起并主导，故基本没有“走出去”的社会组织。

（2）寻求资源阶段（1980～2008 年）：2004 年《基金会管理条例》颁布，在此之前，虽然社会组织已经零星出现，但是大部分社会组织仍然没有相关的意愿和能力。但已经有部分组织开始将目光放到了海外，但那时候主要集中在海外捐款或资源对接层面，基本没有将国内资源和项目递送到海外的意识和行动。

（3）探索尝试阶段（2004～2018 年）：这时候的社团等组织开始有了更多的资源，通过输出技术培训等方式开始做了更多的探索交流，研究类型的社会组织（包括民非和社团）的国际交往也增多。《基金会管理条例》实施后，社会力量开始兴起，包括公募基金会和非公募基金会都开始了它们的艰难探索，例如中国青少年发展基金会、中国扶贫基金会、华民慈善基金会等。根据陆波相关研究的不完全统计，截至 2014 年 8 月 31 日，中国以各种形式“走出去”的基金会共有 37 家。

（4）快速发展阶段（2018 年至今）：该阶段以中华人民共和国国家国际发展合作署设立为分界。经过了十余年的探索尝试，越来越多的社会组织开始将国际化作为机构的一个核心发展战略，并且取得了明显的成效。例如，中国扶贫基金会已经在尼泊尔、缅甸、埃塞俄比亚等国家设立了办公室，项目覆盖包括苏丹、乌干达等十余个国家。中国红十字基金会在“一带一路”沿线开始了大规模的投入。爱德基金会已经在多个发展中国家落地生根。中联部开创性的“社会组织组团”“走出去”行动每次都有 20 多家组织积极参与。仅 2018 年，国内关于“走出去”相关的研讨会议以及培训不完全统计就多达20余次，在亚洲基金会的资助下，中国国际民间组织合作促进会和中国扶贫基金会等联合北京七悦社会公益服务中心及相关专家撰写了《中国社会组织参与国际项目合作自律行为守则》和《中国民间组织走出去－尼泊尔国别操作手册》，开始详细具体地从实操角度支持社会组织的种种行动。

三　中国社会组织参与国际发展合作的趋势

1. 中国社会组织开始进入官方发展援助（ODA）体系中

过去中国社会组织参与国家层面的对外发展援助几乎还是空白。而这与国际上通过社会组织参与对外援助的主流趋势形成了鲜明的对比。在国际上，为了提高对外发展援助的效率并促进公平，在官方发展援助（Official Development Aid，ODA）中纳入社会组织的参与，从而鼓励以民间方式推动国家间的沟通和交流，已经是许多西方国家对外援助的惯用方式。各国不仅建立了制度化的合作、评估体系，而且有相当比例（许多在20%以上）的援外资金是通过社会组织来执行甚至是筹集的。重构政府、国际社会组织和市场三位一体的对外援助模式，形成发展援助的新框架已经成为国际对外援助的新趋势。

2018年，这一格局似乎开始有了一些松动，中促会开始组织一批中国有国际化前沿探索的社会组织申报南南合作援助基金，第一批申报南南合作援助基金的社会组织项目达到一百多个。但目前，整体项目还处于申报进程之中。

2. 中国社会组织参与国际发展合作的方式多元

与过去主要是开展国际交流活动和一次性的项目合作为主的情形不同，中国社会组织开始真正在海外设立当地的执行办公室、在当地注册，等等。以中国社会组织开展形式比较多样的尼泊尔为例，其共有四种典型的到当地开展行动的方式，并且每一种方式都有中国社会组织已经开始了深度的探索行动（见表1）。

表1　中国社会组织在尼泊尔开展行动的四种方式

形式	特征	中国 NGO
注册成立 INGO 办公室	1. 有长期在尼泊尔开展行动的战略； 2. 有稳定的行动方向、策略、资金、团队； 3. 类似于独立机构，需要配套的财务、行政等体系，需要接受相关部门管理和财务审计等； 4. 注册成立办公室仍然需要有当地合作伙伴才能行动； 5. 难度系数较大	中国扶贫基金会
注册成立当地 NGO	1. 有长期在尼泊尔开展行动的战略； 2. 有稳定的行动方向、策略、团队，但机构的法人和理事会全部为尼泊尔当地人； 3. 独立机构，需要配套的财务、行政等体系，需要接受相关部门管理和财务审计等； 4. 属于当地的合作伙伴，可以直接和中国 NGO 合作； 5. 具有失控的风险	尼泊尔彩虹公益社（甘肃彩虹公益服务中心）
与当地 NGO 合作项目	1. 有进入尼泊尔开展行动的打算，但处于探索期或者受限于政策资源等暂时无法成立独立办公室； 2. 可以较为灵活地进入尼泊尔开展项目，并且结合实际情况确定未来的行动方向； 3. 基于项目合作的实际要求配备相关的人员、资金和行动方式，但不需要独立的财务和办公室； 4. 必须有当地合作 NGO，往往主要靠合作伙伴来负责项目日常实施； 5. 难度系数较小	爱德基金会 西藏慈缘基金会 北京慈爱公益基金会
参与紧急救援	1. 仅在紧急时期才开放的特殊方式； 2. 基于紧急时期的特征进行行动，不需要合作伙伴； 3. 紧急时期结束之后，组织将退出，若要开展常态化项目则需要进入前两种方式（办公室或项目合作）	蓝天救援队 壹基金

3. 中国社会组织开始注重自下而上的可持续发展

在多元的“走出去”形式之下，越来越多的社会组织开始强调在受援国的可持续发展，而不是一次性的援助或者交流活动。这样的行动特征也开始使得中国社会组织的项目可以和国际其他开展发展类项目有了更多的共通点。

例如，中国扶贫基金会和爱德基金会已经在尼泊尔、缅甸、埃塞俄比亚等地开展的参与式社会发展的项目，一方面支持当地贫困现状的改善；另一方面也十分尊重当地社区实际的情况，关注受助者的参与及意见表达，在项目设计执行全过程的各环节加强参与，注重参与式发展。

这样的做法使得中国社会组织开始形成当地社区的持续影响力，这种影响力是自下而上行动体系下自发积累的，而不是自上而下的援助方式能够直接获得的。

4. 中国社会组织的合作属性与能力快速发展

中国社会组织虽然“走出去”才刚刚起步，但已经呈现很强的合作属性，能够快速地进入援助国当地找到最为合适的在地合作伙伴开始合作，而不是自己独自行动。合作已经成为大家的共识。

同时，要“走出去”的中国社会组织之间也开始形成了更多的合作对接，相互支持，例如，甘肃省的五家已经或正准备“走出去”的社会组织就在省外办的支持下，互通有无、相互支撑，共同形成对东南亚“一带一路”国家的支持。

四　社会组织参与国际发展合作的挑战

1. 项目的专业化运作能力

社会组织“走出去”过程之中的根本性挑战还是在项目的专业运作能力上。由于开展国际项目不仅仅需要克服异国差异化和语言障碍，还需要很好地嵌入当地，真正回应当地的需求，采取合适的方式而不是停留在表面。这需要社会组织有一套 NPO 开展社区参与动员和集体行动的专业化能力。

公益组织 K 在周边友好国家援助了当地的医院建设，将医院建设得设施完善、装潢华丽，其建成仪式也做得轰轰烈烈。但是，该医院和当地周围的社区环境差异明显，甚至超前于当地的水平，显得有些“格格不入”。相反，另一个国家的援助组织建的公共设施却非常“接地气”，在建设过程之中，也调动了不少当地居民参与决策、施工与监督等。于是，在居民们眼中，K 组织援建的医院便成为“象征性”甚至是“作秀”的产品，最终，当地实质的医疗情况并没有得到多大的改善（因为医务工作者的水平并没有变化）。

2. 合作过程中的价值尊重与互动

在进入国际合作过程之中，合作的基础是形成共识性的价值，超越自身的特殊性。共识性价值泛指那些不分领域，超越宗教、国家、民族，出于人类的良知与理性之价值观念。其被看作国际社会形成共识的基本共同价值观，一般包括平等、正义、自由、人道主义、和平等，此外国际上的社会组织通常还强调人权。许多非营利组织都强调自己的非政治性、非宗教性，说的就是这一点。

共识基础之上，衍生出来的第一个原则是：在对外行动中，是一种建设性的视角，而不是以对抗作为基础。即使对于不同党派、不同民族、不同政治立场的国家中，也是一种建设性的视角进入，而不是先入为主地进行排斥或者对抗。

衍生出来的第二个原则是：共赢的战略，也就是你去帮助别人的过程中，不仅仅只看帮助的行动，而是和别人要长远共赢的原则。

这样的体系对于社会组织进入国际项目合作过程之中时，是需要融入其行动体系内核之中的，其挑战在于，要超越政党、宗教、民族和国家等内容进入合作体系并不是一件一蹴而就就习得的文化习惯。

3. 走出国门和走进他国的落地能力

“走出去”看似简单，实质上操作起来难度巨大。例如，捐赠资金到他国需要的手续和步骤对于一个没有经验的社会组织来说，可能至少需要两个月到半年的时间。在实际操作中，许多中国银行基本户尚无社会组织向国外分支机构划转外汇的实际操作经验，主管税务机关也尚未办理过此类业务。即使有操作经验，在外汇资金进入受制裁国家时也有很多风险，等等。

这些内容有很多也呈现当前相关政策需要随着社会组织“走出去”趋势开始进行设立、调整或者是完善，当前的政策体系并没有将这部分内容很好地嵌入其中，这也成为社会组织“走出去”方面的重要挑战。

走进他国也是一件看似美好实质上十分艰难的事情，社会组织如何在当地找到可以信任的合作伙伴，获得当地政府和相关部门的信任认可，都不是仅仅通过备有援助资金就能解决的问题。这些挑战时刻考验着每一个开展具体行动的社会组织，而且其跨国项目的管理风险和难度也大大加大。

4. 如何避免国际纠纷方面的挑战

对于“走出去”的社会组织来说，如何避免各种类型的国际纠纷和所在国的政党政治等内容都是重要的议题，需要单独被提出。这也是保障团队安全的重要前提。社会组织在参与国际发展合作时，应避免介入任何政治、种族、宗教或意识形态的争议，避免涉及政治宗教等敏感活动及议题。

此外，在开展相关行动的实施过程中，也需要足够地尊重人权、避免歧视，反之一些相关的不当操作，最后可能升级到民族或者是国家冲突。例如，社会组织在开展国际活动时，尤其应重视性别平等，重视儿童保护，重视残疾人以及少数族群、脆弱和边缘化群体的权利。此外，社会组织对各种可能带来的歧视因素（如地域、种族、性别等）以及各类歧视可能的表现应有所认识，并且保持警醒，自觉对各类歧视加以规避。

五　政策建议

1. 将社会组织有机嵌入国家国际发展合作层面

中国的社会组织“走出去”已经成为构建中国开展国际发展合作和新型大外交战略中的重要组成部分，随着“一带一路”战略的推进，周边地区的民心工程中社会组织的力量不可或缺。

社会组织进入国家的国际发展合作以及外交层面已经是国际主流的一种体系，但在中国，这一体系才刚刚开始。探索如何发挥中国社会组织的专业特长，有机嵌入当前国家国际发展合作层面是当前的重要议题。

具体而言，则需要尽快变革调整中国传统对外援助体制，将社会组织真正在行动中纳入国家对外援助和国际合作的体制机制之中。

2. 建立协同平台，支持相关配套政策调整完善

中国社会组织“走出去”需要的是包括国家政策、运作资金、人才储备等多方面的支撑。搭建具有实操性的社会组织“走出去”的平台将是迫在眉睫的事情。该平台需要具有政策与资金支撑的复合作用，推动中国民间组织形成国际化的合力。

在当前比较急迫性的内容包括：社会组织涉外交往人员外事与外汇管理变革；社会组织申请南南基金的具体管理体系；社会组织“走出去”的风险预防机制等。

3. 支持社会组织“走出去”的能力建设

社会组织“走出去”的相关能力的提升并不是一蹴而就的事情，在当前，具备较强能力的社会组织“走出去”都面临着各个方面能力的挑战。对于“走出去”开展工作的团队来说，他们既需要使命感强烈，具有责任心和主动性，还需要具有很强的学习能力和适应能力，能够在陌生的环境中抓住机会，在变化之中保持积极的心态和行动能力，并且做出灵活的行动，以面对复杂的情况。

这些内容需要更为专业有效的能力建设，包含但绝不仅限于培训、指导，等等，而是需要一种更为个性化的支持体系，且该能力建设还需要进入真实的情境下，而不是表面化的工作。

4. 配套相关的研究和支持性工作

关于中国对外发展援助的研究并不少，但其中聚焦于社会组织参与ODA的研究非常稀缺。在已有研究中，大部分是西方经验的借鉴和政策探讨，缺乏基于中国实际行动的本土实证研究，本研究便是基于当前刚刚开始的行动探索和已有的研究积累向前推进。在“一带一路”的战略布局下，关于社会组织在中国对外援助中角色和合作机制的研究属于崭新却急需的重要议题。

除了相关的研究之外，还需要有很多更具操作性的支持工作，在研究和具体的行动之间搭建桥梁，以支持具体的行动。所以，相关的应用研究和支持工作也是非常重要的，例如，《中国民间组织走出去－尼泊尔国别操作手

册》便是相关方面的积极尝试。

尽管趋势已经兴起，但探索才刚刚起步。与发达国家相比，我国社会组织的国际化参与尚处发展初期，存在参与组织数量较少、参与质量参差不齐、参与深度及广度较为有限等不足。在我国参与国际发展合作的社会组织当中，少数先行者积累了一定经验、形成了一些做法，但更多社会组织仍在艰难摸索，不仅在具体做法上缺乏经验，在活动原则上也缺少足够积累。社会组织自身更需要在发展过程中加强交流，共同凝练原则、把握方向、自觉自律，方能使社会组织“走出去”这份方兴未艾的事业健康发展，使我国社会组织国际参与的水平稳步提升。

B.19 我国社会组织党建的现状、问题与对策

全　昱*

摘　要： 加强社会组织党建工作是坚持和加强党的全面领导的题中之意，是引领社会组织有序参与社会治理的需要，是贯彻落实全面从严治党的必然要求。从社会组织党建工作的实践来看，近几年党组织覆盖率取得较大提升，但是还存在一些在发展中亟待解决的问题。因为社会组织自身的运作机制，党组织在其中容易出现定位不清、权责不明的情况，党建运作机制和工作方式又不宜直接套用机关、事业单位、国企，党员情况也具有一些特殊性，多数工作等待破题。新时代社会组织党建，要坚持党的领导与社会组织依法自治相统一，明确发挥政治核心的功能定位，加强条件保障，探索符合党的建设目标要求和社会组织运作规律的服务型、参与式的党建模式。

关键词： 社会组织党建　社会治理创新　行政化　社会化　服务型

一　引言

改革开放以来，随着国家引领改革不断提供社会发展的动力，推动整个社会的苏醒，社会组织在我们国家的社会发展中由少到多，逐渐成为社会主

* 全昱，中共中央党校（国家行政学院）研究生院办公室主任科员，党建部思想政治教育专业博士生。

义现代化建设的重要力量。截至 2017 年底，全国民政登记注册的社会组织已经从 2010 年的 44.52 万增加到 76.2 万个，吸纳社会各类人员就业 864.7 万人。① 社会组织凭借其特有的机制优势，在教育、科技、文化、卫生、环保、工商等领域的作用日益突出，越来越成为我国社会治理创新中的重要力量，受到党中央的高度关注。②

面对规模日益增长且具有较强活力的社会力量，社会组织成为党的基层组织建设的重要领域，为党的工作和群众工作开辟了重要的阵地。因此，加强党的领导、夯实党的建设具有十分重要的意义。为了不断规范和加强社会组织的党建工作，中央出台了一系列文件，取得了明显的成效，也存在不少亟待解决的难题。习近平总书记在全国组织工作会议上的重要讲话还提到："至于社会组织特别是各种学会、协会的党建工作，大多没有真正破题。"在本文中，我们将详细梳理我国社会组织党建的政策脉络、已有成效和现实问题并提出政策建议。

二　社会组织党建的发展概况

（一）社会组织党建的概念

社会组织党建，就是在社会组织中开展党的建设工作，包括思想、组织、作风、制度、廉政建设等内容，涉及功能定位、管理体制、作用发挥等方面的内容。

在本文中，重点关注党建工作中党建定位、运作机制、工作方式、保障体系等几个方面。党建定位是指党建工作的职能定位、主要目标、核心任务及其与社会组织业务之间的关系；运作机制是指党建工作的运作机制及其与社会组织运作机制的契合情况；工作方式是指社会组织党建在政治引导、发

① 《2017 年社会服务发展统计公报》，http://www.mca.gov.cn/article/sj/tjgb/201808/20180800010446.shtml。

② 自党的十八大以来，党中央几乎所有关于社会治理的重要文件中都有对社会组织的论述。

展帮扶、组织建设、党员发展、宣传倡导、纪律监督等方面的具体做法；保障体系是指社会组织党建中队伍建设、资源筹集、平台搭建等方面的保障措施。

（二）社会组织党建的意义

加强社会组织党建，无论是对经济社会进步、社会组织发展还是加强党的建设，都有十分重要的意义。

一是有利于让社会组织正确把握政治方向，以更大的活力融入社会治理创新的大格局中，发挥更积极的作用。

二是有利于提升社会组织的政治意识和政治身份，有效应对敌对势力、分裂势力、黑恶势力、境外和非法宗教等势力的蛊惑和利用，更多获得来自党和政府的支持，从而走上更加健康和快速的发展通道。

三是有利于巩固和扩大党的执政基础，增强党在基层的影响力和渗透力，是中国共产党现代化建设的重要组成部分。同时，社会组织党建作为当前我国基层组织建设中最薄弱的一环，加强社会组织党建是新时代坚持和加强党的全面领导，全面从严治党要求的重要体现。

（三）社会组织党建的发展概况

1. 社会组织党建政策法规体系不断完善

最早在中央文件中提到相关问题，是《中共中央关于加强党的建设几个重大问题的决定》（1994 年 9 月），要求在社会组织日益增多的情况下，要从实际出发建立党的组织，开展党的活动。1996 年印发了《关于加强社会团体和民办非企业单位管理工作的通知》（中办发〔1996〕22 号），要求在社会团体和民办非企业单位中建立党组织。1998 年印发了第一个专门关于社会组织党建的文件《关于在社会团体中建立党组织有关问题的通知》（组通字〔1998〕6 号）。2000 年印发了《关于加强社会团体党的建设工作的意见》（中组发〔2000〕10 号），明确要求健全社会团体党的组织、理顺不同层级党组织的隶属关系。2015 年 5 月，《中国共产党党组工作条例（试行)》，第一次明确要求在社会组织中设立党组。2015 年 9 月底，一份专门针对社会组织党建的文件由中共中央办公厅印发《关于加强社会组织党的建设工作的意见（试行)》，对社会组织党建的重要意义、总体要求、工作机制、管理体制做出了明确规定，对党组织的功能定位、党务工作者队伍建设等做了说明。此外，2018 年 10 月，中共中央印发了《中国共产党支部工作条例（试行)》，要求各领域的党组织要结合实际定位各自的重点任务，对社会组织领域专门做了规定。

2. 社会组织党建的覆盖面明显提升

根据《中国共产党党内统计公报》的数据，2013 年，27.5 万个社会组织中，11.5 万个已建立党组织，占 41.9%，所占比例较上年增加 6.8%；2014 年，全国 43.9 万个社会组织中，18.4 万个已建立党组织，占社会组织总数的 41.9%；2015 年，20.4 万个社会组织建立了党组织，占 41.5%，比上年增加 2.0 万个，社会组织党组织应建已建率达 99.1%；2016 年底，全国 28.9 万个社会组织建立了党组织，占 58.9%，比上年增加了 8.5 万个。到 2017 年底，全国 30.3 万个社会组织已建立党组织，占社会组织总数的 61.7%。[①]

从中组部的统计数据不难看出，社会组织党组织的覆盖面随着社会组织数量的发展保持了稳步提升的态势。

三　社会组织党建存在的现实困境

与党政机关、事业单位、国有企业有所不同，社会组织相对松散，其中的工作人员尤其是负责人存在兼职多、流动快等特点，致使社会组织党建工作面临党组织建立难、巩固难、发挥作用难、党员发展难和党员教育管理难等多方面的困难。[②] 本文将围绕社会组织党建的“党建定位、运作机制、工

① 中共中央组织部：《中国共产党党内统计公报（2012～2017)》，http://news.12371.cn/dzybmbdj/zzb/dntjgb/。

② 刘忠祥：《把握规律特点　创新方式方法　社会组织党建工作怎么抓》，人民论坛，2017 年第 28 期。

作方式、保障体系、党员特质”等几个方面的现实困境展开。

1. 党建定位：定位不清、权责不明，出现党建干涉业务的情况

社会组织党建的核心定位应当是把握政治方向，而不是干预具体的业务开展。社会组织的党组织要发挥战斗堡垒作用，发挥政治核心作用。实际工作中，在一些地方出现了党组织越过了职能边界，过度干预社会组织业务的情况。例如，某市的会计师事务所党支部在全市制定了行业自律公约。从这个事例我们可以分析，制定行业自律公约属于会计师事务所的业务，其所在基层党组织不应该直接干预甚至操作此事，但可以提出相关意见和建议。如果社会组织的党组织不能把握好这个界限，极可能导致让协会的业务主管对建立党组织及开展活动心存芥蒂。[①]

2. 运作机制：传统科层制的外压式党建与社会组织自主、扁平化特征的冲突

有研究表明，在自上而下的管理体制中，党员对政策参与的热情并不总是令人满意。[②] 理想情况下，社会组织在成立之初就保持着管理透明，平等参与等民主色彩，这种自下而上的组织运作方式带来的组织认同感具有较强的生命力。于是，社会组织党的建设应该选择怎样的路径，从而与其独特的运作方式有效融合是一个值得研究的问题。

传统党建的运作机制沿用了行政体系自上而下的模式，具体体现为以下三点：首先，通过在不同层级设立党组织，从上到下进行信息传递、任务分派和压力传导。其次，按照社会组织不同的业态属性和人群属性，依托人民团体、行业协会、商会、联合会等枢纽型组织或相关单位对社会组织党建进行归口管理。再次，社会组织的运作具有机制灵活、模式多元等特点，与自下而上的运作机制高度契合。但是，当前我国社会组织党建更多沿用自上而下的行政管理模式，与社会组织固有特性匹配程度较低，造成党建工作推进

① 檀雪菲：《关于新社会组织党建研究的若干问题》，《当代世界与社会主义》2007 年第 1 期。

② 檀雪菲：《关于新社会组织党建研究的若干问题》，《当代世界与社会主义》2007 年第 1 期。

的成本很高。[①]

由于传统党建的运行机制与行政体制高度契合，特别是在体制内，党建工作有固定的路径可以遵循。不过，由于运作特征的差异，机关单位那一套党建工作方式很难适应社会组织的特点，特别容易出现党建和业务“两张皮”，严重时也存在党组织干涉业务工作的情况，进一步导致了社会组织对开展党建工作的冷漠和排斥。[②]

以上海社会组织党建“五位一体”的管理体制为例，基本沿用科层制的管理方式，权力在资源配置中处于强势地位。在这样的管理模式中，主要体现的是党的“治理”，但是缺乏以政策服务配置资源的管理模式。

此外，除了科层制和扁平化不兼容外，社会组织党建机制的另一个问题就是简单粗暴地外压嵌入导致社会组织内生动力不足。正所谓“任何美好的事物，一经强制就变得索然无味”，社会组织党建也是如此。

当前社会组织党建主要还是地方党委、政府主导推动，属于“外部压力”推动型的结果[③]。有学者将简单粗暴的外压嵌入式党建称为“支配式党建策略”[④]，虽然在党建工作的覆盖率方面取得明显的成效，但是组织覆盖率只是外在的表现，开展社会组织党建工作的根本目的绝非仅此。由于推动者没有更多地考虑社会组织的运作逻辑，只是把它们作为客体对象，以主体为中心，将原有的党建工作逻辑不加思考地套在社会组织身上，所以，社会组织党建真正的目的和深层次的成效还远没有实现。正是这样，社会组织开展党建工作缺乏内生动力，没有激发出社会组织自身的积极性，党建工作的实际效果必然大打折扣。虽然社会组织中党组织建立了，但是没有正常的、严肃的组织生活、对上级党组织布置的工作任务敷衍了事等，或者党建工作

① 吴新叶：《走出科层制治理：服务型政党社会管理的路径——以上海社会组织党建为例》，《理论与改革》2013 年第 2 期。

② 张波、陆沪根：《探索基层党建新模式：基于社会组织购买党建服务研究——以上海市浦东新区塘桥街道为例》，湖湘论坛，2014 年第 2 期。

③ 郑琦：《社会组织党建：目标取向与实践逻辑》，《求实》2017 年第 10 期。

④ 严宏：《中国共产党社会组织党建策略选择：支配、适应、互惠抑或协商》，《马克思主义与现实》2018 年第 1 期。

层层空转、有名无实等现象出现就不足为奇。[①] 有的地方开展社会组织党建工作，为了确保组织覆盖率的指标，把社会组织的党员全部装进临时党组织，违背组织设置的逻辑和实际，反而有损组织基础，造成负面影响。由此可见，社会组织党建采用外压嵌入式管理还有不尽如人意之处，如何把握嵌入的度，如何发挥引领的作用，如何保证社会组织的自主性仍然是值得研究的课题。[②]

3. 工作方式：单调枯燥、缺乏创新、走形偏差

首先，社会组织党建中存在形式单一、枯燥化的问题。目前，在社会组织中开展党建工作，多数仿照体制内单位的做法，不仅活动形式单板，而且内容枯燥乏味。这些传统做法越来越不适应新形势的发展和需要，机关党建工作尚且在不断探索创新中，社会组织党建工作更是需要根据实际情况，积极探索适应新时代的新思路、新方法和新载体。至于那些还在用研究业务工作代替党的组织活动的情况，其工作的成效可想而知。如此一来，对于党组织工作的凝聚力和影响力必然产生负面影响。

其次，社会组织党建中存在党建工作过度生活化、娱乐化的问题。一些社会组织的党组织，将党建工作简化为“搞活动”，将主要的精力放在了组织党员郊游、红色旅游、野外素质拓展等方面，出现了过度生活化、娱乐化的问题，势必在一定程度上削弱了党组织威信和党建工作的严肃性。

再次，社会组织党建工作中也存在一些“走形”或“偏差”现象。在一些地方的大口党委负责制下，社会组织党建存在三级“转包”现象：首先，大口党委把党建工作发给相关政府部门的组织处，组织处再根据对口情况将党建工作发给各处室，各处室再转给社会组织。这种现象容易造成党建空心化问题。[③] 另外，社会组织党组织为了得到决策层的支持，获得决策中

① 李德：《当前我国社会组织快速发展产生的党建新问题和新要求》，《毛泽东邓小平理论研究》2016 年第 7 期。

② 孔卫拿：《引领与自主：对嵌入式社会组织党建的思考》，《安徽师范大学学报》（人文社会科学版）2018 年第 3 期。

③ 程坤鹏、徐家良：《新时期社会组织党建引领的结构性分析——以 S 市为例》，《新视野》2018 年 3 月 10 日。

的“话语权”，帮助机构“跑关系、跑项目”，这本来是无可厚非的。但是，如果将所有精力都放在管理层，党组织的政治定位将会出现偏差。①

由于工作方式缺乏创新或者出现偏差，会产生两个方面的问题：首先，社会组织将缺乏党建参与的热情，党建方式与社会组织运作模式难以兼容，党组织与社会组织难以形成协同工作的局面，党的意识形态和价值倡导难以让社会组织中的党员“内化于心，外化于行”。此外，少数社会组织还可能变相拖延甚至拒绝筹建党组织。其次，党建工作不能有效促进业务工作，党建和业务容易呈现“两张皮”现象。②

4. 党员特殊性：单个组织人数少、流动性高、教育管理难度大

首先，虽然社会组织的规模在快速增长，但单个社会组织的规模并不大，许多社会组织的全职员工不到十人，党员人数则更少，这给社会组织党建工作带来了一定的难度。

其次，社会组织整体还处于发展初期，工资福利待遇还相对较低，从业吸引力相对不足，再加上社会声望不高、工作量较大等原因，人员的流动性也较大，因而党员的流动性大、党员人数不稳定，也是社会组织党建当前面临的突出问题。

再次，很多社会组织从业的党员由于长时间与原来党组织失去联系，或者成为口袋党员，组织生活基本是缺位的。有的虽然能找到党组织，但是党组织对其思想教育缺乏，面对多元价值观的冲击，理想信念不坚定，价值取向与党的要求出现差距，党员的先锋模范作用难以体现，教育管理难度较大。

5. 保障体系：组织保障、人才保障、经费保障、场地保障有待加强

首先，组织保障还有待加强。虽然党组织在社会组织中的覆盖率近几年取得了很好的发展，但仍然存在部分社会组织因为党员人数不够没有达到建立党组织的条件，少量党员长期没有正常的党组织生活；有一些社会组织虽

① 赵刚印：《“两新”组织党建的战略新思维》，《中共中央党校学报》2014 年第 1 期。

② 吴新叶：《走出科层制治理：服务型政党社会管理的路径——以上海社会组织党建为例》，《理论与改革》2013 年第 2 期。

然建立了流动党支部，但由于上级党组织关系并未理顺，所以党组织关系转移、党员发展等组织工作都无法开展。

其次，人才保障也较为薄弱。相比机关事业单位和国企，社会组织党建工作薄弱的一个重要原因就是社会组织从业人员中缺乏专门的党务工作者。社会组织产生之初就存在专职和兼职人员少的问题，多数党务工作只能是兼职，专门党务工作人才实属凤毛麟角。

再次，党建经费和场地等方面的资源保障也有待加强。资金方面，除了机构自身党建经费普遍不足之外，机构对外部党建资源的整合能力也有待提升；场地方面，主要以安排或租用办公场所作为活动场地，难有保障。①

四　社会组织党建的发展建议

1. 基本原则：党的领导与社会组织依法自治相统一

总原则是坚持“党的领导与社会组织依法自治相统一”。这个原则既是中央的要求，也是更充分更有效地形成“政社分开、权责明确、依法自治”的现代社会组织体制的要求②。

此外，要有明确的导向性，要求社会组织确保非政治、非宗教、非营利的属性；要增强服务性，寓领导管理于服务之中，通过帮助社会组织排忧解难来获得认同；要有灵活性，突破了传统的条块分割和以地域社区为单位设立党组织的特点，提升党组的功能活力；要有实效性，建立科学的社会组织党建评价体系，实现基层党建工作由“软任务”向“硬指标”转变；③ 要有针对性，按照不同种类和特征差异，分类实施党建策略，④ 要完善分类建设机制，实现社会组织党建的精细化；要有包容性，树立开放的党建观念，

① 孔卫拿：《引领与自主：对嵌入式社会组织党建的思考》，《安徽师范大学学报》（人文社会科学版）2018 年第 3 期。

② 刘忠祥：《把握规律特点　创新方式方法　社会组织党建工作怎么抓》，人民论坛，2017 年第 28 期。

③ 向春玲：《关于社会组织党建创新的几点思考》，《科学社会主义》2017 年第 3 期。

④ 李学斌：《以创新精神加强社会组织党的建设》，《红旗文稿》2017 年第 21 期。

让党的建设和社会组织自主运作的特征有机融合。

2. 党建定位：发挥政治核心功能，不干预具体业务

党中央对于社会组织中的党组织的功能定位有明确规定：发挥政治核心作用。根据《意见》的要求，政治核心作用可概括为六个基本职责：(1) 保证政治方向，(2) 团结凝聚群众，(3) 推动事业发展，(4) 建设先进文化，(5) 服务人才成长，(6) 加强自身建设。社会组织党组织最重要的职责就是保证政治方向，做好思想政治工作，使社会组织与党中央的路线、方针、政策保持一致，激励和帮助社会组织以及党员在社会主义现代化建设中发挥积极作用。社会组织的党组织要“有所为，更要有所不为”，既不能干预和控制机构的日常业务，也不能替代机构做具体的业务决策和人事任命。

3. 工作机制：建立服务型、参与式的党建机制

对传统党建科层制、外压式模式产生的问题，有以下建议。

第一，加强党建工作的服务性。一是上级党组织要主动了解社会组织在党建、业务、管理方面存在的需求或困难；二是根据了解的需求或困难，设法利用党组织的优势资源力所能及地予以解决；三是利用党组织的优势渠道，根据前面两点搜集到的现实材料，进行政策倡导与改进。通过服务让社会组织切实受益，进而建立其对党组织的信任感和认同感。

第二，加强党建工作的参与性。一是与社会组织讨论他们希望的党建模式，从一开始就将其作为党建的主体而不是客体，纳入党建工作中；二是动员社会组织中比较积极且有能力的机构参与党建活动的设计、筹备和组织实施中，进一步夯实其在党建工作中的存在感和获得感；三是利用同伴教育，让更多的社会组织参与到社会组织的党建过程中，利用各自的优势创新多元的党建模式；四是建立多层次的参与机制，让不同能力、觉悟的社会组织都能够找到参与的入口并不断上升参与层级。

4. 保障体系：加强社会组织党建在人财物和技术上的保障

一是加强组织建设，确保党员能够顺利找到组织，通过建立多种形式的联合党支部或挂靠组建党组织等方式，进一步增加党组织的覆盖率；二

是加强队伍建设，多管齐下选好配强支部书记、挖掘培养党务人才、发挥党员先锋模范作用，提升党建队伍的综合能力；[①] 三是拓展筹资渠道，采取财政资助、会费划拨、党费支持、社会组织整合资源等方式解决资源不足的难题；四是要依托信息网络技术、大数据方法做好党建工作，破解传统党员管理难题；要有耐心，循序渐进地开展社会组织党建工作。

① 杨丽、游斐：《社会组织党的建设：理论、路径与政策选择》，《探索》2016 年第 6 期。

公共安全与应急管理篇

Section on Public Safety and Emergency Management

B.20

中国应急管理体制改革：整合的挑战与“全政府”模式的应对

王宏伟*

摘　要： 2018年，我国组建应急管理部，开启了应急管理体制改革进程，其主要意义在于提升应对后工业社会高度复杂性、高度不确定性安全风险的能力。但是，应急管理体制改革也存在着风险与挑战，特别是整合问题，必须要处理好统分、防救、上下关系。组建后，应急管理部统筹应急与改革的关系，实现了一系列的创新。在此基础上，我国应借鉴“全政府”模式以进一步加强应急管理的全方位整合。

关键词： 应急管理部　体制改革　后工业社会　整合　“全政府”模式

* 王宏伟，中国人民大学公管学院国家安全研究中心主任，博士、副教授，主要研究领域：国家安全、应急管理、反恐怖等。

作为我国应急管理体制改革一项重要内容，2018 年 4 月 16 日，根据《国务院机构改革方案》，我国整合 11 个部门的 13 项职能，组建全新的应急管理部，其意义深远，举世瞩目。目前，全国 31 个省区市都组建了应急管理部门，地级市和县级市政府的应急管理部门也纷纷挂牌。自此，新时代中国应急管理的四梁八柱已经形成。

此次应急管理改革是实现国家治理体系和能力现代化、有效应对高度复杂性、高度不确定性安全风险的重要举措。自组建以来，应急管理部一手抓改革创新，一手抓突发事件应对，取得了令世人有目共睹的成就。但是，应急管理改革涉及的部门多、跨军地、复杂性强、难度系数高，面临着巨大的整合挑战。

一　后工业社会的安全风险与原有应急体制的弊端

（一）中国迈向后工业社会的时代背景

在不同形态的社会，人类所面临的安全风险是不同的：在农业社会，安全风险是简单而确定的；在工业社会，安全风险是低度复杂与低度不确定的；在后工业社会，安全风险是高度复杂与高度不确定的。目前，我国在处于从工业社会向后工业社会转轨的过渡阶段，同时面对低度复杂性、低度不确定性风险和高度复杂性和高度不确定性风险。前者经常会衍生为常规突发事件，后者往往会衍生为非常规突发事件。常规突发事件一般重复发生、有规律可循、可预测性强、可以调动本土化资源并可以按照官僚制组织的职责分工有效加以应对。但是，非常规突发事件则具有与之相反的特点。

后工业社会即信息社会或曰风险社会。从工业社会向后工业社会迈进是一个较长的历史过程。人类是何时开始向后工业社会迈进的，对于这一问题并没有一个放之四海而皆准的答案。自 20 世纪 50 年代以来，特别是 70 年代之后，西方世界的后工业社会特征逐渐明显。1979 年，美国发生三里岛核电站泄漏事故。同年，美国成立了联邦应急管理署（FEMA），开始推行综合性应急管理（CEM）的理念。

人类迈向后工业社会与经济全球化进程是相辅相成的。在西方开始构建综合性应急管理体系的时代，以美苏两个超级大国政治、军事对抗为特征的冷战还没有结束，两个平行市场依旧存在。所以，那时的世界充其量还处于“半球化”阶段。20 世纪 80 年代末、90 年代初，东欧剧变、苏联解体标志着冷战的结束，两个平行市场消失，经济全球化和人类迈向后工业社会的进程提速。

1978 年，中国扬起改革开放的风帆，开始逐渐融入经济全球化。在国际上的东欧剧变和国内 1989 年春夏之交的政治风波中，中国站稳立场，坚持共产党领导和社会主义发展方向不动摇并迎来了改革开放新的春天。1992 年，邓小平发表重要的南方讲话，改革开放事业自此进入新的阶段。1994 年，中国接入国际互联网，极大地提升了社会信息化水平。深入推动改革开放的各项措施促使中国经济转型、社会转轨，不断向后工业社会迈进。在此过程中，影响我国国家安全与公共安全的非传统威胁开始凸显，并日益表现出不同以往的新特点，并在人类进入 21 世纪后越发凸显。

2001 年，美国发生举世震惊的“9·11”事件。19 名来自不同国家的恐怖分子，在美国学习大型飞机驾驶技术并劫持民用航班充当导弹，对美国的世界贸易组织大厦和五角大楼发动非对称袭击，导致近 3000 人不幸罹难。此次事件彰显了后工业社会风险的高度复杂性和高度不确定性。两年后，我国发生 SARS 疫情。一种来路不明、致死率很高、形状非常规则的冠状病毒导致处于疫情防控一线的医护人员大量感染，引发严重的社会恐慌，国家的经济社会运行受到严重的影响。比较美国发生的“9·11”事件与中国发生的 SARS，我们不难发现，其共同之处是：高度的复杂性和高度的不确定性。受经济全球化和社会信息化的影响，各个国家的经济社会系统高度耦合，以致一个微小的扰动都可能引发“蝴蝶效应”，且恐惧情绪可以迅速蔓延、传播，安全风险日益具有高度复杂性特征。同时，这些风险又具有高度的不确定性，其来源、演进路径以及未来发展方向难以精确预判。这表明后工业社会的风险与工业社会相对简单、确定的风险不同，其应对方式也应有所不同。

（二）构建中国现代应急管理体制的尝试

SARS 发生后，我国以“一案三制”为核心，着手构建现代应急管理体系。称其为“现代”，这是因为它体现了“全主体”“全过程”“全风险”的理念。全主体，即体现治理思想，政府、企业、社会组织和公民个人的力量被整合起来；全过程，即应急管理活动涵盖减缓、准备、响应、恢复四个阶段；全风险，即全致灾因子，着眼应对自然、技术、生物与人为的所有致灾因子。之所以如此，这是拜后工业社会所赐。

第一，突发事件不再是孤立的极端事件，有必要将管理的链条向前与向后拉伸，因为突发事件的风险弥散到经济社会发展的各个方面，甚至可以说安全与发展成为“同一硬币的两面”。那种将“应急管理”望文生义地解释为“对突发事件的应对与处置”的观点，是一种肤浅的误读。英文中的“应急管理”（Emergency Management）其字面意思是“紧急事件管理”，并没有汉语中动词意蕴。当然，英文中的“紧急事件”并非应急管理者实际关注的“灾害或灾难”“危机”，其危害程度较轻、生成机理也比较简单。

第二，在后工业社会，各种致灾因子之间相互关联、相互作用，往往会形成连锁效应，跨越官僚制组织的职责边界，也超越政府的单独应对能力。自新中国成立以来，我国政府系统就存在管理自然灾害、劳动保护或安全生产、传染病疫情、严重刑事案件等专业部门。但是，“突发事件”这个术语是迈向后工业社会的今天，人们为了应对高度复杂性、高度不确定性的安全风险而创造的。按照《突发事件应对法》，我国突发事件被分为四大类——自然灾害、事故灾难、公共卫生事件和社会安全事件。它是四大类突发事件在概念上的总括与抽象，与各类突发事件是“马与白马”的关系。这一概念的发明是为了我们描述后工业社会安全现象的需要，而不是节外生枝。

在 SARS 发生之前，我国应对各类灾害或灾难、疫情、刑事案件主要是按照单一灾种的理念，由专业部门来完成的，因为在工业社会中安全风险是低度复杂与低度不确定的。当然，工业社会也存在跨越官僚制组织职责边界的较为复杂、较为不确定的安全事件，如特大地震或洪水巨灾。由于社会的耦合性与信息化程度较低，其发生属于偶然性极强的极端事件，政府只需要成立抗震救灾指挥部、防汛抗旱指挥部等任务型组织即可协调。但是，随着后工业社会的来临，由于社会的紧密耦合和极其透明，高度复杂、高度不确定的安全风险占据了主导地位，再靠临时性的任务型组织来起到议事协调作用就难免显得捉襟见肘了。

于是，在总结 SARS 教训的基础上，我国开始设立常态运行的应急管理机构——应急管理办公室（简称“应急办”）。我国从国务院到县级市人民政府的办公厅或办公室内部成立应急管理办公室，以履行应急值守、信息汇总和综合协调职能。其中，对于高度复杂性、高度不确定性的风险而言，综合协调对于应急办才是最为重要和最为关键的。换言之，能否履行综合协调职能，这是应急办作为一个机构能否存续的关键。

但是，在应急管理实践中，恰恰是综合协调职能成为应急办的“阿喀琉斯之踵”，这是因为：应急办作为政府办公厅或办公室的内设机构，层级普遍偏低，难以协调应对复杂性突发事件所需参与的同级或上级部门。而且，应急办难以统摄公共安全事件的应对，因为政法委领导下的公安部门承担应对社会安全事件的主责。还有，应急办无力协调防汛抗旱指挥部、减灾委、抗震救灾指挥部、森林防火指挥部等高级别的议事协调机构。由于“小马拉大车”的尴尬，应急办很难在应急协调上大有作为，不能满足应对后工业社会高度复杂性、高度不确定性风险的需要。在应急办时代，我国应急管理实际上只实现了“单灾类”管理。

2018 年，《中共中央关于深化党和国家机构改革的决定》中提出：“要加强、优化、统筹国家应急能力建设，构建统一领导、权责一致、权威高效的国家应急能力体系”①。组建应急管理部是这一思想的具体体现，目的是

① 《重磅！中共中央关于深化党和国家机构改革的决定（全文）》，搜狐网，http：//www.sohu.com/a/224835006_220095。

实现国家治理体系和能力的现代化。

1986 年，苏联发生切尔诺贝利核电站事故后，中国按照国际原子能机构的要求，构建了核应急体系，引入“应急管理”的概念。如果其他安全事件的单一灾种应对也可以被勉强称为“应急管理”，那么，SARS 时期我国以“一案三制”为核心的现代应急管理体系建设就是第一次应急管理体制变革。它看准了“病症”，但开错了“药方”。应急办不能履行综合协调职责而在实践中陷入一个尴尬的两难境地：当非常规突发事件发生时，协调无力，应急办只能充当靠前指挥的领导的“应急秘书”；当常规突发事件发生时，不需要协调，专业部门处置起来得心应手，应急办又被显现为一个多余的管理层次。这给中国应急管理体制的二次变革埋下了伏笔。

二 组建应急管理部的意义：基于对质疑的回应

在 2018 年国家机构改革中，应急管理部将安监、应急、消防、救灾、地质灾害防治、水旱灾害防治、草原防火、森林防火、震灾应急救援等职责跨部门整合在一起，涉及原国家安监总局、国务院办公厅、公安部、民政部、国土资源部、水利部、农业部、国家林业局、中国地震局等部门。而且，此次改革将国家防汛抗旱总指挥部、国家减灾委员会、国务院抗震救灾指挥部、国家森林防火指挥部的职责一并加以整合。这体现了我国将主要的自然灾害与事故灾难应急职能加以统筹考量的应急体制改革思路，在很大程度上有利于提升应对复杂性安全风险和非常规突发事件的能力，是我国加强现代应急管理的一个重要契机，有利于加强灾害事故应急管理的统筹协调，有利于提高灾害事故应急管理的专业能力，有利于整合应急救援资源，有利于统一收集与发布信息，有利于形成对灾害事故风险整合式治理的局面，等等。然而，组建应急管理部以来，质疑之声不绝于耳。阐释应急管理部组建的意义，必须回应以下三大质疑。

（一）应急管理部为何不把四大类突发事件的职责都整合进来？

应急管理部只整合了绝大部分的自然灾害与事故灾难的应急职能，对公共卫生事件与社会安全事件则没有整合。任何大部制改革都是有边界的，而不能是漫无边际的。那种把所有应急职责都整合进应急管理部，从而彻底解决外部协调问题的想法是天真而幼稚的。

在中国经济社会发展过程中，突发事件的风险贯穿始终并波及方方面面。应急管理部的整合实际上体现了“应合尽合”的原则。没有被整合进来的应急职责只不过是相关部门紧急状态下的日常职能。例如，公共卫生事件的主责单位是原国家卫计委。无论是公共卫生事件的应对，还是其他类别突发事件的医疗救援，应急能力实际上要依托于提供公共卫生服务的医疗机构。如果将卫计委应急办的职责也整合进来，其结果势必导致公共卫生突发事件应对体制的更不顺畅。同理，作为社会安全事件的主责部门，公安部的反恐等部门也没有整合进来。中国如此，美国也如此。即便是国土安全部整合了 22 个部门，也难以涵盖突发事件应对的全部功能、全部部门。

（二）应急管理部远离权力枢纽，是否会导致综合协调能力的下降？

言外之意，改革前的应急办是政府办公厅或办公室的内设机构，贴近权力运行中枢。即便如此，应急办也难以协调党委和军队，依旧难以做到权威高效。而且，应急办的规格普遍偏低，与需要协调部门之间同级，甚至低于需要协调的部门。在这种情况下，地方应急管理再出新招，组建高规格的应急管理委员会，将应急办作为应急委的办公室。这在一定程度上解决了协调问题，但应急委只有在需要重大应急决策的情境下才会召开会议。我们不要忘记，在很大程度上，因为应急办不能履行综合协调职责，才有了应急管理部的组建。穷则思变。组建应急管理部是弃旧图新之举。

在 2018 年机构改革中，新组建的应急管理部作为国务院组成部门，如何协调同级的其他单位？从灾种切分的角度看，应急管理部主要应对自然灾害与事故灾难的应急管理部与公安部、卫健委之间，就是简单的部际合作关系，彼此之间相互支撑。但与水利部、自然资源部及其管理副部级的国家林业和草原局等单位的关系上，就要复杂多了，因为它们涉及水旱灾害、地质灾害、森林草原火灾的“防”，而应急管理部涉及的是“救”。“防”与“救”的关系如何摆布，这其实是一个应急管理部能否有效协调的问题。

根据改革相关规定，应急管理部的角色定位是：“一般性灾害由地方政府负责，应急管理部代表中央统一响应支援；发生特别重大灾害时，应急管理部作为指挥部，协助中央指定的负责同志组织应急处置工作。”① 换言之，当特别重大突发事件发生时，中央派来的领导同志有足够的权威总揽全局、协调各方。在平时，应急管理部可以通过应急预案和应急体系建设工作，协调与相关部门的关系。不仅如此，应急管理部还是五个高层议事协调结构的办公室，可以将其进一步整合，作为协调的抓手。

在地方改革中，北京市应急局将北京市应急委办公室的职责整合进来，目的是加强对四大类突发事件的统筹力度，因为现代社会突发事件具有连锁性、耦合性。北京市应急局并不是公共卫生与社会安全突发事件的主责部门，但两类突发事件的发生可能会产生应急救援需求。位于应急管理的“下游”，应急局充分发挥应急委办公室职责，可以掌握两类事件发生、演进的信息，为及时、科学、精准救援创造条件。国家层面没有应急委的机构设置，但未来不排除国家会总结、提升北京市的做法，将应急部五个高层次议事协调结构整合并成立相关的机构。

（三）应急管理部的组建是否背离了综合性应急管理的理念？

相对而言，“全主体”是较少质疑的。应急管理部组建后，致力于将政府、企业与社会组织多元力量整合在一起，形成应对突发事件的合力。2019年6月，应急管理部还将组织社会力量参与应急救援大赛，以摸清社会力量应急救援的底数，为社会力量投身应急救援奠定坚实的基础。

在迈向后工业社会进程中，重大安全风险是系统性、复杂性的，往往会超越分类的局限。应急管理部没有把四大类突发事件的应对职责完全加以整

① 《国务委员王勇作国务院机构改革方案说明（全文）》，搜狐网，http：//www.sohu.com/a/225454849_313745。

合，但却可以通过高层次的议事协调机构或部际联席会议的机制，构建紧密的合作伙伴关系。而且，应急管理部还可以通过应急预案和准备工作，将相关部门的应对工作协调起来。

在应急管理的生命周期中，减缓与恢复需要的是全政府、全社会的共同参与，因而其活动与日常管理的区隔度较小。在准备和响应阶段，应急管理活动具有明显的专业性指向，即形成应对突发事件的能力和对突发事件进行高效的处置。所以，在减缓阶段，应急管理部强调风险的综合性监测与防范；在准备阶段，应急管理部以应急预案和保障体系建设扮演统筹的角色；在响应阶段，应急部、卫健委、公安部构成“三驾马车”；在恢复阶段，应急管理部只负责倒塌农房的恢复和灾害事故的调查追责。这是“有所为有所不为”的表现，但并没有放弃全过程的理念。

三　应急管理改革的最大难题：整合

自成立以来，应急管理部坚持边组建、边应急、边防范，有力有序地推动各项改革措施落地生根，成功处置了台风“温比亚”、寿光洪涝灾害、金沙江和雅鲁藏布江四次断流等突发事件，彰显了新部门的新气象、新担当和新作为。整合是我国应急管理改革必须破解的首要难题。应急管理部的组建设计部门多、幅度大、跨军地、难度高。在建部之初，应急管理部就提出了优化组织结构，不搞简单“物理相加”，必须产生“化学反应”的自我高要求。同时，机构改革从深层次改变了我国应急管理的体系与格局。作为新成立部门，应急管理部需要理顺内外、上下、左右等多个维度的关系，以促进应急管理全方位、深层次整合。

（一）整合的挑战

当前，应急管理部作为新建部，很多工作刚起步，面临的整合问题突出表现在以下几方面。

一是缺少完善的框架性制度设计。应急管理部已经按照“三定”方案确立了相关司局的组织架构和人员配置，但应急管理改革尚没有一个总揽全局、提纲挈领、导向清晰、反映现代应急管理规律的框架性制度设计。在改革推进的过程中，各部门只能根据自己的理解和判断，遵从惯性思维和经验性做法，单兵突进，协同性、系统性不够。在地方层面，应急管理改革由于缺少框架性制度的顶层指导，出现了一些无序的状态，甚至局部处于无所适从的茫然状态。例如，地方应急厅局与消防部门的关系亟须理顺，地震部门“两头在内，中间在外”的局面使得防震减灾政策的贯彻落实令人担忧。

当然，这与应急管理改革需要采取行动主义立场、“在干中学”的特点有关。但是，应急管理部应尽快出台框架性制度设计，给应急管理发展勾画总体性的“蓝图”，并以此为依据来抓重点、补短板、强弱项。

二是缺少统一的应急管理话语体系。应急管理部的组成部门来自原安全生产监管、消防、民政、应急、地震等多个部门。由于我国长期对灾害事故进行单一灾种管理，各部门逐渐形成各具特色的话语体系。例如，在地震和安全监管部门的话语体系中，“应急”侧重于应急响应与救援，而在原应急办系统，“应急”则是覆盖事前、事中、事后全流程的。民政部门经常以“救灾”指称响应活动，而消防部门则使用“灭火战斗”。凡此种种，不同的话语形成于不同的组织系统中，打上了各自的烙印。语言是思维的外壳，推动应急管理统一话语体系的建设，不仅关系整个应急管理部能否“用一个声音讲话”，而且也关系整个应急管理系统能否用现代应急管理的思维去思考和认识问题。

三是缺少应急管理内部深度交融。虽然“三定”方案粗略地规定了应急管理部内设机构的架构和职责，但各个司局应按照框架性制度设计，进一步细化各自的“业务清单”，并加强彼此之间的相互协调与合作。按照“化学反应”的设想，内设机构的设置和人员组成打破了原有的组织格局，然而真正的内部交融还没有实现。例如，原安全生产监管的事故调查与民政的灾害调查评估从内涵到外延各不相同。在具体实践中，工作人员容易在“同一屋檐下各行其是”。此外，应急管理部还没有推动形成适应“化学反应”的组织文化，以消弭组织之间的文化差异并实现价值观念的整合。特别是，原公安消防与森林武警转隶后组建国家综合性消防救援队伍后，既要保持原有的生命力和战斗力，又要融入应急管理部新的组织环境。

四是缺少规范的外部协调机制。机构改革将自然灾害与事故灾难类的主要应急职责整合进应急管理部。我国四大类突发事件中的公共卫生事件和社会安全事件并不在其中，但当重大灾害与事故发生后，卫生健康、公安等部门均是不可或缺的处置力量。此外，应急管理部还要担负巨灾情境下如何协调武装力量、动员全社会共同参与的重任。而且，在全球化背景下，应急管理部还应积极配合国家总体外交，加入国际应急救援网络，遂行人道主义救援的任务，服务于我国“一带一路”建设。这些任务需要应急管理部在国家党政军群系统性改革的大背景下予以统筹考量。

五是缺少合理的央地分工。应急管理部在组建过程中面临着防范与处置灾害事故的艰巨任务，以维护新生组织的声誉和形象。在不到一年时间里，应急管理部以派出工作组等形式，参与并成功处置了40多起突发事件，为媒体广为关注。从长远看，应急管理在中央与地方要细化职责分工。应急管理部不能，也不必事必躬亲，而应压实地方责任，提升地方的应急响应能力。

（二）三大关系的理顺

一是统分关系。应急管理部的组建将自然灾害中的绝大部分灾种应对整合在一起。我国将自然灾害分为5小类：气象灾害、地震地质灾害、海洋灾害、森林草原灾害和生物灾害。应急管理部依旧没有整合风暴潮、海啸、赤潮等海洋灾害以及农作物病虫害等生物灾害的应对。在自然灾害、事故灾难、公共卫生事件与社会安全事件四大类突发事件中，后两类的应对职责没有被整合到应急管理部之中。尽管如此，根据《国务院机构改革方案》，应急管理部具有以应急预案工作为抓手，指导各地区各部门应对突发事件工作的职责：第一，组织编制国家总体应急预案体系建设和规划，对应急管理进行顶层设计；第二，推动应急预案体系建设和应急预案的演练。这说明，应急管理部的设立体现了“统分结合”的思想。应急体制改革后，应急管理部、卫生健康委员会与公安部分别成为我国应对灾害、卫生事件与社会安全事件的三大主责部门。由于现代风险具有复杂性、耦合性与跨界性，应急管理部对应急预案工作的统筹促使三大部门相互配合、协同应对突发事件。同时，应急管理部还通过预案工作，对其他类别突发事件的应对进行指导。

二是防救关系。防灾是对自然灾害与事故灾难进行防范与准备，而救灾是对其进行响应与恢复。应急管理的生命周期涵盖预防、准备、响应、恢复等四个阶段。应急管理部负责指导火灾、水旱灾害、地质灾害等防治、安全生产综合监督管理和工矿商贸行业安全生产监督管理。防治与监管的主要对象是灾害风险，属于预防的范畴。此外，应急管理部的预案工作、统筹应急力量建设和物资储备，属于准备的范畴；发布灾情并进行突发事件应急救援，属于响应的范畴；进行灾害救助是响应与恢复阶段活动的重要内容。应急管理部的职能体现了以预防为主、预防与救援相结合的原则，因为应急并不意味着单纯的灾害救援与处置。

三是上下关系。我国应急管理遵循分级负责的原则。当一般性的灾害发生时，属地政府负主责，应急部代表中央统一响应支持；当特别重大灾害发生时，应急部作为指挥部，协助中央指定的负责同志组织应急处置，以保持政令畅通、指挥有效。我国《突发事件应对法》规定，对于自然灾害、事故灾难、公共卫生事件的应对，国务院、省区市政府、地级市政府、县级市政府分别是特别重大、重大、较大和一般级别突发事件的最高应急响应主体。“地方”政府即省及省级以下各级政府。自党的十八大以来，我国灾害处置改变了“中央大包大揽、领导靠前指挥”的应急惯例，充分发挥地方政府在救灾过程中的积极性与主动性，中央提供支持与保障。所以，此次机构改革明确，在特别重大灾害发生时，中央指定负责同志领导应急响应工作，协调党、政、军、群多方面力量。应急管理部作为指挥部，协助该同志开展应急处置工作。而且，这改变了巨灾应对中临时成立指挥部的弊端。

四　以“全政府”模式实现整合

2019 年，应急管理部将从“边组建、边应急”向“边应急、边建设”转变。这一转变既涉及应急管理的理念，也涉及应急管理的模式。经过多年发展，我国应急管理已经形成较为强大的应对常规突发事件能力，但非常规突发事件应对能力较为薄弱。而非常规突发事件多为互联互锁的系统性重大安全风险所致，具有高度复杂性和高度不确定性的特征。它们经常表现为跨界危机，超越清晰的行政边界、地理边界，让部门分割、条块分割、地域分割、军地分割的行政体制漏洞百出。为了提升国家治理现代化水平，应急管理部可以借鉴“全政府”模式，以有效应对系统性重大安全风险和非常规性突发事件。

“全政府”模式（Whole-of-Government Approach，WGA）是近年来发达国家治理复杂性问题的一种有效方式。它要求包括政府在内的公共服务部门为了实现共同目标或携手应对一个棘手问题而跨越部门边界，强化彼此之间的合作。这种跨界合作有三个层次：（1）跨越不同层级的政府界限；（2）跨越不同政府部门的职能界限；（3）跨越政府、企业、社会组织之间的界限。从本质上看，“全政府”模式可以超越行政边界，打破科层制组织的日常规范，适合非常规突发事件的应对。

在经济全球化背景下，政府面临的治理环境越发具有高度的复杂性和不确定性。由于社会越发网络化，重大突发事件的风险和影响沿着社会网络传导、蔓延、放大，令以往政府的控制手段难以为继。为了有效应对重大突发事件，不同层级政府之间要实现纵向协调，同一层级的政府部门之间要实现横向协调。不仅如此，政府还要与企业、社会组织之间形成伙伴关系，彼此合作、相互协同。

未来，应急管理部应努力探索构建整合型应急管理体系，真正实现内部交融式的“化学反应”、外部全方位协调合作。一是统筹协调应急力量，就是以应急管理部为核心，将政府、军队、企业、社会组织、公民个人等多元力量有机统合起来，形成一个共同治理灾害事故的网络。二是统筹协调应急流程，实现重大安全风险防范和应急响应的无缝对接，做到全过程应急管理。三是统筹协调自然灾害与事故灾难的应对，形成综合性应急能力。

在全面履职的第一年即2019年，应急管理部应在“边应急、边建设”的过程中，应着力加快推动以下“五大整合”，走出一条中国特色应急管理新路子。

一是制度整合。应急管理部应出台框架性制度设计，探索现代突发事件生成、演进的路径和应急管理活动的规律，提取自然灾害、事故灾难预防与应对的“最大公约数”，宜统则统，宜分则分，统分结合，抓紧修订、新立应急法律法规工作，开展监测预警、信息报送、指挥决策、社会动员、调查评估、信息发布、军地协调、国际合作等各项机制的建设工作。

二是话语整合。应急管理部应构建中国特色应急管理话语体系，尽快按照整合型应急管理的规律，界定主要名词术语的内涵与外延，规范、统一应急操作流程，并使各个部门用普适性的语言彼此沟通、相互协调，避免自说自话、相互混淆。

三是内部整合。应急管理部应促进内部组织交融，构建极端认真负责、敢于牺牲奉献、勇于担当作为、善于开拓创新的应急组织文化，突出强调忠诚使命、顾全大局、尊重科学、讲求效率、精诚合作、开拓创新等内容，为各个部门的发展创造良好的氛围和充足的空间。同时，应急管理部要通过全系统大学习、大培训，使全体成员尽快掌握现代应急管理全方位、全流程知识。各个部门要按照顶层设计的要求，在灾害事故应急管理需求的基础上，瞄准提升重大风险防范和应对非常规突发事件能力的目标，确定、分解工作任务。不同背景的工作人员要主动离开“舒适区”，相互交流、学习，取长补短，争取以管理之桥跨越技术的“鸿沟”。

四是外部整合。应急管理部应以自身为核心枢纽，搭建具有整合功能的应急管理网络：根据机构改革后的形势变化，与公安、卫生、交通、水利、自然资源、森林草原等部门搭建政府应急合作网络，而不是简单的协议或约定；按照新军改的要求，与军队、武警等武装力量探索构建新的应急合作网络；按照共建共治共享的社会治理原则，与企业、社会组织等构建政社应急合作网络；与外交部、商务部等部门合作，构建应急管理国际合作网络，积极服务于“一带一路”建设和人类命运共同体的构建。这种应急合作网络不是简单的文字协议或口头约定，而是表现为一整套具有约束力和可操作性的制度设计。应急管理部应该探索如何进一步充分发挥五大高层次指挥协调机构的作用，做好横向的外部整合工作。

五是纵向整合。目前，地方应急管理正在紧锣密鼓地按计划推进。改革越是向基层推进，矛盾就越具体，问题就越突出。应急管理部应及时根据地方应急管理改革的进展情况，对敏感问题及时出台明确政策予以协调，如地方应急局与消防部门之间的关系等，以保证改革的顺利进行。自雅安庐山地震以来，我国自然灾害救援的模式已经转为“地方为主、中央支持”。事实证明，这个模式是有效的，属地政府最有应对灾害的地方性知识。当事故灾害超越地方应急能力时，应急管理部代表中央政府予以支持并协调调度其他资源。未来，应急管理部赋能于地方的灾害事故应对，以具体的项目夯实基层基础，做到“重心下移，资源下倾，力量下沉”，让地方有资源、有能力对重大安全风险和非常规突发事件抓早、抓小，将其遏制在萌芽或初起状态。同时，应急管理部还可借助“街道吹哨，部门报到”等基层治理创新模式，让基层吹好“应急哨”。

不仅如此，根据国外“全政府”模式的经验，应急管理应在实现各个维度整合的过程中注意以下方面问题。

一是倡导跨界合作的价值理念，鼓励开放、包容的应急组织氛围，鼓励跨界互动，培育合作精神，强化多元主体之间的相互信任。

二是促进信息共享，实现信息网络、设备的链接、兼容，推动双向沟通与交流，包括注意回应公众的需求。在横向上，要促进不同部门之间的理解与共识；在纵向上，实现自上而下的政策制定与自下而上的问题发现之间的有效整合。

三是推动应急管理观念从注重传统的等级制向注重网络与伙伴关系的构建转变。在应急管理中，要强调灵活性、适应性和创新性的养成，而不是一味对僵化的组织规则的遵从；要尊重专业知识，而不是等级、身份与地位，以实现科学应急、专业应急，让专业的人干擅长的事；要培养大局意识，关注的是共同结果，而不是基于日常行政职责的“地皮之争”。

四是要明晰领导角色并建立应急管理网络。应急管理部要形成强大的赋能能力，培育应急网络中多元参与者的应急能力，使其在相互依赖的危机情境下密切合作，以实现共同的应急目标。而且，在新的形势下，应急管理部应摆脱依靠等级位差和行政压力实现应急协调的局限，要学会借助良好的沟通以及信息技术手段来促进、推动应急协调。

B.21
大部制与防灾减灾救灾体制改革

徐璨*

摘　要： 改革开放40周年之际，防灾减灾救灾体制机制改革与机构改革相逢。应急管理部的成立是对灾害事件复杂多变的严峻形势的回应，是对体制机制本身严重碎片化的综合优化，建立在国家总体安全观理念、大部制改革理念和理论实务共识基础上，同时借鉴了国际先进经验。按照边组建、边运行、边应急、边建设的思路，应急管理部一方面接收整合各方力量、建立完善运行制度，另一方面有序有效应对重特大灾难事故和自然灾害。本文回顾应急管理部成立的渊源和成立后的主要防灾减灾救灾工作，并对未来进行展望。

关键词： 应急管理部　防灾减灾救灾　改革　灾害防治

2018年是改革开放四十周年。自改革开放以来，我国经济社会发展各方面发生了巨大的变化，构成了防灾减灾救灾事业发展的背景。四十年中，我国洪水、干旱、地震、台风、地质等灾害多发频发，大灾巨灾时有发生。从集体生产自救到中央规范精准的灾害生活救助，从以中央政府责任为主到以地方为主、属地管理，再到社会、市场多元主体参与，从灾后救助到灾前预防、风险管理与恢复重建，从水利建设等工程性措施到防灾减灾宣传教

* 徐璨，民政部国家减灾中心助理研究员，《中国减灾》主编。

育、灾害保险等非工程性措施，我国不断从灾难中汲取经验和力量，推动防灾减灾救灾事业与时俱进、科学发展。

一　重大改革举措：成立应急管理部门

2018 年 3 月 17 日，《深化党和国务院机构改革方案》经第十三届全国人民代表大会第一次会议批准，成立应急管理部，形成统一指挥、专常兼备、反应灵敏、上下联动、平战结合的中国特色应急管理体制，为切实提高防灾减灾救灾能力画下了体制机制改革上的浓重一笔，改革力度之大、改革范围之广前所未有。应急管理部整合了包括国家安全生产监督管理总局、公安部、民政部、中国地震局等 13 个部门机构在公共安全领域的职责和资源力量（见图 1），为健全公共安全体系，确保人民生命财产安全以及社会稳定提供了体制保障。

新中国成立后，我国主要由业务部门应对单种自然灾害。改革开放后，我国各方面体制机制发生了重大变化，20 世纪 80 年代形成了“业务部门 + 部门间议事协调机构”进行灾害管理的制度，其中，在议事协调机构方面，针对水旱灾害有国家防汛抗旱总指挥部，针对地震灾害有国务院抗震救灾指挥部等，1989 年为响应国际号召成立了中国“国际减灾十年”委员会（国家减灾委员会的前身），这些议事协调机构都对应着相应的业务部门。随着工业化和城市化的推进，除了传统的自然灾害外，工业安全生产事故、交通安全事故等突发事件开始频繁出现。安全生产监督局在 2003 年国务院机构改革中，从国家经贸委独立出来，成为国务院直属机构，并成立了对应的安全生产委员会。

2003 年是我国应急管理发展的重要时间节点。当年发生的 SARS 暴露了我国在卫生防疫甚至是整个公共领域内存在的极大缺陷和隐患，以“一案三制”（“应急预案”“应急体制”“应急机制和法制”）为重点的应急管理体系建设提上议事日程。2005 年，安全生产监督局升格为国家安全生产总局。2006 年，国务院应急办公室设立，服务于国务院领导的应急响应和决

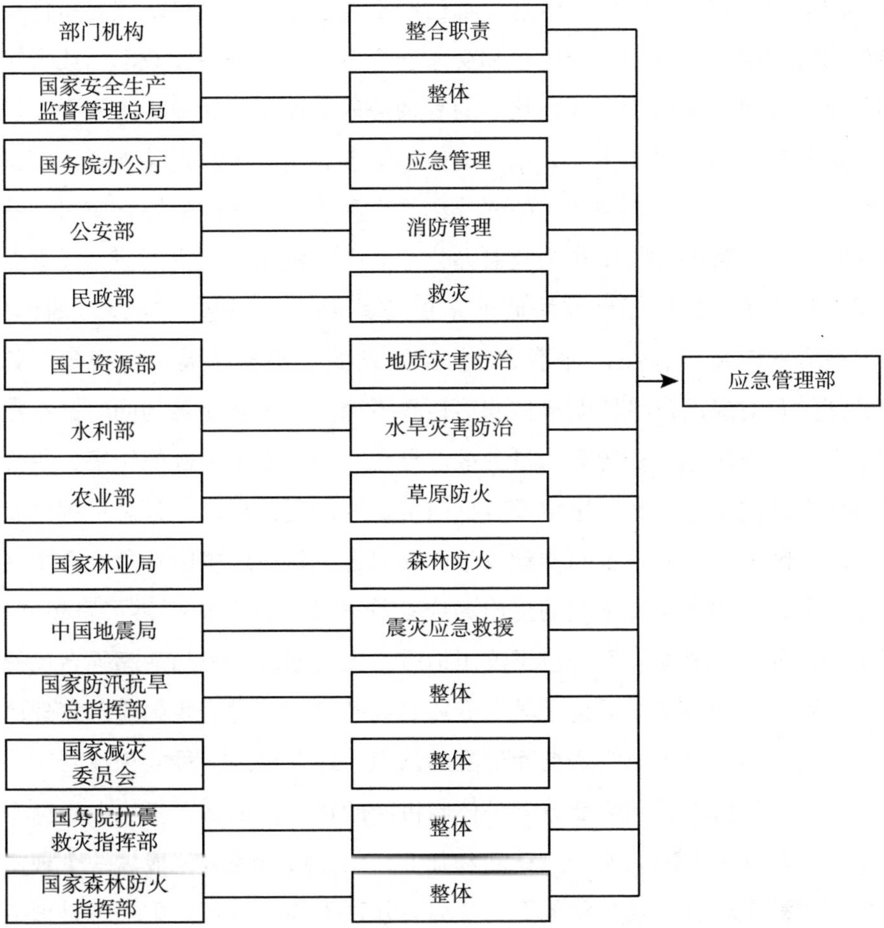

图1　应急管理部整合的部门机构职责

策，平时负责协调和信息汇总，遇到重大突发事件成立临时性指挥机构或启动非常设指挥机构，随后各级政府都设立了这个部门。作为“枢纽型机构”的尝试，应急办公室不取代其他业务部门的职能，因此，我国形成了“枢纽机构抓总 + 业务部门牵头 + 议事协调机构推动其他部门配合”的体制，成功应对了大量的突发事件。

然而，各种因素仍在推动着应急管理体制的不断改革。一是突发事件形势越发复杂多变，自然与人为因素交织，传统和新型风险并存，依靠单一业务部门应对在技术、资源、信息上都已经不再适用。比如极端灾害事件频发导致的灾害链及引发的工业生产和交通安全事故，无法由民政部门或者交通部门单一应对，而由于工业危化品的复杂与危险也不可能单纯由安全生产部门或消防部门来应对发生的灾难，类似于核事故这类风险则关涉整个国家的安全。二是体制机制本身严重的碎片化已不利于突发事件的综合应对。从实践来看，应急管理办公室作为政府办公室的内设机构，权责不清，没有专业力量作为支撑，传达信息和协调的定位使其无法承担起“综合”的作用，有些地方的应急办存在指挥不灵、协调不动的“小马拉大车”现象。其他业务部门及对应的议事协调机构职能边界不清，在重叠交叉的同时又存在职能空白，导致信息、资源和力量分散，导致一类事项多个部门统筹，一件事情由多个部门负责，有的事情没有部门负责的情况出现。三是总体国家安全观的理念和综合的共识不断推动改革。在习近平新时代中国特色社会主义思想指导下，总体国家安全观的提出为应急管理体系的重构提供了思想基础，国家安全委员会成立。而经过了汶川地震、玉树地震、威马逊超强台风等重特大灾害的不断冲击，无论是学术界还是业务部门，对于我国应急管理体系存在的问题已经有了非常透彻而清醒的认识，综合成为一种共识。

如果说机构设置和职能分配是体制机制的核心，那么在机构上做综合的改革文章是标本兼治的做法。在此基础上，怎样进行综合就成为一个现实的操作问题。在综合方式与路径上，学界有几种不同的声音。第一种是把某个议事协调机构实体化，比如将本身设计具有综合性的减灾委员会实体化；第二种是直接成立应急管理部，以实体性的权威的职能部门进行综合；第三种是分两步走，先把议事协调机构实体化，再在此基础上成立综合性职能部门。另外，在地方改革试点中，深圳市尝试将政府应急办打造成一个综合性的职能部门。毫无疑问，本次改革选择了一步到位的第二种，以极大的改革勇气赢得了各界的“点赞”。

应急管理部的成立，是我国防灾减灾救灾体制机制改革持续进程中的关键一笔，标志着防灾减灾救灾进入新阶段，是贯彻落实习近平新时代中国特色社会主义思想的重要体现，是全面深化改革的重要内容，是维护民生的重要保障，是推进国家治理体系和治理能力现代化的重要举措。通过“优化、协同、高效”的组建，遵循“一类事项原则上由一个部门统筹、一件事情原则上由一个部门负责”的原则，应急管理部有望实现灾害治理的全过程、专业化，参与主体的多元化，指挥协调的统一和资源信息的高效统筹利用。

二　应急管理部门防灾减灾救灾工作开展情况

2018 年 4 月 16 日，应急管理部正式挂牌成立。按照边组建、边运行、边应急、边建设的思路，应急管理部一方面接收整合各方力量、建立完善运行制度，另一方面有序有效应对重特大灾难事故和自然灾害。

（一）机构改革与制度建设

应急管理部成立后，面临一系列制度整合、修订与创新的工作。在灾害应对制度建设方面，针对特别重大灾害，应急管理部编制应急预案、细化工作手册、制定保障机制，并建立多部门联合会商机制，在应对阶段牵头水利部、气象局、自然资源部以及军队有关部门共同参与，每日联合会商研判，并派出联合工作组赴灾区指导工作，完善了相应的应急管理制度。针对各灾种重大灾害，应急管理部研究制定了 8 个灾种的响应工作手册，制定了重大自然灾害预警和Ⅳ级救灾应急响应工作组方案，明确启动条件、工作组职责、组成单位、内部分组分工和具体任务，工作组成员除了灾种专业人员外，还包括全过程灾害管理人员。2018 年 7 月 30 日，《应急管理部职能配置、内设机构和人员编制规定》印发，进一步明确了应急管理部的主要职能、内设机构以及与其他相关部门之间的职责分工，部本级机关各司局逐步筹建到位。此外，应急管理部正在逐步推进统一的信息化设计和建设，以及口径统一的对外信息发布窗口。

在统筹建设应急救援力量方面，应急管理部以国家综合性消防救援队伍建设为重点，迅速推动消防力量的转型。2018 年 10 ~ 11 月，《组建国家综合性消防救援队伍框架方案》《消防救援衔条例》《消防救援衔标志式样和佩带办法》先后发布。11 月 9 日，国家综合性消防救援队伍授旗仪式举行，习近平总书记向救援队伍授旗并致训词，对党忠诚，纪律严明，赴汤蹈火，竭诚为民是习近平总书记对这支队伍的要求，也成为对整个应急管理系统工作人员的要求。此外，应急管理部探索应急救援力量的全国组织指挥和统筹协调机制，在“温比亚”台风后受灾的寿光市，应急管理部第一次全国跨区域规模调动消防力量执行抗洪排涝等综合性救援，也为消防力量转型升级做了探索。面对社会力量参与救灾中出现的新问题，应急管理部回应社会关切，迅速开展问题研究，提出解决方案，比如研究修订抢险救灾车辆免收公路通行费的具体办法。

2018 年 9 月 29 日，海南省应急管理厅挂牌成立，成为第一个成立的省级应急厅局。截至 2018 年 12 月 14 日，全国已有 31 个省（自治区、直辖市）应急管理厅（局）挂牌成立。从 11 月中旬四川省出台第一个地市改革方案开始，全国各地陆续进行改革，成立应急管理部门成为重要内容和“规定动作”。按照要求，2019 年 3 月底，市县一级机构改革将结束。

（二）灾害应对

2018 年，应急管理部启动 47 次应急响应，先后派出 60 多个工作组赴地方指导工作，除了成功应对偏多偏北的强台风，甘肃、四川等严重暴雨洪涝，陕西宁强、云南通海等地地震，雅鲁藏布江和金沙江四次堰塞湖险情，内蒙古大兴安岭“6·1”森林大火等自然灾害外，还应对了河北省张家口市“11·28”爆燃事故、山东龙郓煤业冲击地压破坏泄水巷事故等事故灾难，值得一提的是还牵头对重庆公交车坠江事故、兰海高速“11·3”重大交通事故等交通事故进行处置。根据国新办发布会的数据，2018 年自然灾害灾情、安全生成事故都实现了下降。尽管现在对应急管理部成立所取得的成效评价尚早，但从以下两个案例中可以看出，应急管理部在全过程灾害管理及资源的统筹协调形成合力等方面取得了一定的优势和成果。

1. 四川暴雨洪涝灾害

2018 年 6 月下旬开始，四川接连遭受三轮强降雨，受灾严重，恢复重建任务艰巨。7 月 12 日 11 时，国家减灾委、应急管理部启动国家Ⅳ级救灾应急响应，派出部内联合工作组紧急赶赴灾区。广汉市某小地下车库被淹，1 万多名小区居民断水断电，需要抽水设备的支援。工作组发挥了资源整合的优势，现场协调四川省消防总队、省煤矿安监局、省矿山排水站，分头调集大功率排水抽水泵，4 小时后抵达现场开始作业，3 天左右就完成了原本需两周以上的排水工作，帮助该大型居住区以最快的速度恢复了正常的生活秩序。7 月 31 日，会同发展改革委、财政部、自然资源部、交通运输部等部委，应急管理部牵头组成联合工作组，再次赶赴四川重灾区。8 月 7 日，在之前向四川省拨付 1 亿元中央财政自然灾害生活补助资金的基础上，财政部、应急管理部向四川省追加补助资金 2 亿元，有力地支持了灾区的恢复重建。此前，应急管理部、财政部向甘肃省下拨 9600 万元中央财政特大型地质灾害救灾资金，这在往年并不多见。

2. 超强台风“山竹”

“山竹”是 2018 年台风风王，但造成的损失却不大，与同样在广东高强度登陆的 2008 年“黑格比”、2015 年“彩虹”、2017 年“天鸽”相比，台风“山竹”造成的死亡失踪人数、倒塌房屋数量、直接经济损失均为最少。应急管理部充分发挥了全过程的灾害管理方式，在前期早介入、早研判、早安排，做好监测预警和抢险救援。针对台风，应急管理部专门建立了每日会商研判机制，每天在部指挥中心会同水利、气象等部门集中研判分析。启动部内二级响应，提前派出工作组分赴台风可能受灾地区指导防台工作。通过重点部委应急联动机制，配合做好港珠澳大桥、核电站等重点工程的安全保护。通过新闻宣传引导，滚动发布预警信息和救援信息，动员引导群众防灾自救。此外，应急管理部还提前将消防官兵 2 万余名、救援机动队 60 余个调往重点防御区域，并部署消防总队和国家安全生产应急救援队伍 3600 余人待命增援，多个中央救灾物资等储备库做好物资调运准备。9 月 16 日台风“山竹”登陆后，消防队伍全力投入抢险救援，预警工作组就地转为应急响应工作组指导工作。提前做好“防”的工作，是应对超强台风的法宝，也是应急管理部将工作前移的一个生动写照。

三　未来展望

（一）应急管理部的建设发展

应急管理部的成立意味着一个崭新的开始，后续在理念、机制、法制等方面还需要进行持续的整合和建设，真正树立以人民为中心的发展理念，真正打破碎片化的格局，真正实现全过程的灾害管理。一是要处理好部内的关系。来自 13 个部门机构的职能、资源、力量、信息、技术、文化如何有效地整合并发挥出实在的作用，实现“化学反应”是一个基本的挑战。此前，深圳市人民政府应急管理办公室按照大应急的理念组建，整合了深圳市安全生产监督管理局、民防委员会办公室、地震局等部门机构，但在实践中遇到了很多困难。在科学合理设计内部机构设置、职责分工、业务流程的同时，还需尽快形成一支能够覆盖从预防、应对到恢复重建全过程的专业业务技术人员队伍，以及相应的专家咨询智库，形成科学技术和政治技术支持体系，为决策的制定和执行提供技术支撑。综合执法改革中出现的问题值得重视，由于缺乏专业业务技术人员，在相关执法时又回到原来的业务部门，时间一长原有业务部门不再积极配合综合执法，或者把执法权拿回来，导致综合执法部门形同虚设的情况出现。二是要处理好与水利、气象、自然资源、生态环境、交通运输、卫生、公安等部门关系，明确职责分工和边界，建立信息资源共享机制、协调联动机制，明确与地方政府的协调关系，特别是科学确定救援力量与地方政府之间的关系。三是要处理好政府与社会、市场的关系，推动参与主体多元化，尤其是在社会力量参与和灾害保险方面。目前，巨灾保险处于以市为单位的试点中，多年来试而不定，而学界对于巨灾保险在灾害保险中的角色、在整个灾害损失补偿中应起到的作用缺乏清晰的界定，对于巨灾保险实施中具体的费率厘定、理赔金额设定等实务操作也缺乏研究，巨灾保险的发展比较滞后。当前学界应研究如何帮助政府和普通居民在作为政策性保险的巨灾保险实务与保险公司的博弈中有更多的议价能力，推进保险本身的科学合理发展，政府也需要尽早将以省为单位进行试点的工作提上日程，以真正利用大数法则分散风险，取得试点的效果，并尽量避免我国社会保险发展中出现的碎片化问题。

（二）切实推进自然灾害防治体系建设

“以防为主”是多年以来持续强调的原则和经验。2018 年 10 月，习近平总书记主持召开中央财经委员会第三次会议，强调要建立高效科学的自然灾害防治体系，提高全社会自然灾害防治能力。结构化措施和非结构化措施相结合的“九个工程”的提出为切实落实“两个坚持，三个转变”，如何提升自然灾害防治能力提供了明确的遵循和方向。应急管理部是这项工作的牵头部门，负主要责任，要求围绕构建统筹应对各灾种、有效覆盖各环节、综合协调各方面的全方位、全过程、多层次自然灾害防治体系，明确时间表和路线图，确保 3 年明显见效。目前，灾害风险调查和重点隐患排查工程已经在筹备中，基于以县为单位的自然灾害综合风险与减灾能力调查试点工作的经验进行升级，相关的科技部重点专项项目也已获批，如何将大量的分散在各个专业部门的以及从未收集过的风险隐患数据统一规范收集整合是这项工程面临的挑战。在自然灾害监测预警信息化工程方面，需要将分散在气象部门的突发事件预警信息发布系统、水利部门的山洪灾害防治监测系统、自然资源部门的地质灾害预警系统、地震监测速报体系等不同监测预警信息系统的资源信息整合起来，形成一个出口对外发布，并通过科普宣传让预警入脑入心，让人众能够提前预防、积极自救。需要注意的是，“九项工程”的开展仍需顶层设计目标和任务，需集中运用资金、资源和力量，避免过去由各业务部门分散使用、重复建设的现象出现。

参考文献

高小平、刘一弘：《应急管理部成立：背景、特点与导向》，《行政法学研究》2018

年第5期。

雷尚清:《作为大部制的应急管理部:历史渊源与关键议题》,《风险灾害危机研究》2018年第1期。

童星:《中国应急管理的演化历程与当前趋势》,《公共管理与政策评论》2018年第6期。

钟开斌:《中国应急管理机构的演进与发展:基于协调视角的观察》,《公共管理与政策评论》2018年第6期。

王郅强、张晓君:《改革开放40年以来中国应急管理变迁——以“间断-均衡”理论为视角》,《华南理工大学学报》(社会科学版)2018年第6期。

楚问:《防灾减灾救灾体制机制改革进行时》,《中国减灾》2019年第1期。

B.22

新时代中国信访制度改革：历史背景、突出问题与演进道路

王 慧　郑广淼*

摘　要： 作为中国特色社会主义民主制度有益补充的信访制度，在70年的发展历史中，经历了改革开放前后两个不同时期多个阶段，为保障人民群众合法权益、维护社会和谐稳定发挥了巨大作用。当前，中国信访工作面临一些突出问题：在制度上，表现为信访秩序和信访终结两个方面的大问题；在具体领域，有三农问题、城镇拆迁、涉众经济案件、特殊身份待遇、涉法涉诉、与政策有关的特定历史遗留等多方面的问题。新时代，信访制度改革创新，要坚持以人民为中心，准确把握信访在国家治理体系中的地位和功能，走法治信访之路。

关键词： 信访制度　新时代　改革方向

一　进入新时代的中国信访制度

中国信访制度是独特的制度设计，是中国特色社会主义民主制度的有益补充，是党联系人民群众的桥梁和纽带，是人民群众的重要权利救济途径。

---

* 王慧，北京市信访办办信处副处长；郑广淼，北京市信访矛盾分析研究中心主任。

自1951年创设以来[①]，中国信访制度在不同的历史阶段一直发挥着重要的作用，尤其是在改革开放以来，为发展改革大局提供稳定和谐的社会环境做了巨大的贡献，发挥了巨大的作用，取得了重要的成绩。

依照不同的标准，中国信访制度将近70年的发展历程可以划分不同的阶段。为了方便论述，这里主要以时间节点配以标志性事件对信访发展历程做简单区分，以便能够对信访制度的发展历程有一个概貌性，方便对中国信访制度进入新时代的历史背景有概括性了解。

以1978年改革开放为标志，中国信访制度可以分为改革开放之前的信访制度和改革开放之后的信访制度。改革开放之前的信访历程，大概可以分以下几个阶段。

第一个阶段是1951～1966年，是信访制度创设并快速发展的阶段。这个阶段信访制度基本确立了工作原则和工作组织，得到了毛泽东同志、周恩来同志等老一辈无产阶级革命家的关注和支持，接待了大量的上访群众，为中央提供了很多信息和情报，维护了人民群众的合法权益。

第二个阶段是1966～1971年，是信访制度严重受挫的阶段。这一阶段信访的接访功能仍然存在，但其他功能严重受限，发挥的作用极其有限。

第三个阶段是1971～1978年[②]，这个阶段是信访制度重新恢复并开始发挥作用的阶段。尤其在1976年以后，信访制度在拨乱反正过程中起到了重要的作用。

以1978年为标志，中国信访制度与其他政治经济制度一样进入了快速正规发展的阶段。1978年之后，大体可以分出几个阶段。

第一个阶段是信访制度进入正轨的发展过程，这个过程从1978年开始一直到1995年。这个阶段从中央到地方开始纷纷设立独立的信访工作机构，

---

① 1951年，中央人民政府政务院在《中央人民政府政务院关于处理人民来信和接待人民工作的决定》中，正式将处理人民来信来访列为各级人民政府的工作，信访制度由此设立。

② 1971年《红旗》杂志为纪念毛泽东同志“必须重视人民的通信”批示20周年，刊登评论员文章《必须重视人民来信来访》一文，将人民来信来访简称“信访”，信访一词由此确立。

开始承担独立的工作职责，出台了一些与信访工作有关的基础性规定[①]，基本塑造了改革开放以后信访机关与信访群众之间的生态。

第二个阶段是信访规范化的过程。这个过程从1995年开始至2005年，标志性事件是1995年出台的《信访条例》。《信访条例》的出台为信访工作法制化提供了很好的基础。这一阶段，信访成为人民群众维护自身权益重要救济途径的特征非常明显。在经济社会快速发展过程中出现的一些问题都通过信访途径涌现出来，一些涉及群众切身利益的信访矛盾甚至还比较激烈，到了2003年前后，出现了大量的进京上访，涉法涉诉信访居高不下，形成了信访高峰。[②]

第三个阶段是信访不断深入改革深化的过程。这个阶段从2005年一直到2012年。标志性事件是2005年新《信访条例》的出台，新《信访条例》更加丰满健全，剔除了原信访条例中的不合理内容，进一步规范了信访工作程序。在这一过程中，我国成功举办了北京奥运会，集中解决了大批的信访问题和信访矛盾，为下一步信访工作指明了改革方向。

第四个阶段是信访法治化的过程。这个阶段从2012年一直到2018年。这一阶段的标志性事件是党的十八大的召开以及十八届三中全会对信访制度的部署，信访沿着法治化的方向不断完善和提高，从中央到地方信访工作的法治化能力和水平都进一步提高，涌现出很多好的经验和做法。

从2017年党的十九大召开，中国信访制度进入了新时代，标志性事件是习近平总书记关于加强和改进人民信访工作重要论述。这是今后信访制度工作的根本遵循，是加强和改进信访工作的根本指引，也是与以往信访制度发展阶段有重大区别的根本标志。

进入新时代的信访制度必须要不断改革和完善，这是新时代赋予信访制度的使命，也是信访制度适应新情况新形势的必然要求。首先，新时代

---

① 比如北京市信访办成立于1983年，是较早的独立的信访办事机构。

② 据《瞭望东方周刊》报道，当年7月1日到8月20日，到中纪委门前上访的人员达1万多人次，群体上访453批，平均每天达100多人，最多一天达到152人，创改革开放以来的历史新高。2003年12月11日出版。

的信访制度必须要以人民为中心，这是整个信访制度改革和发展的灵魂和主线。其次，新时代中国信访制度必须要具备底线思维。必须要把人民群众合法权益的维护作为信访工作的出发点和落脚点。再次，新时代中国信访制度必须要依靠法治的思维和法治的方式，坚定不移地推进信访法治化，提高信访法治化的水平和能力是新时代中国信访制度不断向前发展的根本进路。

二　新时代信访领域面临的突出问题

（一）制度上的突出问题

信访自创设以来就承担着人民权益救济的功能，虽然这个功能在不同的阶段发挥的作用有所不同，甚至在某些阶段发生了一些异化，但毋庸置疑，这个功能在为人民群众排忧解难、督促和提高政府服务水平、提高党委政府决策水平等方面发挥了巨大的作用。总体而言，信访一直面临两个突出问题：秩序问题和终结问题。这两个突出问题与信访制度维护人民群众合法权益的功能互为因果，一直是信访制度改革的主要关注点。

秩序的问题是指政府所希望的合法有序反映问题与部分人民群众无序反映问题，甚至是个别群众恶意破坏秩序反映问题之间的矛盾和冲突。秩序问题一直是困扰信访部门的主要问题，许多信访规范的出台都是为了规范信访秩序。信访秩序问题主要集中在两个方面：一方面集中在不同层级政府与上访人民群众之间，主要表现是所谓的“越级访”，即人民群众直接到上一级机关或者是中央机关反映情况，比较极端的情况是“非正常上访”①。2003

① 非正常上访是指到天安门、新华门、中南海、领导驻地、外国驻华使领馆地区进行上访的情况。但实践中一些地方政府将非正常上访概念泛化，加大了非正常上访的试用范围，属于对信访人合法权益的侵犯。非正常上访一词曾经在信访工作以及其他相关的政法类工作、行政性工作中广泛使用，以非正常上访为名头的文件比比皆是。2017 年，由于非正常上访一词不能完全反映和概括信访工作的全貌，已经不在正式文件中使用。

年左右提出的“信访高峰”主要是指越来越多的群众直接到北京有关中央机关上访，严重扰乱了正常的工作秩序和信访秩序。另一方面则集中在人民群众与信访机关之间，主要表现为一些群众在接访大厅不能理性平和反映问题，存在一些故意或者是非故意扰乱接待场所的行为，通常所说的“闹访”是这个问题比较极端的一个表现。

终结问题是另外一个突出的主要问题，是指政府希望按照规定和程序终结信访问题与人民群众按照自己期望彻底解决问题之间的矛盾和冲突。终结问题的突出表现就是“终而不结”的问题，具体表现是一个信访问题即便按照规定的信访程序完成了复查复核等终极信访工作程序，信访人仍旧到上一级机关（主要是位于北京的中央机关）反映问题、提出诉求。在这个侧面，终结问题与秩序问题合流，相互纠结缠绕，进一步推动问题的复杂化、疑难化①，构成了信访制度历次改革中的另一条主线。

（二）具体的突出问题

信访突出疑难问题带有鲜明的发展性特征，我国经济社会发展过程中特定阶段的问题都会通过信访反映出来。信访疑难突出问题通常伴随着秩序和终结问题。一般而言，长久未决的伴有秩序和终结问题的信访问题都有可能演变成具体的信访突出问题，或者最开始失序的信访问题有很大概率成为随后的信访突出问题。2004 年左右，全国信访的主要突出问题是农村土地征用问题、城镇拆迁问题、国有企业改制问题、企业军转干部问题、涉法涉诉问题。② 2014

① 终结问题其中的一个复杂化表现是司法既判力权威的减损。涉法涉诉问题中比较常见的终结问题是已经被地方各级法院所确认的判决，信访人最终通过“终而不终”的努力，得到上级法院的纠正。当然，这里所谓的“常见”对于每年产生浩如烟海的司法判决而言不过是沧海一粟，但恰恰是个别偶尔信访人“终而不结”的成功放大了全体信访人对“终而不结”成功的预期，从而给司法既判力（尤其是地方司法既判力）权威致命一击。

② 为了应对2003 年出现的信访高峰，2004 年，旨在处理信访突出问题、预防和处置群体性事件的中央联席会议成立，当时全称叫“中央集中处理信访突出问题及群体性事件联席会议”，这个机制一直延续至今，是解决信访突出问题的重要机制。联席会议成立了 5 个专项工作小组：农村土地征用问题小组、城镇拆迁安置问题小组、国有企业改制问题小组、部分企业军转干部问题小组、涉法涉诉问题等信访突出问题小组。

年左右全国信访主要突出问题是征地拆迁问题、劳动和社会保障问题、教育医疗问题、企业改制问题、环境保护问题。[①] 这些信访突出问题与相应阶段经济社会发展出现的问题有关，具有鲜明的与人民群众切身利益相关的特征。总体而言，当前信访领域面临的突出问题主要有以下几类。

1. 三农问题

包括农村、农业、农民问题。具体而言，包括农村承包经营权、宅基地、村委会选举、集体财产使用分配及公示、乡村干部腐败等一系列与农民生产生活有关的问题。长期以来，三农问题一直都是信访领域的重点突出问题，极容易引发群体性纠纷或事件，最容易拨动地方政府的敏感神经。随着经济社会的发展，三农问题仍然有新的表现形式，在统计上，总量仍然居于各类问题前列，但激烈程度正在缓慢消退，这与一系列惠农政策的出台以及整体的社会经济发展有关。

2. 城镇拆迁问题

包括城镇房屋拆迁、房屋腾退、违法建设拆除等问题。城镇拆迁问题一直是信访领域的突出问题，是最容易引发群体事件和极端行为的信访问题，也是最难解决的信访问题之一。但随着城市建设的不断推进，城镇建设问题数量处于稳中回落的状态。但涉及具体政策时，部分极端问题仍然需要重点关注。

3. 涉众经济案件问题

涉众经济案件在近几年有明显上升的趋势，明显成为最“高危”的信访问题，这与近几年来的经济发展业态有关。涉众经济案件既包括传销等非法经营问题，也涉及网络诈骗问题，还包括部分业态资金链断裂带来的后续性问题。涉众经济案件涉及人数多、金额巨大，问题解决起来困难重重，是今后一段时间的重点问题。

4. 特殊身份待遇问题

其中包括涉军上访问题、民办教师问题、特殊群体身份的认证等问题。

---

① 2014 年，中共中央办公厅、国务院办公厅发布《关于创新群众工作方法解决信访突出问题的意见》，对主要突出问题进行了举例说明。

身份待遇问题一般而言时间跨度长，与信访人根本的切身利益息息相关，通常需要专门的政策，解决起来困难较大。这类信访问题还存在着涉及群体较大、组织性较强的特点，在一些特定背景或特殊情况下容易形成大规模聚集，对社会秩序造成较大震动。

5. 涉法涉诉问题

涉法涉诉是涉及立法、执法、司法的信访的总称，覆盖的范围较广，主要与公安、检察院、法院等执法部门有关。涉法涉诉问题与上访群众核心切身利益关系重大，与司法权威关涉深重，容易对社会秩序造成较大危害，极难解决，一直是信访领域中的重点突出问题。[①]

6. 与政策有关系的特定历史遗留问题

新中国成立以来，在历次不同的历史时期，针对特定的经济社会发展阶段，政府出台过许多政策。这些政策所带来的后续性问题形成了特定历史遗留问题，例如比较有代表性的“知青”问题。这些问题与特定历史阶段和特定历史政策缠绕共生，很难彻底解决。

三　新时代信访制度改革和创新的发展方向

（一）“以人民为中心”是新时代信访制度改革的“脊骨”

党的十九大报告提出了“以人民为中心”的发展理念。信访制度是国家治理体系中的重要组成部分，是为改革发展提供稳定社会环境的重要制度设计。新时代信访制度必须围绕“以人民为中心”这个根本指引开展。新时代中国信访制度的改革与发展应该在两个方面与此契合：首先，改革与发展中的新中国信访制度顶层设计应当以“人民为中心”。以人民为中心实际

---

① 涉法涉诉信访问题长时间以来在信访渠道迂回旋转，造成了许多问题，尤其是关于信访制度与司法权威之间的关系，许多学者做了大量的批评性论述。2013 年国家信访局决定将涉法涉诉信访从行政信访体系中剥离，涉法涉诉信访严格按照法律规定的渠道解决。但需要注意的是有关涉法涉诉问题本身仍旧存在，压力犹存。

是浓浓的人文主义关怀，因此，新时代的中国信访制度实际是重要的国家人文主义关怀制度，是国家治理体系中体现国家人文关怀特征的重要制度保证。在这个要求下，信访在进行制度改革和重塑过程中必须强调对人民群众合法权益的保护，应当从人民群众权益保护的角度和立场（可以理解为以人民合法权益为中心）推演制度设计逻辑及走向，慢慢剥离其中不合时宜的“管理”和“强制”色彩。这应当是“以人民为中心”的核心内容。其次，在具体工作措施方面要体现浓浓的以“人民为中心”理念。任何理念的实现必须依靠制度的保证。新时代中国信访制度的改革在理念重塑的过程中，应全面梳理和变革现行的规范体系和行为模式，按照“以人民为中心”的理念裁剪现行规范体系和行为模式中背反和不恰当的部分，增补“以人民为中心”理念下的空白之处。

（二）“法治信访”是新时代信访制度改革的“躯干”

党的十八届四中全会指出，要把信访纳入法治化轨道，保障合理合法诉求依照法律规定和程序就能得到合理合法的结果。新时代中国信访制度改革必须沿着法治的轨道进行。首先，信访部门必须要具备法治的能力，并在以人民为中心的前提下不断提高法治信访的能力。具体而言要进一步清理、梳理、完善信访领域的法规、规章，按照新时代法治精神的要求和取向推动信访立法进程，使信访领域的基本法律规范在整个新时代社会主义法律体系中顺畅协调、相向而行、并行不悖。其次，信访部门必须具备法治信访的水平。具体主要体现遵法和执法两个方面。遵法，是指信访部门、信访人员所有的工作都应当严格遵守法律，不能用打着创新的名义躲避甚至是偏离法律的约束和要求。以往的实际工作中，极个别部门为了解决实际问题，或者为了创新而创新，偏离了法治的要求和轨道，出了很多问题，造成了很多困扰及很坏的社会影响。① 执法，是指信访部门必须严格落实已有的规范体系和

① 比如安元鼎黑保安公司事件。详见《安元鼎，北京截访“黑监狱”调查》，《南方都市报》2010年9月24日。

规范逻辑。一方面要严格落实信访部门和信访工作人员的法律责任，对于不依照法律履行职责的，要依照法律的规定追究相关法律责任，使信访规范目的在执行人层面得以实现；另一方面，要严格落实信访人的法律责任，尤其是法律明确的禁止性规定，信访人违反的，必须按照法律程序予以追究，实现法律目的。这里需要注意的是，已有的规范体系是指经过立法程序出台的“适格”规范，而不是冠以规定、章程、指引等不具备规范效力的规章或内部文件。

（三）明确定位和功能扩展是新时代信访制度改革的“血肉”

新时代信访制度改革应该围绕自身定位与功能开展。首先，要明确信访在国家治理中的地位。信访制度是国家治理体系中的重要组成部分，是国家治理体系中重要的负反馈机制。通过信访制度所反映出来的负面效应，对于国家治理水平和效能的提升有正面的推动作用。在功能方面，首先应当加强信访制度情报信息收集的功能，并围绕其拓展信访具体工作的开展。从传统定位看，信访是联系人民群众的窗口，是密切党与群众关系的纽带。这些传统功能的实现依靠的是来访人民群众能为党和政府带来第一手的信息。这些信息能够反映社会的方方面面，是对社会有全面基本认识的“社会治理情报”，对其进行归纳总结对于提高整个社会治理水平大有裨益。具体层面是要加强社情民意的收集，通过群众的反映来了解群众身边发生的事情和情绪，运用现代大数据分析的手段分析研判，为党委政府科学决策提供真实全面的依据，消除社会冲突隐患，预防社会矛盾发生，提升治理能力水平。其次，要提高信访工作领域的研究和判断能力。信访部门掌握大量信访数据，这些数据是最直接的国家治理和社会能力的数据。运用现代的大数据分析手段，应用现代新型智库的研究方式，能够为党和政府提供较为准确的决策依据。

B.23
2018年公共舆情发展报告

张 磊*

摘 要： 2018 年，中国公共舆论生态治理在继续加强监管制度建设的基础上，重点转向微观层面的治理行动，体现在加强网络信息平台监管，清理违法违规网络信息，依法治理网络违法行为等。重大公共舆情事件特点较 2017 年有延续，也有变化，表现为教育管理领域舆情出现严重恶化，公共安全与突发事件舆情高发化，未成年人保护问题继续呈现突出，个人极端事件威胁社会规则底线，公民道德建设问题亟须提上议程等。公共舆情发展形态呈现的新特征包括“和稀泥”式管理致“破窗效应”显现，事件真相在“沉默的螺旋效应”中淡化，公共舆论与社会情绪呈现“两张皮”现象。

关键词： 公共舆情 舆论生态治理 螺旋效应

2018 年，中国继续在公共舆论生态治理方面加大力度，从注重制度建设转向侧重治理行动。重大公共舆情特点较之于 2017 年有延续，也有新变化。公共舆情发展形态则出现较大的特征变化。

一 公共舆论生态治理

自 2013 年开始的中国公共舆论生态治理以制度建设为主，经过 2014 ~

* 张磊，中央党校（国家行政学院）应急管理教研部副教授。

2017年的坚持，中国公共舆论生态治理制度建设取得了重大进展。进入2018年，中国公共舆论生态治理开始从以宏观层面的制度建设为主转向以微观层面的治理行动为主。回顾2018年，中国公共舆论生态治理主要表现在4个方面。

一是继续加强监管制度建设。尽管舆论生态治理制度建设已经取得阶段性进展，不是2018年工作的重点，但舆论生态治理制度建设工作在2018年依然得到继续加强。2018年，国家互联网信息办公室出台了《微博客信息服务管理规定》。该规定从3个主要方面为公共舆论生态治理进行了约束。第一，要求微博客使用者进行实名认证。“微博客服务提供者应当按照‘后台实名、前台自愿’的原则，对微博客服务使用者进行基于组织机构代码、身份证件号码、移动电话号码等方式的真实身份信息认证、定期核验。微博客服务使用者不提供真实身份信息的，微博客服务提供者不得为其提供信息发布服务。”第二，针对网络谣言信息泛滥的形势要求建立辟谣机制。“微博客服务提供者应当建立健全辟谣机制，发现微博客服务使用者发布、传播谣言或不实信息，应当主动采取辟谣措施。”第三，禁止传播违法网络信息。“微博客服务提供者和微博客服务使用者不得利用微博客发布、传播法律法规禁止的信息内容。”[①]

二是加强网络信息平台监管。2018年，中国公共舆论生态治理更多地转向具体行动，其中对网络信息服务提供平台的加强监管就是一个重要内容，至少包括3个方面：第一，约谈网络信息平台。《网络传播杂志》全面梳理了2018年中央网信办和各地网信办约谈和关闭的互联网单位数量[②]，发现每个月都有约谈行动。第二，关停违法违规产品。2018年，相关监管部门多次采取行动对违法违规的网络产品进行关停。例如，4月10日，国家广电总局发布公告责令“今日头条”永久关停“内涵段子”客户端软件及公众号，并要求“今日头条”全面清理类似视听节目产品。[③] 12月，国

① 国家互联网信息办公室：《微博客信息服务管理规定》，2018年2月2日，http://www.cac.gov.cn/2018-02/02/c_1122358726.htm。

② 《2018年约谈、关闭了这么多互联网单位！“日程表”一览！》，微信公众号：网络传播杂志，2019年1月9日。

③ 钱童、陈梦凡：《国家广电总局责令今日头条永久关停“内涵段子”》，财新网，2018年4月10日，http://companies.caixin.com/2018-04-10/101232667.html。

家网信办会同有关部门针对网民反映强烈的违法违规、低俗不良移动应用程序（App）集中开展清理整治专项行动，依法关停下架 3469 款 App。[①] 第三，清理自媒体账号。2018 年，国家网信办会同有关部门，针对自媒体账号存在的一系列乱象问题，开展了集中清理整治专项行动。专项行动从 10 月 20 日起全网处置 9800 多个自媒体账号。[②] 这些账号主要涉及传播政治有害信息、虚假、低俗色情、恶意营销、抄袭侵权等问题。各地网信部门也不同程度采取行动清理自媒体账号，例如，截至 12 月 18 日，北京市网信办关闭违法违规自媒体账号 11 万个。[③]

三是清理违法违规网络信息。对于公共舆论空间治理而言，清理违法违规网络信息是一项重要内容。2018 年，相关监管部门加大了对违法违规网络信息的清理。例如，仅浙江省公安厅获悉通过“净网 2018”行动就在全年清理违法有害信息 106.5 万余条。[④] 根据中央网信办的介绍，监管部门所重点清理的违法违规网络信息主要有 5 类：第一，政治有害信息，包括恶意篡改党史国史、诋毁英雄人物、抹黑国家形象等；第二，谣言及虚假信息，包括“标题党”等以谣获利、以假吸睛，扰乱正常社会秩序的信息；第三，低俗及色情信息，主要是违背公序良俗，挑战道德底线，损害广大青少年健康成长的信息；第四，“黑公关”信息，特别是敲诈勒索信息；第五，肆意抄袭侵权信息。[⑤]

四是依法治理网络违法行为。无论是对平台进行监管，还是对违法违规

---

① 国家互联网信息办公室：《国家网信办集中开展 APP 乱象专项整治行动　全环节治理将成为常态》，中国网信网，2018 年 12 月 28 日，http：//www. cac. gov. cn/2018 - 12/28/c_1123919199. htm。

② 国家互联网信息办公室：《国家网信办“亮剑”自媒体乱象 依法严管将成为常态》，中国网信网，2018 年 11 月 12 日，http：//www. cac. gov. cn/2018 - 11/12/c_ 1123702179. htm。

③ 《北京市网信办推进自媒体账号专项治理关闭 11 万个》，中国新闻网，2018 年 12 月 25 日，http：//www. chinanews. com/sh/2018/12 - 25/8712398. shtml。

④ 陈蕾、陈谊：《浙江网警 2018 年清理了上百万条违法信息，关停违法网站 80 多万个》，百度百家号：钱江晚报，2018 年 12 月 14 日，https：//baijiahao. baidu. com/s? id = 1619823384381440373&wfr = spider&for = pc。

⑤ 国家互联网信息办公室：《国家网信办“亮剑”自媒体乱象 依法严管将成为常态》，中国网信网，2018 年 11 月 12 日，http：//www. cac. gov. cn/2018 - 11/12/c_ 1123702179. htm。

信息进行清理，治理的对象都不是以违法违规者为目标。2018 年中国公共舆论空间治理强化的一个重要表现是对网络违法行为的整治，包括 3 种类型的治理行动。第一，多部门联合治理。2018 年 2 月上旬至 4 月下旬，中央宣传部、中央网信办、文化部、国家新闻出版广电总局、全国“扫黄打非”工作小组办公室等五个部门联合部署，进一步开展针对网络直播平台传播低俗色情暴力等违法有害信息和儿童“邪典”动漫游戏视频的集中整治行动。[①] 第二，开展专项治理行动。2018 年 2 ~ 12 月，全国公安机关开展的“净网 2018”专项行动，集中力量专项整治问题多发的五个领域：①利用云盘、App 应用商店传播有害信息活动。②违法违规网络直播平台。③违法违规网络游戏。④非法网络群组。⑤非法弹窗广告。[②] 第三，针对具体事件中的违法行为治理。多部门联合治理和开展专项治理行动都是对已经出现的普遍性问题和领域进行治理，但仍有一些违法网络行为是不可预见的，需要在具体事件出现时进行治理，这也是 2018 年监管部门的一项重点工作之一。例如，5 月 9 日郑州空姐搭乘滴滴顺风车遇害事件发生后，杭州二更网络科技有限公司旗下公众号“二更食堂”头条推送推文，对空姐顺风车遇害事件进行不当描述，进行低俗炒作营销，严重破坏网络传播秩序，背离了舆论传播伦理和操守。5 月 12 日，浙江省网信部门依法约谈了二更网络科技有限公司负责人，责令其限期整改。5 月 25 日，杭州市网信部门再次约谈二更网络科技有限公司负责人，要求对涉事人员进行严肃处理。随后，二更网络科技有限公司已永久关停“二更食堂”公众号，承诺永不启用注册品牌保护性账号“食堂君”，免去事件直接责任人李某在公司的一切职务，解除其劳动合同，解散“二更食堂”公众号 13 人运营团队。[③]

---

① 史竞男：《五部门部署整治网络直播违法违规行为和儿童“邪典”视频》，新华社，2018 年 2 月 12 日。

② 刘彬：《全国“扫黄打非”办公室开展 2018 三项专项行动》，《光明日报》2018 年 4 月 10 日。

③ 《“二更食堂”炒作空姐遇害案 解散 13 人运营团队》，中国新闻网 2018 年 6 月 26 日，http：//www. chinanews. com/sh/2018/06 – 26/8547571. shtml。

二 重大舆情事件特点

2018 年，中国共计出现重大公共舆情事件 398 件，所涉及的舆情领域为 527 个。[①] 相对于 2017 年，重大公共舆情事件在 2018 年的突出特点既有较大程度的延续，也有新的变化。年度重大公共舆情事件出现 10 次以上的舆情领域（见图 1）较为直观地呈现了 2018 年重大公共舆情事件的特点。

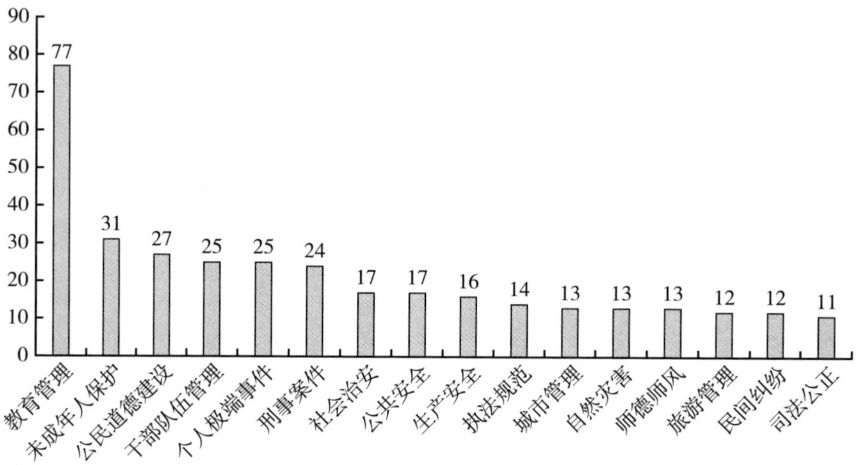

图 1　2018 年重大公共舆情事件出现 10 次以上的舆情领域

一是教育管理领域舆情出现严重恶化。教育管理领域的舆情在 2016 年和 2017 年就一直比较突出。到了 2018 年，教育管理领域的舆情非但没有减缓，反而出现了进一步恶化的现象。一方面，在重大公共舆情事件出现的频次上，直接涉及教育管理领域 2018 年共计出现 77 次，系舆情频次最高的领域，比排在第二位的“未成年人保护”领域频次的 2 倍还高。另一方面，

① 在一个重大公共舆情事件中，所涉及的舆情领域可能有多个，在统计舆情领域时都进行了统计。例如，在 2018 年 5 月 27 日发生的安徽六安教师讨薪事件，涉及了教育管理、基层治理和群体性事件等舆情类别，均分别进行了统计。因此，舆情领域在数量上会大于重大公共舆情事件的数量。

教育管理领域的具体舆情承载事件较为多元，其中相对严重的有4类问题。首先，师德师风问题。这是最为严重的教育管理领域问题，2018年共承载了13起重大公共舆情事件（见表1），包括高校领导性侵女教师，高校教师性骚扰或性侵女学生，高中老师性侵女学生，小学教师涉嫌猥亵女生，不正当师生关系等多类事件。其次，校园及周边安全问题。此问题在2018年十分突出，共计承载重大公共舆情事件8起（见表2），造成了学生伤亡情况较多。再次，幼儿园虐童问题。此问题在2017年是舆论高度关注的内容之一，在2018年虽然有时减缓，但依然严峻，承载了3起重大公共舆情事件，分别是：4月1日曝光的吉林省吉林市国学幼儿园老师用针管扎孩子事件；4月12日曝光的济南小太阳幼儿园老师用热水烫伤幼童事件；7月2日舆论关注的西安雁塔区一幼儿园多名幼儿被老师用铁丝扎事件。最后，校园欺凌问题。此问题自2016年以来一直高居不下，2018年继续承载3起重大公共舆情事件，分别为：1月15日舆论关注的湖北嘉鱼县一在校女生遭4名同学轮流掌掴事件；3月6日发生的黑龙江肇东市某中学高年级女学生欺凌低年级同学事件；6月10日舆论关注的广西柳州中学女生被两男子用锁头殴打事件。除此之外，校园食品安全、校园公共卫生、教育资源分布等多个问题也是2018年教育管理领域相对突出的问题。特别需要提及的是，在2018年因群体性事件承载的重大公共舆情事件一共2起，均出自教育管理领域。一起是5月27日发生的安徽六安教师讨薪事件，另一起为9月1日发生的湖南耒阳市学生“分流”事件。

表1　2018年承载重大公共舆情事件的涉师德师风问题

序号	舆情爆发时间	事件名称	问题类型
1	2018年1月1日	华裔女学者实名举报北京航空航天大学某博士生导师、长江学者性骚扰	性骚扰女学者
2	2018年1月11日	对外经贸大学某教授被指性骚扰女学生	性骚扰女学生
3	2018年1月17日	西安交大博士生溺亡事件	不正当师生关系
4	2018年1月26日	网传河南荥阳二高一女生被班主任强奸后割腕	性侵女学生
5	2018年3月20日	陕西洛南中学一男老师将与女学生接吻视频传上网	不正当师生关系

续表

序号	舆情爆发时间	事件名称	问题类型
6	2018 年 3 月 27 日	西安思源学院一女教师反映被直属领导多次性侵	性侵女教师
7	2018 年 3 月 30 日	武汉理工大学研三学生坠亡事件	不正当师生关系
8	2018 年 4 月 5 日	北大前教授涉性侵女生事件	性侵女学生
9	2018 年 4 月 8 日	湖南衡东县一小学教师被指性侵女生	性侵幼童
10	2018 年 4 月 12 日	人民大学某老师被指性骚扰学生	性骚扰女学生
11	2018 年 6 月 20 日	甘肃庆阳市女孩因此前遭班主任猥亵跳楼死亡	性侵女学生
12	2018 年 6 月 27 日	云南威信县一小学老师被指猥亵女学生	性侵幼童
13	2018 年 7 月 21 日	律师爆料南昌大学国学研究院某副院长性侵案受害女大学生遭上门威胁	性侵女学生

表 2　2018 年承载重大公共舆情事件的校园及周边安全问题

序号	舆情爆发时间	事件名称	问题类型
1	2018 年 4 月 27 日	陕西米脂县伤害学生事件	校园周边安全
2	2018 年 5 月 3 日	湘潭大学一女生在校园遭 6 条流浪狗撕咬	校园安全
3	2018 年 5 月 7 日	河北承德一中学食堂水罐蒸汽管道爆炸致多名学生受伤	校园安全
4	2018 年 5 月 15 日	山西阳泉市盂县一女子闯教室殴打女学生	校园安全
5	2018 年 6 月 28 日	上海徐汇区小学门口砍杀小学生事件	校园周边安全
6	2018 年 9 月 21 日	浙江瑞安一家长因孩子纠纷在校内捅死对方孩子	校园安全
7	2018 年 10 月 26 日	重庆巴南区妇女在幼儿园门口持菜刀砍伤 14 名儿童	校园周边安全
8	2018 年 11 月 22 日	辽宁省葫芦岛建昌县一小学门前汽车撞倒多名学生致 5 人死亡	校园周边安全

二是公共安全与突发事件舆情高发化。相对于 2017 年，公共安全与突发事件领域承载的重大公共舆情事件在 2018 年大幅上升。其中，4 个领域尤其突出。第一，公共安全风险或事件。2018 年公共安全风险或事件共承载 17 起重大舆情事件，但大多数公共安全风险或事件的舆情都属于次生舆情，包括：公交站顶棚被积雪压塌砸伤人；个人极端事件引发的公共安全事件，如重庆万州区公交车因乘客与司机互殴坠江事件；暴雨后触电伤亡事件；大风致店铺招牌脱落砸人等。需要特别指出的是，流浪犬或宠物犬咬人事件在 2018 年十分突出（见表 3），构成了公共安全风险或事件的重要来

源，也是城市管理舆情的重要承载。第二，安全生产事故。全年共计发生16起引发重大公共舆情事件的安全生产事故，包括地面坍塌、危爆运输车爆炸、游乐设施事故、龙舟翻沉、铁矿爆炸、危化品泄漏、工厂爆炸等问题。特别提及的是，船舶事故在2018年的安全生产事故中比较集中，全年出现4起承载重大公共舆情的事件。第三，自然灾害事件。全年共计发生13起引发重大公共舆情事件的自然灾害，涉及暴雨、暴雪、大雾、地震、台风、山体滑坡等领域。第四，常见突发事件。在2018年，常见突发事件引发的重大舆情主要集中在交通事故和火灾事故并导致重大伤亡方面。其中，交通事故承载6起重大舆情事件，火灾事故承载2起重大舆情事件。

表3　2018年因流浪犬或宠物犬咬人引发的重大舆情事件

序号	舆情爆发时间	事件名称	问题类型
1	2018年5月7日	北京朝阳区一疑似流浪犬咬伤8人	城市管理、公共安全
2	2018年5月3日	浙江海宁市一条疯狗当街咬了21人	城市管理、公共安全
3	2018年5月18日	重庆大足区一4岁男童吴某途经宠物店时被该店犬只咬伤	城市管理、公共安全
4	2018年6月15日	四川叙永县一男童上学路上遭恶犬扑倒撕咬	城市管理、公共安全
5	2018年8月11日	成都13岁少年小区内遭牧羊犬多处咬伤	城市管理、公共安全

三是未成年人保护问题继续呈现突出。未成年人保护问题在2017年就十分严重并刺痛公众神经。2018年，这一领域问题更为突出，可谓多方面恶化。除了前文所述的伤害学生事件、虐童事件、校园欺凌事件等之外，未成年人保护问题在2018年还突出表现在三个方面：第一，未成年人被性侵。这是2018年未成年人保护问题中最为严重、重大公共安全事件出现频次最多的领域，对未成年人施加性侵的人员来自多个方面。第二，未成年人遭家暴。2018年发生了6起承载重大公共舆情的未成年人遭家暴事件（见表4），施暴者有来自父亲或母亲，也有父母共同施暴。第三，未成年人公共安全。这一类问题在2018年主要来自三个方面：第一，涉嫌拐卖儿童。如5月9日发生的广东东莞一男子试图拉走一幼儿被幼儿哥哥发现后拽回，10月5日舆论关注的北京大红门疑似“抢小孩”风波等事件。第二，未成年

人活动空间安全。如4月17日发生的山东潍坊5岁男童坠入百米深井，5月24日发生的武汉4岁男孩被幼儿园司机遗忘车内致死等事件。第三，未成年人网络空间安全，主要指未成年人遭不良网络信息侵害问题，如网络平台B站存在涉兄妹乱伦内容问题。

表4　2018年因未成年人遭家暴引发的重大舆情事件

序号	舆情爆发时间	事件名称	问题类型
1	2018年2月28日	广西河池一10岁女孩被父亲绑在摩托车后拖行	未成年人保护、家暴事件
2	2018年3月8日	河南安阳男子掌掴幼子拍视频发给妻子逼她回家	未成年人保护、家暴事件
3	2018年6月5日	广东东莞4岁男童屡遭离婚母亲毒打	未成年人保护、家暴事件
4	2018年6月14日	贵州清镇市4岁女童疑遭亲父虐待遍体鳞伤	未成年人保护、家暴事件
5	2018年7月22日	广西靖西市一男子挥拳重打女儿并拍下视频发给前妻	未成年人保护、家暴事件
6	2018年12月22日	深圳女孩遭父母残忍殴打事件	未成年人保护、家暴事件

四是个人极端事件威胁社会规则底线。个人极端事件在2017年就较为严重，到了2018年，个人极端事件更是有过之而无不及，在承载社会暴力情绪的同时，也严重威胁社会规则底线。除了前文所述的伤害学生事件之外，个人极端事件在2018年还表现在多个方面。第一，恶性伤害案件。如2月11日的北京西单大悦城恶性伤害案件。第二，泄愤危害公共安全。这在2018年是十分突出的，大部分个人极端事件都表现为这一类型，如9月12日湖南衡东县开车撞人砍人恶性案件、10月28日的重庆万州区公交车坠江等。第三，因纠纷而生极端事件。如7月29日发生的安徽阜阳6岁男童清晨敲邻居家门被砍20多刀事件。个人极端事件的多元高发，在一定程度上表明，法律规则和社会道德已经无法规范和制约极端者，社会规则底线的坚守难度日益加大。

五是公民道德建设问题亟须提上议程。前文所述的教育管理、公共安全、未成年人保护、个人极端事件等都在一定程度上与公民道德建设问题有关。除此之外，公民道德建设问题在多个领域引发的重大公共舆情越来越多。第一，引发民间纠纷。由于公德缺失，完全依照自身利益行事就极易产生与他人的纠纷，1月11日舆论关注的成都一女子疑捡拾小狗后索酬不成摔死小狗事件就是例证之一。第二，破坏公共秩序。没有规则意识是公德缺失的一个重要表现，由此引致破坏公共秩序事件的频发，2018年连续出现多起铁路霸座事件就是典型案例。第三，扰乱公共活动空间。“公域”和“私域”的部分也是公德缺失的表现之一，由此导致公共活动空间常常被扰乱，例如，6月13日发生的武汉地铁车厢一老汉索要座位未果掌掴大妈，7月12日舆论关注的成都一老人要求男童让座遭拒强行坐在男童身上等事件。第四，伤害弱势群体。例如，3月22日舆论关注的湖南澧县90岁智障老人遭儿子殴打事件。第五，境外的突发事件。公民道德缺失不但在国内引发重大公共舆情事件，2018年还外溢到境外，造成境外突发事件，例如，1月24日发生的175名中国旅客因降雪滞留日本成田机场与当地警方爆发冲突事件，9月15日舆论关注的中国公民在瑞典旅游住店纠纷事件等，在很大程度上损害了中国形象。

三　公共舆情发展形态

2018年，在2017年凸显的公共舆情“涟漪效应”强化、谣言肆虐公共舆论空间、舆情素养低下“帮倒忙”等公共舆情发展形态继续存在。在此基础上，2018年公共舆情发展形态还出现了一些新变化。

一是“和稀泥”式管理致“破窗效应”显现。“和稀泥”式管理是2018年公共舆情中出现的一个奇特现象，典型案例包括，8月21日山东男子高铁霸座事件；9月19日舆论关注的河南鲁山县强奸未成年少女案在检察院介入后“冰释前嫌”；10月18日舆论关注的哈尔滨一男子与的哥斗狠身亡，的哥却被批捕事件；等等。此处仅以山东男子高铁霸座事件展开阐述。车票购买是一种合同关系，服务方应当履行合同义务并维护合同关系。在该事件中，该男子霸占了有票女乘客的座位，作为服务提供方，理应维护乘坐秩序，还座位给购票的女乘客。但列车长和乘警在劝说无果后，却“和稀泥”地把被占座女乘客安排到商务车厢。8月23日，济南铁路局方面对此事件的回应进一步“和稀泥”，称涉事男乘客的行为属于道德问题，不构成违法行为。[①] 言外之意，铁路部门对此类行为无能为力。这种“和稀泥”式管理的结果是“破窗效应”的显现，同类事件接连发生，“窗户”不断被戳破。山东男子高铁霸座事件之后，很快又出现了多起铁路霸座事件（见表5），网络无奈地调侃将系列霸座者称为“霸座家族”[②]。

表5　2018年因铁路霸座引发的重大舆情事件

序号	舆情爆发时间	事件名称	问题类型
1	2018年8月21日	山东男子高铁霸座事件	铁路管理、公民道德建设
2	2018年9月19日	高铁“霸座女”事件	铁路管理、公民道德建设
3	2018年9月19日	网曝高铁“霸座大妈”事件	铁路管理、公民道德建设
4	2018年9月24日	网曝K185次列车出现“霸座大爷”	铁路管理、公民道德建设
5	2018年9月24日	网曝上海至阜阳K8482列车外籍女子霸座	铁路管理、公民道德建设

二是事件真相在“沉默的螺旋效应”中淡化。沉默的螺旋理论指出，如果一个人感觉到他的意见是少数的，他一般不会表达出来，因为害怕被多数的一方报复或孤立。在2018年的公共舆情中，沉默的螺旋效应出现强化，在公共事件或公共话题中接触、了解或掌握事实的人越来越沉默，而仅凭感受或感性认知的质疑声音日益壮大，事实和理性则在此过程中不断下沉。最典型的案例是范冰冰偷逃税事件。10月3日，当税务部门公布对范冰冰偷逃税事件的调查和处理结果时，不少公众质疑“由于范冰冰属于首次被税务机关按偷税予以行政处罚且此前未因逃避缴纳税款受过刑事处罚，上述定性为偷税的税款、滞纳金、罚款在税务机关下达追缴通知后在规定期限内缴纳的，依法不予追究刑事责任。”[③] 这一处理结果。实际上，关于首次被税务机关按偷税予以行政处罚且此前未因逃避缴纳税款受过刑事处罚不追究刑

① 赵晓、沙见龙：《济南铁路局调查高铁“霸座”事件 涉事男子发视频道歉》，中国新闻网2018年8月23日，http://www.chinanews.com/sh/2018/08-23/8608598.shtml。

② 侃人：《“霸座家族”遭密集曝光：人们的容忍度在降低》，《新京报》2018年9月25日，http://www.bjnews.com.cn/opinion/2018/09/25/507469.html。

③《税务部门依法查处范冰冰“阴阳合同”等偷逃税问题》，新华社2018年10月3日。

事责任的法规，并非针对范冰冰，而是改革发展过程中为建立现代企业制度，维护市场健康发展而制定的。税务部门在查处范冰冰偷逃税事件中做到了依法行政。如若在此事件中税务部门迎合舆论而追究范冰冰的刑事责任，那则属于违法，而公权力违法则是对社会更大的伤害，也必将影响企业经营者的信心，破坏市场秩序。然而，在整个事件舆情发展过程中质疑声音满天飞，而理性的声音则少之又少，只有陈有西律师在网上解释和澄清税务部门处理的合法性与合理性。

三是公共舆论与社会情绪出现“两张皮”现象。公共舆情，既包括了公共舆论，也涵盖了社会情绪。然而，在 2018 年公共舆情中，开始出现了公共舆论与社会情绪“两张皮”现象。在一些事件中，民间舆论场讨论很热，情绪很高，而官方舆论场却视而不见。例如，7 月末至 8 月初在微博、微信广泛讨论的“米兔运动”，即女性在职场上被性侵犯或性骚扰事件，官方媒体却几乎没有参与，民间情绪与主流公共舆论空间交集甚少。这种舆论与情绪“两张皮”现象的出现，意味着官方舆论场与民间舆论场开始出现隔阂，并不利于公共行政部门对民意与社会情绪的了解和互动。

四是管制思维与行为阻碍舆情沟通的有效性。2018 年，相关部门依法加强必要的网络空间治理，旨在维护良好的公共舆论生态环境。然而，个别地方的管制思维过于强化，挂着“网络空间治理”的“羊头”，却卖着权力滥用的“狗肉”。最典型案例的莫过于广州医生发帖称“鸿毛药酒是毒药”被内蒙古凉城县警方跨省抓捕事件。在公共事件中，一切处置行为都需要依法，舆情沟通则是在依法行政的前提下诚恳开展。而凉城县警方对广州医生的跨省抓捕法律依据匮乏，导致舆论对该县的法治环境产生了高度质疑，严重影响事件依法处置进程的同时，也阻碍了舆情沟通的有效性。在此事件中，凉城县回应舆情的所有内容都不为公众所接受，其公信力丧失殆尽。直到国家药监局、最高检、最高法等中央部门介入之后，此事件的处置才进入合法程序，舆情沟通也才正常化。

B.24

中国智慧城市发展与展望

姬凌岩　李　宇*

摘　要： 改革开放40年来，特别是20世纪90年代以来，我国积极探索利用信息化技术推进我国城镇化进程。党的十九大充分肯定了互联网对国家发展的驱动作用，提出要大力推进我国新型智慧城市建设。以此为背景，本文着重分析介绍我国智慧城市领域取得的最新进展与当前面临的整体形势，并提出了2019年智慧城市建设发展建议。

关键词： 智慧城市　协同　标准　“一带一路”　5G　下一代互联网

1978年以来，随着40年来改革开放进程不断深化，我国经济持续高速发展，进而带动我国城市建设飞速前进，城市面貌发生了翻天覆地的变化。正如诺贝尔经济学奖获得者、世界银行前副行长斯蒂格利茨所说：“中国的城市化与美国的高科技发展将是影响21世纪人类社会发展进程的两件大事。”①

与此同时，随着20世纪中叶，以计算机、多媒体、互联网为代表的信息技术不断创新发展，人类社会正在经历着一场对政治、经济、文化、社会、生态、军事等各个领域，产生深刻影响的信息革命。城市，作为人口居

---

* 姬凌岩，中央党校（国家行政学院）信息技术部副处长；李宇，中央党校（国家行政学院）社会和生态文明教研部教授。

① 本刊编辑部：《携手共筑绿色之城》，《低碳世界》2012年7月8日。

住密集、经济活动集中、社会关系交织的发展区域，也经历了从被动接纳信息技术到主动运用信息技术、从城市数字化到城市智慧化的发展历程。

1998 年，“数字地球”的概念由美国时任副总统戈尔首次提出，随之数字城市的概念应运而生。数字城市，以测绘数字化为出发点，旨在通过数字形式，获取和加载自然资源、社会资源、基础设施、人文、经济等城市相关信息，从而为政府和社会各方面提供广泛的服务。① 时隔十年，2008 年，IBM 首次提出智慧城市的概念，旨在以技术进步推进城市发展革新，为人类提供更高效、更便捷和更加人性化的生存环境。20 世纪 90 年代以来，我国在城市建设中积极践行信息技术与城市发展融会贯通的理念，智慧城市建设快速发展，各地在资金、设施、应用、人员等方面大量投入，对经济社会发展产生了重大作用。

德勤发布的《超级智能城市——更高质量的幸福社会》报告显示，目前全球已启动或在建的智慧城市有 1000 多个，而中国在建智慧城市就有 500 个，远远超过排名第二的欧洲。前瞻产业研究院发布的《2019 ~ 2024 年中国智慧城市建设行业发展趋势与投资决策支持报告》统计数据显示，我国 100% 的副省级以上城市、89% 的地级以上城市和 49% 的县级城市，已经开展智慧城市建设，参与建设的地市级城市数量累计达到 300 余个。

2018 年，我国智慧城市建设继续向前推进，各地因地制宜，联系实际，大力落实习近平总书记在 2016 年网络安全和信息化工作座谈会讲话中提出的建设新型智慧城市的总体要求。

一 中国智慧城市建设回顾

（一）我国信息化应用环境与基础设施建设水平进一步提升

中国互联网络信息中心发布的第 42 次《中国互联网络发展状况统计报

① 数字城市，百度百科，https：//baike. baidu. com/item/数字城市/225910？fr = aladdin。

告》显示，截至2018年6月，我国网民规模为8.02亿，较2017年底，新增网民2968万人，增长率为3.8%；网民中使用手机上网的人群占比持续上升，由2017年的97.5%提升至98.3%，我国手机网民规模为7.88亿，较2017年底，新增手机网民3509万人，增长率为4.7%。全国互联网普及率为57.7%，城镇地区互联网普及率达72.7%。我国互联网国际出口带宽为8826302Mbps，半年增长率为20.6%；100M以上宽带接入用户总数占宽带用户总数的53.3%。2018年1~6月，移动互联网接入流量累计达266亿GB，同比增长199.6%。

上述数字揭示，我国信息化基础设施，特别是互联网基础设施，不断优化升级，国际出口速率进一步提升，网民规模稳居全球第一，移动应用使用比例持续迅速攀升，为“互联网+”应用环境下，智慧城市建设、发展与优化治理提供了坚实可靠的网络基础设施与良好的信息化应用氛围。

（二）各级政府部门积极推进落实智慧城市建设工作部署

2018年，相关部委和各地政府积极推进落实习近平总书记有关建设新型智慧城市的讲话精神，将智慧城市建设与增进人民福祉紧密关联。2018年《政府工作报告》提出，要在医疗、养老、教育、文化、体育等多领域推进“互联网+”，加快发展现代服务业，发展智能产业，拓展智能生活，建设智慧社会。《政府工作报告》为2018年我国智慧城市建设指明了工作方向。

2018年4月，国务院办公厅印发《关于促进“互联网+医疗健康”发展的意见》，要求提升医疗卫生现代化管理水平；5月，中共中央办公厅、国务院办公厅印发《关于深入推进审批服务便民化的指导意见》，要求着力提升“互联网+政务”服务水平；7月，国务院印发《关于加快推进全国一体化在线政务服务平台建设的指导意见》，明确提出建设全流程、一体化全国政务服务在线平台。这些指导意见为智慧城市人本建设提供了依据。

同时，各地政府也根据各自城镇建设发展状况，部署本年度相关工作，制定智慧城市发展规划，出台相关工作方案，推进智慧城市建设。上海致力于进一步提升城市的数字化、网络化、智能化水平，全力打造面向未来的智慧城市；北京加大了“智慧北京”建设力度；贵州利用自身大数据产业优势积极布局，在医疗、交通等领域为公众提供智慧服务；浙江完成了数字化城市管理等服务平台的智慧化改造；海南、广西着力推进智慧交通建设；黑龙江等省市加快推进智慧城市物联网等基础设施建设。

（三）智慧城市标准化建设进一步加强

继2016年发布实施《新型智慧城市评价指标》（GB/T 33356～2016）之后，国家标准化委员会于2018年5月1日正式实施第二批智慧城市国家标准，包括《智慧城市 技术参考模型》（GB/T 34678～2017）、《智慧城市评价模型及基础评价指标体系　第1部分：总体框架及分项评价指标制定的要求》（GB/T 34680.1～2017）、《智慧城市评价模型及基础评价指标体系　第3部分：信息资源》（GB/T 34680.3～2017）①、《智慧矿山信息系统通用技术规范》（GB/T 34679～2017）四项国家标准。

2018年10月，国家市场监督管理总局、国家标准化管理委员会联合发布了6项智慧城市领域的国家标准，计划于2019年5月起正式实施，包括《面向智慧城市的物联网技术应用指南》（GB/T 36620～2018）、《智慧城市信息技术运营指南》（GB/T 36621～2018）、《智慧城市 公共信息与服务支撑平台　第1部分：总体要求》（GB/T 36622.1～2018）、《智慧城市 公共信息与服务支撑平台　第2部分：目录管理与服务要求》（GB/T 36622.2～2018）、《智慧城市 数据融合　第1部分：概念模型》（GB/T 36625.1～2018）、《智慧城市　数据融合　第2部分：数据编码规范》（GB/T 36625.2～2018）。②

上述标准规范与评价指标侧重于从信息技术应用角度出发，为物联网、

---

① 2018年发布的《信息技术和信息安全国家标准》目录，2019年2月10日，信息技术与标准化。

② 2018年发布的《信息技术和信息安全国家标准》目录，2019年2月10日，信息技术与标准化。

应用平台、支撑平台等智慧城市信息化基础设施建设，提出了通用技术要求与基本技术支撑，为智慧城市基础设施与信息化应用建设水平提升和质量保障，提供了国家层面的统一性依据。

（四）社会全方位协同推进智慧城市建设

智慧城市建设进程中，在政府协同下，企业、研究团队及相关社会组织，积极通过论坛、展会以及项目合作等形式，在技术融合应用、产业发展合作、社会服务创新中发挥自身资本与专家智库的作用。

2018 年 4 月，首届数字中国建设峰会在福建福州举行。峰会由国家互联网信息办公室、国家发展和改革委员会、工业和信息化部、福建省政府共同主办，各省区市和新疆生产建设兵团网信部门负责人、行业组织负责人、产业界代表、专家学者以及智库代表等约 800 人汇聚一堂，围绕智慧社会、新型智慧城市、物联网、电子政务、数字经济等主题进行了研讨交流。近 300 家企业参加了本次峰会，展示了一批国内自主可控技术，切实推动了创业创新成果的对接落地。

8 月，第四届中国智慧城市国际博览会在深圳举办，本届博览会由国家发展和改革委员会城市和小城镇改革发展中心、智慧城市发展联盟、深圳市人民政府和中国平安集团共同主办。数十名院士、城市主管市长，以及来自 8 个国家的 250 余位国际嘉宾和 2 万余名企业家代表，参加了本次展览会。与会人员主要围绕智慧城市建设中的科学前沿问题、智慧城市工程管理理念技术方法和相关问题进行了研究探讨。

此外，由中国互联网协会主办的 2018（第十七届）中国互联网大会，由国家信息中心、中国电子信息行业联合会、中国电信集团有限公司、中国移动通信集团有限公司、中国联合网络通信集团有限公司和宁波市人民政府联合主办的全球智能经济峰会暨第八届中国智慧城市技术与应用产品博览会，由工业和信息化部、国家发展和改革委员会、商务部、科学技术部、中国科学院、中国工程院、中国国际贸易促进委员会、联合国工业发展组织和上海市人民政府共同主办的第二十届中国国际工业博览会，由国家发展和改革委员会、工业和信息化部、国家互联网信息办公室和贵州省人民政府共同主办的2018中国国际大数据产业博览会等众多展会，纷纷聚焦智慧城市发展建设，围绕智慧城市、智慧家庭、智慧交通等进行了技术宣传推广和现场应用体验。

（五）全球智慧城市建设领域发出中国声音

在“一带一路”战略指导下，我国进一步推进和加强了智慧城市领域的国际合作与海外推广。9月，国家互联网信息办公室、国家发展和改革委员会、工业和信息化部和广西壮族自治区人民政府联合主办了主题为“共建数字丝路，共享数字经济”的第三届中国—东盟信息港论坛。论坛围绕智慧城市与5G技术与应用、卫星导航应用产业合作、数字丝路产业合作等领域，进行了深层次对话交流。

11月，为落实推进“一带一路”建设工作领导小组办公室印发的《标准联通共建“一带一路”行动计划（2018～2020年）》，工业和信息化部印发《工业和信息化部关于工业通信业标准化工作服务于“一带一路”建设的实施意见》。该实施意见将智慧城市列为深化国际合作的重点聚焦领域，并提出要充分发挥我国在“互联网+”领域的技术先发优势和产业实力，加强我国与“一带一路”沿线国家信息通信领域标准化合作；明确要求要在逐步完善智慧城市顶层设计和评价标准体系的基础上，面向“一带一路”国家建立智慧城市建设标准的对接机制，推进智慧城市标准互认。

二　智慧城市发展趋势

（一）智慧城市信息化基础环境进一步提升加速

随着5G网络、下一代互联网等新生代互联网基础设施加速部署，我国物联网将进入高速发展期，从而进一步推进各地智慧城市建设进程。

2018年，中国移动、中国联通和中国电信积极部署、有序推进5G前期研发和试验工作。6月，在2018年上海移动大会期间，中国移动与其合作伙伴共同展示了全球首个采用5G独立组网的端到端系统全息视频通话系统，标志着5G独立组网技术取得了突破性进展。本次大会期间，相关移动通信运营商及多家企业纷纷公布了5G部署计划，并且明确表示将在2020年实现5G正式商用。

同时，我国正在加速部署基于互联网协议第六版（IPv6）的下一代互联网。11月，国家下一代互联网产业技术创新战略联盟在京发布《支撑中国IPv6规模部署—中国IPv6业务端到端贯通用户体验监测报告》（第一期）。《监测报告》显示，截至2018年10月31日，我国移动宽带IPv6普及率为6.16%，IPv6覆盖用户数为7017万户，固定宽带及移动宽带活跃用户数之和为951万户。[①]

12月，中央经济工作会议再次要求，2019年要加快5G商用步伐。同月，工业和信息化部正式公布，已向中国电信、中国移动、中国联通发放了5G系统中低频段试验频率使用许可。[②] 5G系统试验频率使用许可的发放，为电信运营商开展5G系统试验提供了必要的频段资源保障，为我国5G部署和产业发展提供了有力支撑，进而将进一步加快我国5G商用的进程以及应用普及。

（二）智慧城市治理中技术安全风险加大

智慧城市的技术部署，主要采用以互联网、云计算、大数据、物联网以及移动互联网为核心的信息化基础设施。这些核心技术在推进城市智慧化进程的同时，也为城市治理带来了技术上的安全风险和应用隐患。

智慧城市治理过程中，为了获取城市运营过程中产生的海量生产、生活、交通、旅游等数据信息，需要将众多传感设备接入城市互联网中，复杂的连入环境，多种的接入方式，为智慧城市带来了比传统城市更为复杂的技

---

① 本刊编辑部：《黄澄清 见证改革开放四十周年 甘做中国互联网铺路石》，2018～11～20，互联网天地。

② 编辑部：《月度经济回眸》，《特区经济》2018年第12期。

术安全风险。同时，智能传感设备在安全防护能力设计上存在欠缺，相应的认证、加密、防盗等技术手段也存在尚不成熟的隐患。

通过智能传感设备获取的数据，必须经过智慧城市部署的数据传输网络存入数据存储中心。这些网络包括公众互联网、移动互联网、移动通信网络、广播电视网络以及其他专用网络。多样化的接入方式，在允许数据在任何时间、任何地点，通过任何设备都可以进入数据传输网络的同时，也为智慧城市数据传输网络带来了更多的被攻入的可能。

经过数据传输网络，海量的城市数据采用云计算技术存储在云端。云端集中的大量数据不仅存在着数据破坏、数据丢失、数据泄露等传统数据安全隐患，而且数据的集中存储，也会由于云存储的暂时失联、数据的短暂缺失不全，造成城市大面积服务中断，进而可能严重影响城市常规治理与民众日常生活。数据的集中存储，也可能造成大量数据集中被非法盗取滥用，用户隐私被大面积窃取泄露。

同时，由于当前移动应用市场缺乏法律依据和监管制裁，智慧城市运转中涉及的移动应用也存在着众多安全隐患，为城市居民带来了一定应用困扰。互联网、云计算、大数据等核心技术持续被国外企业掌控，也进一步对城市安全，乃至国家安全，造成了严重威胁。

（三）智慧城市集群化态势愈加明显

无论从城市发展整体规划层面着眼，还是顺应信息化互通分享的发展趋势，智慧城市发展必然趋向城市间协同并进、共建共享。

《中共中央关于制定国民经济和社会发展第十三个五年规划的建议》明确提出，在“十三五”期间发挥城市群辐射带动作用，优化发展京津冀、长三角、珠三角三大城市群，形成东北地区、中原地区、长江中游、成渝地区、关中平原等城市群。

2018 年 11 月，《中共中央　国务院关于建立更加有效的区域协调发展新机制的意见》印发。该意见明确提出，要建立区域战略统筹机制，建立以中心城市引领城市群发展、城市群带动区域发展新模式，推动区域板块之间融合互动发展。以北京、天津为中心引领京津冀城市群发展，带动环渤海地区协同发展。以上海为中心引领长三角城市群发展，带动长江经济带发展。以香港、澳门、广州、深圳为中心引领粤港澳大湾区建设，带动珠江－西江经济带创新绿色发展。以重庆、成都、武汉、郑州、西安等为中心，引领成渝、长江中游、中原、关中平原等城市群发展。①

智慧城市作为城市规划建设的一部分，业已初步形成四大智慧城市群。即，以北京、天津、大连、青岛、济南为主的环渤海智慧城市群，以南京、无锡、上海、合肥、杭州、宁波为主的长三角智慧城市群，以广州、佛山、深圳、厦门为主的珠三角智慧城市群，以及以西安、成都、重庆、武汉为主的中西部智慧城市群。②

三　智慧城市建设发展思考与建议

（一）进一步强化顶层设计与整体规划

随着新型智慧城市建设的不断推进，地方各级城市均已纷纷根据各自现状，结合城市发展目标，明确了智慧城市建设理念和发展方向，不断挖掘城市治理发展中的痛点、难点，充分利用“互联网＋”手段探索创新城市服务、治理、发展的新途径新方式。然而，国家发展和改革委员会城市和小城镇改革发展中心发布的《2018 中国城市治理智慧化水平评估报告》结果显示，虽然我国智慧城市建设在破解城市治理难题、提升公共服务能力、转变经济发展方式等方面取得了一定成绩，但是我国智慧城市建设总体依然处于起步阶段，整体呈现条块分割、特色不清、创新不足、长效机制缺失，亟须进一步强化顶层规划引导，提升智慧城市整体建设发展水平。

① 《中共中央国务院关于建立更加有效的区域协调发展新机制的意见》，2018 年 11 月 29 日，光明网，http：//politics. gmw. cn/2018－11/29/content_ 32072943. htm。

② 吴勇毅：《AI 时代智慧城市加速演化升级》，《上海信息化》2019 年 1 月 10 日。

（二）始终坚持为民谋利

城市，作为人类进行政治活动、经济活动、社会活动的核心场所，为满足人类自身生存和发展的需要，应当为民众提供绿色的生态环境，构建良好的经济发展空间，维系和谐的社会关系，提供基本的生产与生活服务。城市的主要功能决定了，城市智慧化的最终目的必然是通过信息技术在城市建设、管理与发展中的应用，更好地为民众提供人性化服务，为人类生存和发展提供更加和谐的整体环境。

习近平总书记在十九大报告中清晰阐明，中国特色社会主义进入新时代，我国社会主要矛盾已经由人民日益增长的物质文化需要同落后的社会生产之间的矛盾，转化为人民日益增长的美好生活需要和不平衡不充分的发展之间的矛盾；我国整体上已实现小康，不久将建成小康社会，人民美好生活需要日益广泛，不仅对物质文化生活提出了更高要求，而且在民主、法治、公平、正义、安全、环境等方面的要求日益增长。[①] 主要矛盾的阐述，为未来城市的经济发展、公共服务、社会治理提出了全新的目标要求，标志着中国智慧城市的建设工作迈入新时代，体现了人民群众对美好生活的具体需求。无论是在宏观设计还是在微观应用方面，都应当始终把人民的需要放在第一位，始终以人为本，把群众需求最强烈、最急迫的事情放在智慧城市建设和发展的首位。

2018 年，李克强总理在《政府工作报告》中多次提到与智慧城市相关的、关乎民生的城市服务建设，智慧医疗、智慧养老、智慧交通、智慧物流、智慧小区、智慧安防等服务列居其中。想人民之所想、急人民之所急、办民之所需、干民之所盼，让人民群众享受智慧城市建设带来的成果，在智慧城市中拥有更多的体验感、获得感、幸福感，必定是智慧城市坚定不移的建设发展目标。

---

① 《习近平在中国共产党第十九次全国代表大会上的报告》，2017 年 10 月 28 日，人民网，http：//cpc. people. com. cn/n1/2017/1028/c64094 – 29613660. html。

（三）进一步加强智慧城市安全防护

智慧城市建设充分挖掘了互联网、移动互联网、物联网、大数据、云计算等信息通信技术在城市服务、城市治理中的运用潜能，信息通信技术成为智慧城市必备的基础设施，融入城市居民的生产生活之中。在各类信息数字化、网络化的进程中，网络安全、信息安全越来越成为智慧城市建设中政府、企业和居民日益关注的核心问题。习近平总书记指出，没有网络安全就没有国家安全，没有信息化就没有现代化。信息化是一把双刃剑，在为人们带来便捷的同时，也引发了众多安全问题，带来了诸多安全隐患。

在智慧城市建设中，需要着重强化技术安全防范措施，确保获取信息、传输信息、存储信息和应用信息等各个阶段技术安全可靠。各方主体应当依据《网络安全法》，严格落实网络安全职责，提高技术自控水平，增强人民信息安全意识，从技术、管理、应用等多渠道严把网络与信息安全关。

（四）加大力度推进标准应用与评估工作

2014 年，国家标准化管理委员会印发《关于成立国家智慧城市标准化协调推进组、总体组和专家咨询组的通知》，集中智慧城市相关研究机构及专家学者，共同探讨智慧城市标准体系和关键标准，围绕顶层设计、系统融合、数据共享等出台了一系列智慧城市国家标准。为推进标准实际应用，国家和各级政府需要加大标准解读、推广与应用力度，从而确保智慧城市建设有章可循、有章必循，避免不必要的盲目建设、重复建设和无效建设。

同时，建立与标准相配套的国家评价指标体系，评估各地智慧城市建设质量，督促各地依照标准开展智慧城市建设工作，以评促建，以评促改，以评促管。以评价工作为指引，明确新型智慧城市工作方向；以评价工作为手段，提升城市便民惠民水平；以评价工作为渠道，分享和推广智慧城市建设中的先进经验和优秀案例。

（五）强化智慧城市多元共建共治

现代化城市建设与发展，呼吁充分发挥政府、社会组织、企业乃至个人的参与度，形成政府主导下，社会相关群体广泛参与的良性治理模式，建立“政府—企业—社会组织—公众”合作模式。在智慧城市领域同样如此。

一方面，智慧城市建设所需投资巨大，一次性投入从几十亿元到上百亿元不等，巨额的建设投入与城市地方财政收入相比，地方智慧城市建设资金保障缺口较大，需要继续鼓励社会资本融入，进一步推广政府和社会资本合作模式，鼓励社会资本参与地方智慧城市建设，进而为智慧城市提供有效、多元化的资本支撑。

另一方面，为发现和解决现代城市管理中的问题，政府需要在提供智慧化公共服务的同时，积极推进多元治理，充分发挥社会组织的功能和作用，积极调动市民的广泛参与性，进一步增强公民民主意识，通过智慧城市研究项目、智慧服务平台，鼓励建言献策，为政府决策提供全面可信的信息来源和制定依据。

B.25
2018年应急管理法治创新观察

孙杨杰　张小明*

摘　要： 2018年，国家关于公共安全与应急管理的法治创新工作成果显著，在党和国家机构改革的背景下，中央政府和国务院部委都通过行政法规和规范性文件的方式对公共安全与应急管理领域进行有效规范。2018年我国应急管理法治的两项重大法治创新，集中表现在《中华人民共和国消防救援衔条例》出台和《中华人民共和国疫苗管理法（征求意见稿）》问世。这两部关系公共卫生安全与国家安全最重要的专门性法律的出台，意味着我国应急管理法律体系建设取得了重大进展。同时，2018年也是《中华人民共和国突发事件应对法》实践满11周年。从近年来取得的成就看，我国在自然灾害应对、公共卫生事业发展、危化产品管理等方面的应急实践中表现出更为有智有谋、高效有序的举措。但同时也存在：公民应急法治文化土壤难以培育、网络信息技术安全领域立法进程滞后、应急法律制定难以应付各类后现代社会不确定性风险等问题，需要在法治建设层面继续理顺应急预案与法治建设关系、清晰公众资源产权、社会应急文化建设等方面继续深化，从而满足不同阶段应急管理的法治需求。

关键词： 应急管理法治　消防救援衔条例　疫苗管理

* 孙杨杰，中共中央党校（国家行政学院）博士后、福建省委党校副教授；张小明，中共中央党校（国家行政学院）应急管理教研部教授、博士生导师。

一　2018年应急管理法治创新综述

2018年，随着《党和国家机构改革方案》的出台，中央和国家各级机构先后完成机构改革，应急管理部、生态环境部、市场监督管理总局等相关部门先后成立，并出台一系列适应新形势下公共安全与应急管理的法律法规。

（一）公共安全与应急管理领域的法律与行政法规

在中央确定规则层面，对食品卫生、医疗安全、交通安全等领域进行有效规范。一方面，全国人大常委会通过制定法律的方式予以规范。如：《中华人民共和国食品安全法》（2018年修正）（实施日期为2018年12月29日）；《中华人民共和国农产品质量安全法》（2018年修正）（实施日期为2018年10月26日）、《中华人民共和国疫苗管理法（征求意见稿）》（截止日期为2018年11月25日）、《中华人民共和国消防救援衔条例》（实施日期为2018年10月27日）等。另一方面，国务院通过制定行政法规及规范性文件的方式对涉及应急管理与公共安全的领域进行日常管理。如：《国务院办公厅关于推进奶业振兴保障乳品质量安全的意见》（实施日期为2018年6月3日）、《病原微生物实验室生物安全管理条例》（2018年修正）（实施日期为2018年3月19日）、《水库大坝安全管理条例》（2018年修正）（实施日期为2018年3月19日）、《国务院办公厅关于保障城市轨道交通安全运行的意见》（实施日期为2018年3月7日）、《国务院办公厅关于加强电梯质量安全工作的意见》（实施日期为2018年2月1日）。

（二）公共安全与应急管理领域的部委规章和地方规章

在国务院部委具体操作层面，坚持问题导向，立足发展实际，主要以制定规章制度和发布规范性文件的方式，对涉及公共安全和应急管理的具体领域和实践操作予以规范。通过梳理2018年部委文件、规章，可以看出，其内容主要呈现以下特点。

第一，进一步规范道路交通运输企业安全生产管理，提升公共交通安全现代化治理能力。交通运输部、公安部、应急管理部等多部门，或联合或独立，发布、修订了一系列公共交通领域安全管理与应急管理的规章制度和规范性文件，如针对公共运输安全：《道路旅客运输企业安全管理规范（2018年修订）》（实施日期为2019年6月1日）、《道路运输安全生产工作计划（2018～2020年）》、《公共航空运输企业航空安全保卫规则》（2018年修正）（发布日期为2018年11月16日，实施日期为2019年1月1日）；《民用航空安全管理规定》（实施日期为2018年3月16日）；《民用机场运行安全管理规定》（发布日期为2018年11月16日，实施日期为2019年1月1日）；《运输机场运行安全管理规定》（2018年修正）（发布日期为2018年11月16日，实施日期为2019年1月1日）；《公路水路行业中央企业安全生产管理导则》（实施日期为2019年1月1日）；《桥区水域水上交通安全管理办法》（实施日期为2018年6月1日）；《公路水运工程生产安全事故应急预案》（实施日期为2018年3月27日）；《公路水运工程生产安全事故应急预案》；《船舶载运危险货物安全监督管理规定》（2018年修正）（实施日期为2018年9月15日）；《城市公共汽电车突发事件应急预案》（实施日期为2018年3月27日）；《城市公共汽电车运营安全管理规范》、《城市轨道交通运营管理规定》等。

第二，重视突发环境应急事件，出台一系列行业标准和工作指南。如：《企业事业单位突发环境事件应急预案评审工作指南（试行）》（实施日期为2018年1月30日）；《关于全面实施危险化学品企业安全风险研判与承诺公告制度》（实施日期为2018年9月4日）；《乏燃料后处理设施安全要求（试行）》（实施日期为2018年12月18日）；《电子加速器辐照装置辐射安全和防护》（实施日期为2019年3月1日）；《电力行业应急能力建设行动计划（2018～2020年）》等。针对环保综合工作，发布《集中式地表水饮用水水源地突发环境事件应急预案编制指南（试行）》；《中华人民共和国船舶污染海洋环境应急防备和应急处置管理规定》(2018 年修正)(实施日期为 2018 年 9 月 27 日)、《雷电灾害应急处置规范》等。

第三，不断创新立法改革举措，激发创新创造活力。针对专项资金管理，劳动安全与劳动保护，财政部、国家安全监管总局联合印发《安全生产预防及应急专项资金绩效管理暂行办法》(实施日期为 2018 年 2 月 6 日);《国家安全监管总局办公厅关于进一步加强安全生产诚信体系建设的通知》(实施日期为 2018 年 2 月 5 日);《安全生产责任保险实施办法》。针对网络安全管理，出台了《公安机关互联网安全监督检查规定》(实施日期为 2018 年 11 月 1 日);国家能源局《关于加强电力行业网络安全工作的指导意见》(实施日期为 2018 年 9 月 13 日)实施;国家林业和草原局《关于进一步加强网络安全和信息化工作的意见》(实施日期为 2018 年 9 月 3 日);《中国银保监会办公厅关于加强无线网络安全管理的通知》(实施日期为 2018 年 6 月 12 日);针对公共卫生安全，海关总署先后发布《国境口岸突发公共卫生事件出入境检验检疫应急处理规定(2018 年修正)》、《进出口食品安全管理办法》(2018 年修正)(实施日期为 2018 年 11 月 23 日)。

第四，安全生产部门联动加强，22 项安全生产行业标准先后出台。如：国务院通过《生产安全事故应急条例(草案)》(2018 年 12 月 5 日);工业和信息化部、应急管理部、财政部、科技部等就安全产业发展联合发布《关于加快安全产业发展的指导意见》;公安部发布的《公共安全行业标准》(实施日期为 2018 年 3 月 24 日);国家发展改革委、国家能源局、应急管理部等联合发布《煤矿安全改造专项管理办法》(实施日期为 2018 年 11 月 13 日);住房城乡建设部印发《工程质量安全手册(试行)》(实施日期为 2018 年 9 月 21 日);国家能源局关于印发《电力安全生产行动计划(2018～2020 年)》(实施日期为 2018 年 6 月 27 日);住房和城乡建设部出台的《危险性较大的分部分项工程安全管理规定》(实施日期为 2018 年 6 月 1 日);国家安全监管总局关于印发《安全生产监管执法监督办法》(实施日期为 2018 年 3 月 5 日)等。

此外，针对危化品行业与大型综合体消防安全，先后出台《烟花爆竹生产经营安全规定》（实施日期为2018年3月1日）；《大型游乐设施安全规范》（实施日期为2018年5月14日）；《大型商业综合体消防安全专项整治工作方案》（实施日期为2018年7月3日）；《公共安全大规模疏散规划指南》（实施日期为2018年11月1日）；《消防安全责任制实施办法》《重大火灾隐患判定方法》；《关于实施危险化学品重大危险源源长责任制的通知》《关于全面实施危险化学品企业安全风险研判与承诺公告制度的通知》《危险货物道路运输规则》《氨制冷企业安全规范》《工业硅安全生产规范》《燃气电站天然气系统安全生产管理规范》；《液化气体汽车罐车》《低压电气设备安全风险评估和风险降低指南》等。以及一些地方性法规《贵州省安全生产条例》《海南省消防安全责任制规定》；《北京市非机动车管理条例》《湖南省生产经营单位安全生产主体责任规定》也都在2018年度出台。

（三）公共安全与应急管理领域的党内法规

针对党的自身建设，中共中央办公厅与国务院办公厅联合印发了《地方党政领导干部安全生产责任制规定》（实施日期为2018年1月26日）、《关于推进城市安全发展的意见》（实施日期为2018年1月）、《组建国家综合性消防救援队伍框架方案》（实施日期为2018年10月18日）等。这种以党的组织与政府机构联合发布法规的方式，也属于中国公共安全与应急法治的特色之处。

二　2018年公共安全与应急管理法治的两项重大创新

（一）《中华人民共和国消防救援衔条例》出台

2018年，一个事关“最美逆行者”的条例——《中华人民共和国消防救援衔条例》于2018年10月26日通过并发布（实施日期为2018年10月27日）（以下简称《消防救援衔条例》）。同时，为了配合《消防救援衔条例》的实施，中共中央办公厅与国务院办公厅联合印发了《组建国家综合性消防救援队伍框架方案》（实施日期为 2018 年 10 月 18 日），国务院办公厅发布了《国家综合性消防救援队伍消防员招录办法（试行）》（实施日期为 2018 年 12 月 23 日）等，从人员、配给、待遇多方面共同推进消防救援法治创新。

我国于 1957 年 11 月即已制定了《消防条例》（实施日期为 1957 年 11 月 30 日），1984 年 5 月对《消防条例》进行修订（国发〔1984〕69 号，实施日期为 1984 年 10 月 1 日）。20 世纪八九十年代经济社会快速发展，火灾诱发因素越来越多，但消防建设未能与经济建设同步推进，原有的《消防条例》严重滞后于发展形势，日益凸显消防安全责任不明确、不具体、不落实的弊端。1998 年 4 月，《中华人民共和国消防法》（中华人民共和国主席令〔第 4 号〕，实施日期为 1998 年 9 月 1 日）应运而生，推动消防事业在强有力的法制保障下大踏步发展。

近年来，社会经济的高速发展对消防工作提出更高要求。2008 年 4 月，全国人大常委会对《中华人民共和国消防法》进行修订，有利于构建全社会整体抗御火灾体系。而 2018 年出台的《消防救援衔条例》等系列规定有利于进一步理顺消防管理体制，提高消防救援工作的整体效率。

应急管理部党组书记、副部长黄明表示，我国实行消防救援衔制度有三重必要性：贯彻落实中央改革决策的需要、执行消防救援任务的需要、提升职业荣誉感的需要。消防救援衔是继军衔、警衔、关衔、外交衔之后，我国设立的一种新衔级。《消防救援衔条例》的出台，是国家在消防救援领域的一项重要法治创新，是严格遵循深化党和国家机构改革精神的体现。

（二）《中华人民共和国疫苗管理法（征求意见稿）》问世

疫苗关系人民群众生命健康，关系公共卫生安全和国家安全。2018 年“长春长生问题疫苗案件”反映出疫苗生产流通使用等方面存在的制度缺陷。因此，国家药品监督管理局与国家卫生健康委员会共同起草了《中华人民共和国疫苗管理法（征求意见稿）》（以下简称为《征求意见稿》），并于 2018 年 11 月 11 日向公众发布。2018 年 11 月 25 日，该法为期半个月的意见征求结束。

为保障公众健康、促进公共卫生和维护国家安全，有必要制定专门的疫苗管理法。疫苗管理法从无到有，无疑是我国公共卫生领域法治创新的重大进步。未来疫苗管理将有更为明确、更为具体的法律监管。建立疫苗协调机制，终结碎片化管理，明确全链条责任。这既是在完善法律法规，也是对疫苗市场的规范。一旦正式法律出台，对监管而言，更有利于执法操作；对企业而言，有了更为严格的行业标准；对消费者而言，权益保护将更有保障。

疫苗管理直接关系人民群众的身体健康问题，完善疫苗监管一直是民众关注的焦点。我国疫苗管理法律体系的规范与完善是伴随着因疫苗管理缺位而引起突发事件后吸取教训而不断规范的过程。2005 年 3 月，国务院发布《疫苗流通和预防接种管理条例》（国务院令 434 号，实施日期为 2005 年 6 月 1 日）开始全面规范疫苗流通、预防接种等过程的管理。2005 年 6 月，国家食品药品监督管理局发布、实施《疫苗经营监督管理意见》（国食药监市〔2005〕278 号）。不久，安徽省泗县大庄镇即发生群体接种甲肝疫苗事件引发民众关注，国家食品药品监督管理局于 2005 年 6 月 29 日即发布、实施《关于加强疫苗流通监管的紧急通知》（国食药监市〔2005〕316 号），以进一步切实加强对疫苗流通的监管，而后陆续发布《疫苗供应体系建设规划》（国办发〔2011〕62 号）等管理文件。

2016 年 3 月，山东济南非法经营疫苗系列案件的发生又一次引发关注，国务院于 2016 年 4 月修订《疫苗流通和预防接种管理条例》（国务院令第 668 号，实施日期为 2016 年 4 月 23 日），建立疫苗全程追溯法律制度。相关部门陆续发布了《关于进一步加强疫苗流通和预防接种管理工作的意见》（国办发〔2017〕5 号）、《疫苗储存和运输管理规范（2017 年版）》（国卫疾控发〔2017〕60 号）等配套文件。2018 年 7 月，长春长生问题疫苗案件再次引起全国关注，11 月《征求意见稿》公布，亦制定专门的疫苗法以期完善疫苗监管长效机制，全面提高疫苗全链条管控的力度、水平与能力。

《征求意见稿》的出台，是我国加快完善疫苗监管长效机制，完善法律法规和制度规则的又一创新举措。这是中国的第一部疫苗法，《征求意见稿》的公布预示着中国将建立起一套完善的疫苗监管体系。其主要内容共十一章，分别为：总则、疫苗研制和上市许可、疫苗生产和批签发、上市后研究和管理、疫苗流通、预防接种、异常反应监测与补偿、保障措施、监督管理、法律责任和附则。与2005年颁布并于2016年修订的《疫苗流通和预防接种管理条例》相比，《征求意见稿》是一部“集大成”的法律。[①] 亮点颇多，概括起来即：内容更宽泛、规定更严格。业内人士认为，这次将成立疫苗行业协会，对疫苗行业进行监管。这种协调机制，已写入《疫苗法》(草案)[②]。但有个问题值得警惕：就是“保险由谁来兜底?”因为很多疫苗医疗纠纷属于“偶合反应”而非“异常反应”，这些案例与疫苗质量无关，却会产生致病致贫的严重后果。如果能在这方面有兜底，很多问题可能就不存在了。[③]

三 《突发事件应对法》实践十一年：成效、问题与展望

2018年，应急管理部、国务院安委办宣布1153件安全生产文件失效，进一步推进依法行政，加强应急法治建设。2018年，也是《中华人民共和国突发事件应对法》（2006年筹备起草，2007年颁布出台）（以下简称《突发事件应对法》）实践满11周年。

从实践十一年取得的成绩来看，我国在自然灾害应对、公共卫生事业发展、危化产品管理、群体事件治理、网络公共安全等方面的应急实践中表现出更为有智有谋、高效有序的举措。但同时也存在：公民应急法治文化土壤难以培育、网络信息技术安全领域立法进程滞后、应急法律制定难以应付各类后现代社会不确定性风险等问题，需要在法治建设层面继续理顺应急预案

---

① 《疫苗法草案提请审议 将建立疫苗协调机制终结碎片化管理》，第一财经网，https：//finance. china. com/news/11173316/20181224/34773368_ all. html#page_ 2。

② 《〈疫苗法〉开始征求意见 10 倍罚款堪称历史最严》，每日经济新闻网，http：//finance. sina. com. cn/china/gncj/2018 – 11 – 12/doc – ihmutuea9260853. shtml。

③ 《征求意见结束 疫苗法实操引关注》，《北京商报》，https：//baijiahao. baidu. com/s? id = 1618184465258401319&wfr = spider&for = pc。

与法治建设关系、清晰公众资源产权、问责制度的预防功能、社会应急文化建设等方面继续深化。①

作为公民利益的代表者、法律法规的守护者、突发事件的预警者、大众舆论的监督者，我国政府在《突发事件应对法》的制定及演进中，逐步形成以“法治方式”来规范公共安全与应急管理实践。这十余年以来，中国经历着现代化与后现代化的并存与转型阶段，其间发生的诸多应急管理理论探索成果与经典案例都成为应急法治建设与创新的理论基础与现实依据。

参考文献

朱丽晶：《为综合性消防救援队伍设立专门衔级——记〈消防救援衔条例〉施行》，《劳动保护》2018 年第 12 期。

温志强、郝雅立：《突发事件应对法实践十年：成绩、问题与未来展望——中国〈突发事件应对法〉实践十年（2007～2017）》，《江西财经大学学报》2017 年第 5 期。

刘文学：《我国决定实行消防救援衔制度》，《中国人大》2018 年第 21 期。

潘多拉：《加大惩戒力度打造疫苗安全最强防护网》，《中国卫生人才》2018 年第 12 期。

郝志宏、马文伟：《〈2016 疫苗流通管理条例〉实施细则对生产企业的影响》，《现代经济信息》2017 年第 14 期。

朱丽晶：《为综合性消防救援队伍设立专门衔级——记〈消防救援衔条例〉施行》，《劳动保护》2018 年第 12 期。

温志强、郝雅立：《突发事件应对法实践十年：成绩、问题与未来展望——中国〈突发事件应对法〉实践十年（2007～2017）》，《江西财经大学学报》2017 年第 5 期。

刘文学：《我国决定实行消防救援衔制度》，《中国人大》2018 年第 21 期。

潘多拉：《加大惩戒力度打造疫苗安全最强防护网》，《中国卫生人才》2018 年第 12 期。

郝志宏、马文伟：《〈2016 疫苗流通管理条例〉实施细则对生产企业的影响》，《现代经济信息》2017 年第 14 期。

---

① 温志强、郝雅立：《突发事件应对法实践十年：成绩、问题与未来展望——中国〈突发事件应对法〉实践十年（2007～2017）》，《江西财经大学学报》2017 年第 5 期。

B.26
后　记

本书是中国行政体制改革研究会行政改革研究基金资助的第7本中国社会体制改革研究报告，是国务院研究室原党组书记、主任，国家行政学院原党委书记、常务副院长，北京师范大学中国社会管理研究院/社会学院院长魏礼群教授关心和支持的结果。中央党校（国家行政学院）公共管理教研部主任、中国行政体制改革研究会副会长兼秘书长王满传教授对本书的编写和出版给予了支持和指导。

本书是集体合作的成果，纳入中国社会治理智库丛书，收录了国家社会科学基金重大专项课题“社会治理现代化指标构建研究”（17VZL004）部分阶段性研究成果。主编龚维斌设计全书框架，并统修全部书稿。副主编赵秋雁在蓝皮书编写和出版过程中贡献了很多重要思想。陈鹏副教授负责社会治理体制篇，李志明副教授负责基本公共服务篇，杨丽副教授负责现代社会组织体制篇，张小明教授负责公共安全与应急管理篇。每一位专题负责人都高度负责，与作者主动沟通联系；每一位作者认真配合，精益求精。本着文责自负的原则，主编尊重每一位作者的研究成果，只对文字和篇章结构进行一些必要的校订。因此，全书中有些方面的观点和数据可能在不同的报告中不尽一致。马秀莲副教授承担了英文翻译工作，陈鹏等同志配合主编和副主编做了大量的沟通协调和服务保障工作。

社会科学文献出版社陈颖女士一如既往地对本书的编辑出版倾注了大量心血。

皮书起源

“皮书”起源于十七、十八世纪的英国，主要指官方或社会组织正式发表的重要文件或报告，多以“白皮书”命名。在中国，“皮书”这一概念被社会广泛接受，并被成功运作、发展成为一种全新的出版形态，则源于中国社会科学院社会科学文献出版社。

皮书定义

皮书是对中国与世界发展状况和热点问题进行年度监测，以专业的角度、专家的视野和实证研究方法，针对某一领域或区域现状与发展态势展开分析和预测，具备原创性、实证性、专业性、连续性、前沿性、时效性等特点的公开出版物，由一系列权威研究报告组成。

皮书作者

皮书系列的作者以中国社会科学院、著名高校、地方社会科学院的研究人员为主，多为国内一流研究机构的权威专家学者，他们的看法和观点代表了学界对中国与世界的现实和未来最高水平的解读与分析。

皮书荣誉

皮书系列已成为社会科学文献出版社的著名图书品牌和中国社会科学院的知名学术品牌。2016 年，皮书系列正式列入“十三五”国家重点出版规划项目；2013~2019 年，重点皮书列入中国社会科学院承担的国家哲学社会科学创新工程项目；2019 年，64 种院外皮书使用“中国社会科学院创新工程学术出版项目”标识。

中国皮书网

（网址：www.pishu.cn）

发布皮书研创资讯，传播皮书精彩内容
引领皮书出版潮流，打造皮书服务平台

栏目设置

关于皮书：何谓皮书、皮书分类、皮书大事记、皮书荣誉、
皮书出版第一人、皮书编辑部

最新资讯：通知公告、新闻动态、媒体聚焦、网站专题、视频直播、下载专区

皮书研创：皮书规范、皮书选题、皮书出版、皮书研究、研创团队

皮书评奖评价：指标体系、皮书评价、皮书评奖

互动专区：皮书说、社科数托邦、皮书微博、留言板

所获荣誉

2008 年、2011 年，中国皮书网均在全国新闻出版业网站荣誉评选中获得“最具商业价值网站”称号；

2012 年，获得“出版业网站百强”称号。

网库合一

2014 年，中国皮书网与皮书数据库端口合一，实现资源共享。

S 基本子库
UB DATABASE

中国社会发展数据库（下设 12 个子库）

全面整合国内外中国社会发展研究成果，汇聚独家统计数据、深度分析报告，涉及社会、人口、政治、教育、法律等 12 个领域，为了解中国社会发展动态、跟踪社会核心热点、分析社会发展趋势提供一站式资源搜索和数据分析与挖掘服务。

中国经济发展数据库（下设 12 个子库）

基于"皮书系列"中涉及中国经济发展的研究资料构建，内容涵盖宏观经济、农业经济、工业经济、产业经济等 12 个重点经济领域，为实时掌控经济运行态势、把握经济发展规律、洞察经济形势、进行经济决策提供参考和依据。

中国行业发展数据库（下设 17 个子库）

以中国国民经济行业分类为依据，覆盖金融业、旅游、医疗卫生、交通运输、能源矿产等 100 多个行业，跟踪分析国民经济相关行业市场运行状况和政策导向，汇集行业发展前沿资讯，为投资、从业及各种经济决策提供理论基础和实践指导。

中国区域发展数据库（下设 6 个子库）

对中国特定区域内的经济、社会、文化等领域现状与发展情况进行深度分析和预测，研究层级至县及县以下行政区，涉及地区、区域经济体、城市、农村等不同维度。为地方经济社会宏观态势研究、发展经验研究、案例分析提供数据服务。

中国文化传媒数据库（下设 18 个子库）

汇聚文化传媒领域专家观点、热点资讯，梳理国内外中国文化发展相关学术研究成果、一手统计数据，涵盖文化产业、新闻传播、电影娱乐、文学艺术、群众文化等 18 个重点研究领域。为文化传媒研究提供相关数据、研究报告和综合分析服务。

世界经济与国际关系数据库（下设 6 个子库）

立足"皮书系列"世界经济、国际关系相关学术资源，整合世界经济、国际政治、世界文化与科技、全球性问题、国际组织与国际法、区域研究 6 大领域研究成果，为世界经济与国际关系研究提供全方位数据分析，为决策和形势研判提供参考。

法律声明